機関投資家に聞く

◆

旬刊商事法務編集部

［編］

商事法務

はしがき

　本書は、国内外の主要な機関投資家とその関係者（合計34社・団体）に対するインタビューをまとめた旬刊商事法務の連載「機関投資家に聞く」をアップデートして掲載したものである。また、2020年4月〜2021年12月の連載中、いくつかの関連企画を掲載したがその一部について最新の情報にアップデートして収録し、書き下ろし論考を加えている。

　1990年代以降の株主構成の変化とコーポレートガバナンス改革の結果、機関投資家との対話の重要性は広く認識された。その結果、機関投資家へのメディアの注目も高まり、機関投資家自身もスチュワードシップ活動に関するさまざまな情報開示を行うようになった。そのような状況においても、実際に対話に臨む企業関係者が実務的な関心を寄せる事項についての情報が企業関係者まで伝わっていない面があり、充実した対話へのハードルになっているのではないかという着想から「機関投資家に聞く」を開始することになった。

　本書の柱は第2編と第3編のインタビューである。第2編は、国内外の主要なアセットマネージャー、アセットオーナー、スチュワードシップサービスプロバイダーへの、スチュワードシップ体制、議決権行使基準の背景にある考え方や企業への期待などのインタビューである。第3編は、機関投資家ではないが、その活動に重要な影響を与えている、投資家イニシアティブと指数プロバイダーへのインタビューである。各インタビュイーはもちろん自社・自団体についての回答をしているが、読者はそこから機関投資家とその関係者一般についての具体的なイメージをつかむことができるのではないだろうか。そのほか、第1編「資本市場からの規律」は改めて企業と機関投資家を取り巻く状況を概観し、第4編「投資家イニシアティブとは」と第5編の座談会はインタビューを補完する内容となっている。

　なお、第2編と第3編のインタビューは、本書作成時点（原則として

2021年11月末時点）で改めて変更を要する内容を修正・加筆してアップデートされたものが多いが、旬刊商事法務の連載掲載時点での内容をそのまま記載しつつ、必要な追記があれば行うものもある。後者については、各インタビューの冒頭に旬刊商事法務の連載掲載時期を記載している。

　本書は企業関係者だけでなく機関投資家側にも開かれている。機関投資家は本書から企業の関心の所在を知ることで、企業への理解を深めることができるだろう。本書が企業と機関投資家のお互いへの理解を促し、実りある対話の実現につながれば望外の幸せである。

　最後になるが、周到な事前準備、当日のインタビュアー、原稿作成と多大なお力添えをいただいた森・濱田松本法律事務所の弁護士の方々、そして何より、いずれの質問にも詳細かつ丁寧にお答えいただき、またアップデートにもご協力いただいたインタビュイーの皆様に心より感謝申し上げる。

　2022年1月

旬刊商事法務編集部

初出一覧

編		タイトル	旬刊商事法務掲載号
第1編		資本市場からの規律	書き下ろし
第2編	1	三井住友トラスト・アセットマネジメント	No.2227（2020年4月5日号）
	2	アセットマネジメント One	No.2228（2020年4月15日号）
	3	第一生命保険	No.2229（2020年4月25日号）
	4	三菱 UFJ 信託銀行	No.2230（2020年5月5日・15日号）
	5	野村アセットマネジメント	No.2231（2020年5月25日号）
	6	三井住友 DS アセットマネジメント	No.2232（2020年6月5日号）
	7	日本生命保険	No.2233（2020年6月15日号）
	8	ブラックロック・ジャパン	No.2234（2020年6月25日号）
	9	日興アセットマネジメント	No.2235（2020年7月5日号）
	10	りそなアセットマネジメント	No.2236（2020年7月15日号）
	11	年金積立金管理運用独立行政法人	No.2243（2020年10月5日・15日号）
	12	地方公務員共済組合連合会	No.2244（2020年10月25日号）
	13	企業年金連合会	No.2245（2020年11月5日号）
	14	エーザイ企業年金基金	No.2246（2020年11月15日号）
	15	CalSTRS	No.2247（2020年11月25日号）
	16	CalPERS	No.2248（2020年12月5日号）
	17	NBIM	No.2249（2020年12月15日号）
	18	USS	No.2250（2020年12月25日号）
	19	EOS at Federated Hermes	No.2251（2021年1月5日・15日号）
	20	ガバナンス・フォー・オーナーズ・ジャパン	No.2252（2021年1月25日号）
	21	フィデリティ投信	No.2259（2021年4月5日号）
	22	ニッセイアセットマネジメント	No.2260（2021年4月15日号）
	23	東京海上アセットマネジメント	No.2261（2021年4月25日号）
	24	シュローダー・インベストメント・マネジメント	No.2262（2021年5月5日・15日号）
	25	みさき投資	No.2263（2021年5月25日号）
	26	Effissimo Capital Management Pte Ltd	No.2264（2021年6月5日号）
	27	大和アセットマネジメント	No.2265（2021年6月15日号）
	28	三菱 UFJ 国際投信	No.2266（2021年6月25日号）
	29	Vanguard	No.2267（2021年7月5日号）
	30	State Street Global Advisors	No.2268（2021年7月15日号）
第3編	番外編1	PRI	No.2258（2021年3月25日号）
	番外編2	MSCI	No.2278（2021年11月15日号）
	番外編3	S&P ダウ・ジョーンズ・インデックス	No.2279（2021年11月25日号）
	番外編4	FTSE Russell	No.2281（2021年12月15日号）
第4編		投資家イニシアティブとは ——「機関投資家に聞く」第二期を契機として	No.2258（2021年3月25日号）
第5編		座談会 機関投資家に聞く	No.2281（2021年12月15日号） No.2282（2021年12月25日号）

目　次

第 1 編
序　論

第 2 編
機関投資家に聞く

第 3 編
機関投資家に聞く（番外編）

第4編
投資家イニシアティブ

第5編
座　談　会

第 1 編

序　論

資本市場からの規律

弁護士　澤口　実

1　対話の重要性

「機関投資家に聞く」の連載は、旬刊商事法務の主たる読者層である企業関係者、特にSR担当者や、さらに経営者に向けて、対話の相手方である機関投資家への理解を深めるために企画されたものである。

この対話の重要性は既に広く認識されていると思われるが、書籍化にあたり、この重要性を「資本市場からの規律」という観点で説明しておきたい。

資本市場からの規律とは、資本市場の主要プレイヤーである多数の機関投資家が、共通して求める傾向のある要求・要望・指向のことである。総体としての機関投資家の要望といえるが、この要望に上場企業が答えなければ、株価下落や議決権等の株主権行使によるサンクションを受けるという意味で、規律・規範としての機能をもつ。

資本市場からの規律は、我が国では、バブル経済崩壊後に、メインバンクによる規律の機能不全にかわり、企業の経営効率の改善の手段・方法として着眼されるようになった。その代表的な論者は、2021年に亡くなった経済学者の池尾和人であり、1995年に出版された『金融産業への警告』（東洋経済社）の中で、「日本企業の経営効率の低下を防ぐためにも、資本市場のあり方を見直す必要がある」「発行企業に対して要求をしっかりする（ディマンディングな）資本市場をつくるというのが、目指されるべき日本の資本市場改革の基本方向である」と述べている。

その池尾和人が座長を務めた「コーポレートガバナンス・コードの策定に関する有識者会議」で、資本市場からの規律を強く意識したといえるコーポレートガバナンス・コードが生み出されたことは、必然ともいえるし、象徴的でもある。

コーポレートガバナンス・コードは資本市場からの規律を強く意識した内容となったが、これがアベノミクス下で経済政策として実施されたものと評価するのは一面的すぎるであろう。現在、日本企業には資本市場からの規律が強く及ぶ状況となっているが、これは政府の政策の有無にかかわらず、日本ではいずれは訪れることが必至な状況であったというべきであろう。

それは、次にみるような日本企業の株主構造の逆転とも呼べる激変があったからである。

②　株主構成のファンダメンタルな変化

図1は、東京証券取引所等が公表しているデータに基づき、1990年から2020年まで、つまり平成年間といえる30年間の、日本の4取引所の主要投資部門別株式保有金額の推移を図示したものである。

一見してわかるように、いわゆる安定株主に分類される「都銀・地銀等、生・損保、その他金融」が大幅に減少しているのに対して、機関投資家に相当する「信託銀行」や「外国法人等」が右肩上がりで増えている。これは「変化」という生易しいレベルではなく「逆転」というべき事象である。しかも、これが平成年間という比較的短期間に発生している。

現行法のもとで、株主は株主総会における取締役の選解任を通じて会社の究極的なコントロール権を有するから、この変化は、上場企業全体でみればコントロール権を有する株主層が入れ代わったともいうべき変化である。間接金融から直接金融へ資金調達方法の変化や、政策の変化というレベルではなく、ファンダメンタルな変化である。上場企業をめぐる昨今の多様な変化の根本的原因の殆どは、この株主構造の逆転現象にある。

図1　日本市場における株主構成の変化

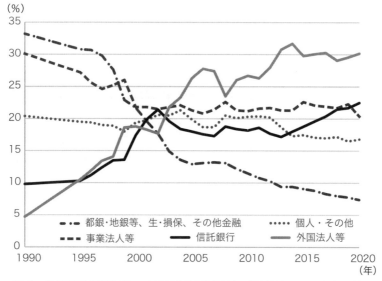

（出典　東京証券取引所等「2020年度株式分布状況調査の調査結果について」(2021)）

③　スチュワードシップ責任に基づくエンゲージメント概念の確立

　資本市場からの規律が強く及ぶようになった理由はそれだけではない。資本市場を構成する機関投資家の行動原理も変化したからである。機関投資家、特にメインストリームの機関投資家の行動原理は変遷してきたが、現時点では、スチュワードシップ責任に基づくエンゲージメントにほぼ固まった感がある。

　遡れば、機関投資家の行動原理は、ウォール・ストリート・ルールと呼ばれる、投資先企業の業績等に不満があれば株式を売却するというものであった。その結果、株価が低下することが間接的なガバナンスになるとも考えられていた。しかし、機関投資家の運用資産の拡大に伴い、市場での売却による投資資金の回収が、株価への影響により困難となるような規模となり、ウォール・ストリート・ルールだけでは対応できなくなるとともに、機関投資家の受託責任が強化されるに伴い、議決権行

使その他の方法により、投資先企業に働きかけを行い、企業価値の増大または株価の上昇により、投資リターンの増大を目指す選択を行うようになった。特に、企業価値の長期的向上を目指す経営者に効果的な働きかけが可能なのは、同じく長期の企業価値向上により投資リターンの増大を意図する、中長期運用の投資家が多いことから、そのような中長期運用の投資家が企業との間で行う活動を主としてエンゲージメントと呼ぶ傾向が強まっていた。

　この流れを結果として加速したのがリーマンショックである。リーマンショックにより大きな痛手を負った資本市場は、その主要な原因の一つを投資家と企業の短期的指向（ショートターミズム）と位置づけ、その是正に動いた。英国ではスチュワードシップ・コードが策定され、その中で改めて概念として整理されたのが、企業の長期的成功を意図した対話を中心とした活動であるエンゲージメントである。つまり、メインストリームの機関投資家の投資先企業に対するアクションは、エンゲージメントと整理されるようになった。日本のスチュワードシップ・コードはこの流れに基づくものである。

　一昔前、「物を言う株主」という言葉は、アクティビスト・ヘッジファンド等をやや批判的な含意を込めて呼ぶときに使用されたが、現在は「物を言う」こと自体はエンゲージメントそのものであり、当然を通り越して投資家の義務と整理されている。

　したがって、機関投資家が企業経営に注文をつけることに何らの障害がないばかりか、受託者責任の観点からは必要な行動という整理がなされた、つまり正当化されたわけである。機関投資家の行動原理の観点からも、資本市場からの規律を及ぼす環境は整ったわけである。

④　ステークホルダー主義と機関投資家

　ここで、誤解を解いておきたい。

　サステナビリティの一側面を顕す「ステークホルダー主義」が、株主からの圧力を緩和する概念と期待する向きもあるが、筆者には誤解に思

えてならない。

2019 年 8 月、アメリカの経営者団体であるビジネスラウンドテーブルが、会社の第一の目的は株主の利益を図ることであるとしていた従来の宣言を見直し、消費者、従業員、取引先、地域社会といった株主以外のステークホルダーの利益も重視するという声明を出したときには、米国の株主第一主義が変化の潮目を迎えたといった論調が多かった。

日米の状況が大きく異なり、そもそもあまり参考とならない動きであるが、このステークホルダー主義が、資本市場からの規律を弱める要因とみること自体も疑問がある。

少し前までは米国などでは ESG 投資に懐疑的な機関投資家も少なくなかったが、現時点では、長期的に株主価値を最大化する上で、ステークホルダーの利害に配慮することが重要であるとの認識が機関投資家の間で定着しているといってよい。ステークホルダー主義は（長期的な意味で）株主の利益と矛盾しないと考えられ始めており、株主こそがステークホルダー主義の推進役となっている旨の指摘が既になされている（雨宮愛知「株主が主導するステークホルダー主義への転換」証券アナリストジャーナル 2020 年 11 月号 30 頁）。

現に、ESG 投資が拡大する資本市場は、上場企業に対してサステナビリティ重視を強く求めている。Climate Action 100+ に代表される投資家イニシアティブが、気候変動を筆頭にサステナビリティ分野で多数形成され、機関投資家が集団的なエンゲージメントを企業に求めていることなどがそのわかり易い例といえよう。現在の上場企業のサステナビリティへの傾斜は、資本市場から強く背中を押されている結果ともいえる。

少なくとも、サステナビリティや ESG の分野においては、資本市場・株主からの「圧力」は今後も増えることがあっても減ることはないであろう。

⑤　資本市場からの規律

　資本市場からの規律は、上場企業の行動を規範づけるルールの主役の座につこうとしている。

　いわゆるコーポレート・ガバナンスの分野において、企業が遵守を意識する規範・ルールといえば長らく会社法を中心とした法令と相場は決まっていた。それが、2015 年にコーポレートガバナンス・コードが策定され、法令ではなくソフトローに分類されるコードが主役の座に躍り出た。法令で義務づけられていない独立社外取締役の選任や政策保有株式の削減が、コーポレートガバナンス・コードに定められて大きく進んだのがその象徴的な事象である。

　そして、今日、そのコーポレートガバナンス・コードにかわり、資本市場からの規律が、ルールの主役の座につこうとしている。

　2021 年に改訂されたコーポレートガバナンス・コードは、求める独立社外取締役を 2 名以上から 3 分の 1 以上と変更したが、多くの上場企業はこの改訂に先立って独立社外取締役の数を増やしていた。既にコード改訂前の 2021 年 3 月末時点で東証 1 部上場企業の 73％が社外取締役が 3 分の 1 以上となっている。その理由は、取締役会の 3 分の 1 以上を社外取締役としない場合に取締役選任議案に反対する機関投資家の動きがあったからである。また、コーポレートガバナンス・コードの改訂では定量的規範が定められなかった、ジェンダーダイバーシティや政策保有株式についても、機関投資家の議決権行使基準における数値基準の導入が着実に増えてきている。

　このように、今日、コーポレートガバナンス・コードは、資本市場が求めることの後追い的性格を強めている。策定当時のコーポレートガバナンス・コードは、資本市場が求めることをより重視した内容である点で上場企業に衝撃を与えたが、今となっては、資本市場からの規律が本格的に働くまでに、日本企業に馴染みがある政府主導のアクションの形式をとって取組みを進める、いわば「つなぎ」や「激変緩和措置」の意

味をもっていたのではないかとも思えるぐらいである。

　資本市場からの規律が、重要な「ルール」としてもみるべき時代が来ているといえよう。

⑥　新しい規律

　この資本市場からの規律に、新たな形態が加わろうとしている。

　指数プロバイダーとESG情報ベンダーという、資本市場で存在感を高めているプレイヤーに関することである。

　広く知られているように、株式市場においてはインデックス投資の比率が高まっており、その結果、インデックス（指数）を提供する指数プロバイダーの影響力も増加している。投資の神様として人気のバークシャー・ハサウェイのバフェットは、妻に残す遺産の9割をS&P500のインデックスファンドで運用すると公言しているし、有力な指数の対象国から除外されそうなった国が規制を見直して対応したといった報道も目にする。

　同時に、昨今のESG投資の急増は、ESGスコアなどを提供するESG情報ベンダーの存在感を高めている。2020年11月にドイツ取引所が、日本では議決権行使助言会社として有名なISSを約18億ドルで買収したが、その主たる目的は、ISSが2018年に買収したESG情報ベンダーoekom researchの事業にあったといわれている。

　そして、幾多のM&Aの結果、大手指数プロバイダーは同時に大手ESG情報ベンダーとなり、自ら算出するESGスコアを、その提供する指数にも利用して、有力なESG指数を次々に開発している。

　ESGスコアは、まだまだ成長途上のツールであり、改善の余地もあろうが、指数プロバイダーでもあるESG情報ベンダーが算出するESGスコアの重要性・影響力が高まることは不可避である。

　そして、そのESGスコアは、その用途から必然的にグローバルスタンダードで算出される。このことは、GHG（温室効果ガス）排出量による評価を国別にスタンダードを変えて算出することが無意味であること

からも容易に理解できよう。往々にして日本市場の特殊性に一定の配慮がなされる機関投資家の議決権行使基準とは相違する。したがって、日本企業のガバナンス分野の ESG スコアはおしなべて低い。

以上のような形式でも、新たな資本市場からの規律が日本企業に及びうることも念頭に置く必要があろう。

7 日本市場のこれから

この資本市場からの規律を強く意識する状況は、今後も継続し、どちらかといえばより強化される方向に向かうと考えられる。特に日本市場はその傾向が顕著と推測される。

長期的に世界の株式市場では、「機関化」と呼ばれる、機関投資家が保有する株式比率の上昇が進展している。米国では、個人投資家の投資信託を通じての投資が定着していることもあり、結果として機関投資家の保有比率は、OECD の調査によれば72%に及んでいる。

図2 日米英市場における株主構成の比較

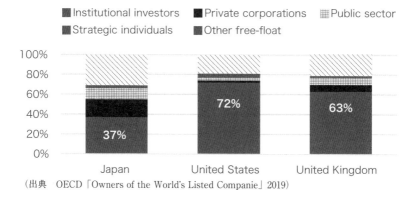

（出典 OECD「Owners of the World's Listed Companie」2019）

最適な市場を探して動く投資資金の獲得競争が市場間で激しく行われていることからも、市場経済の中心であり、圧倒的な資金が集まる米国株式市場の状況に、他の株式市場も徐々に近づくことが想定される。機

関投資家の保有比率が、米国の半分程度の37%である日本市場も、長期的には機関投資家の保有比率が上昇することが予想される。

　資本市場からの規律には反発も強く、中には感情的な意見も目にするが、これらの意見の是非を措くとしても、資本市場からの規律がますます強まることは不可避の「事実」と捉えるべきであろう。万一、この規律が弱まる事態が発生するとすれば、これは世界の投資資金から日本の株式市場が見放されたときであり、再び、バブル崩壊後2012年まで続いた株価の長期低迷時代に戻ることを意味する。

　したがって、資本市場からの規律は今後も強まることはあっても弱まることはないであろうし、企業の経営者は、少なくとも事実として受入れて対応する必要がある。

第2編

機関投資家に聞く
（1〜30）

●1●
三井住友トラスト・アセットマネジメント

スチュワードシップ推進部長
チーフスチュワードシップ・オフィサー　福永敬輔

1　会社概要

▶日本株の運用資産規模や運用手法。

　2021年6月末時点の時価を基準として、おおむね20兆円で、その約7割がパッシブ運用です。

▶スチュワードシップ活動の体制。

　スチュワードシップ推進部には、現在、エンゲージメント担当者が15名所属しており、リサーチ運用部のアナリスト約20名と協働しながら推進しています。

▶三井住友信託銀行を含む他のグループ企業との関係。

　三井住友信託銀行の法人向けの年金の運用部門が独立し、従来から個人向けの投資信託の運用会社として存在していた三井住友トラスト・アセットマネジメントに統合するかたちで当社ができました。日興アセットマネジメントは同じ三井住友トラスト・ホールディングスを親会社とする兄弟会社に該当します。

2　議決権行使方針

▶ 議決権行使ガイドライン[*]は運用資産に共通するか。

> 　運用する資産すべてに共通です。パッシブ運用、アクティブ運用にかかわらず、議決権行使ガイドラインでは、最低限お願いしたいことを基準にしています。

▶ 2021年12月の議決権行使ガイドラインの改定内容のうち、特に重視した点。

> 　取締役選任議案（取締役会構成）に関する基準については、従来より独立社外取締役の人数を取締役総数の3分の1以上とする基準に関し、経過措置（過去3期間のROE基準）を付して導入しておりました。今般のコーポレートガバナンス・コード改訂を受けてプライム市場に上場する企業については当該経過措置を削除しました。なお、プライム市場以外に上場している企業に対しては、複数の独立社外取締役を求めることとしています。また、親会社等を有する企業（コーポレートガバナンス報告書における親会社または支配株主を有する企業。以下同じ）に対する取締役選任議案（取締役会構成）に関する基準に関しては、従来は①独立社外取締役が取締役総数の過半数、または②独立社外取締役が取締役総数の3分の1以上であり、かつ、ⅰ指名委員会等（任意の諮問委員会を含む）における独立社外役員が委員総数の過半数またはⅱ指名委員会等（任意の諮問委員会を含む）における独立社外役員が半数で委員長が独立社外役員という基準を導入しておりましたが、今般のコーポレートガバナンス・コード改訂を受けて②を削除しました。同コードにおいてはプライム市場以外に上場する企業に対しては、独立社外取締役の人数について3分の1以上とプライム市場の過半に比して緩和的な扱いとなっ

ていますが、少数株主利益の保護に関しては市場区分にかかわらず重要な課題と考えることから、市場区分によらず過半数をお願いすることとしました。

　2020年12月のガイドラインの改定においては議決権行使にESGに関する条項を設定しましたが、今般の改定ではさらに気候変動問題とジェンダー・ダイバーシティについて踏み込んだ基準を設定しました。具体的には、気候変動問題については、温室効果ガス排出量が相対的に上位の企業において①気候関連財務情報開示タスクフォース（TCFD）または同等の枠組みに基づく情報開示が不十分、②パリ協定に沿った中期・長期の目標設定やその実現に向けた具体的方策の開示がない、③温室効果ガス排出量の削減に進展がみられない、のいずれかに該当し、かつその理由について合理的な説明がなされない場合、原則として反対することとしました。また、女性取締役が不在の企業については、継続的にエンゲージメントを実施したにもかかわらず状況に改善がみられない場合、反対することとしました（当面の対象はTOPIX100の構成企業）。

▶ **ESG基準として気候変動問題とジェンダー・ダイバーシティに関する基準を導入した背景。**

　当社は、これまでClimate Action 100+でグローバルステアリングコミッティ（グローバル運営委員）を務めるなど世界的なESG活動にも積極的に参加してきましたが、この度、2050年までに全ての運用資産からの温室効果ガス排出量のネットゼロを目指す、ネットゼロ・アセットマネジャーズ・イニシアティブにも参画しました。パッシブ運用が約7割を占める当社にとってネットゼロを実現するためには企業の協力が不可欠です。従来よりエンゲージメントにおいては排出量削減に関するお願いをしてきましたが、より効果を高めるべく議決権行使ガイドラインにも明記することとしました。

　また、ジェンダー・ダイバーシティについては日米欧3拠点の30%クラブ関連イニシアティブに参画、30%クラブJapanのインベスター

グループにおいては社長の菱田が議長を務めており、これまでも積極的にエンゲージメントを推進してきました。日本においてはまだまだなりて不足の問題は考慮する必要があるものの、これまでの当社におけるエンゲージメント状況を踏まえ、日本を代表するTOPIX100に属する企業については議決権行使ガイドラインに基準を導入することとしました。

▶ **退職慰労金議案について、原則として反対することとした経緯。**

退職慰労金議案に対する基準も、段階的に厳格化してきました。在任年数で一律に支払われる固定的・年功序列的な報酬体系なので、業績向上に対するインセンティブとしては効きにくい側面があります。そのため、投資先企業には、退職慰労金は廃止し、業績連動型報酬に移行するように働きかけをしてきました。昨今では、このような働きかけも浸透し、退職慰労金議案を上程する企業も減ってきていたので、2019年より原則反対することとしました。

▶ **2021年6月の議決権行使結果と2020年6月の議決権行使結果を比較すると、取締役選任議案の反対率が減少している**が、その理由。**

取締役選任議案の反対率が減少しているのは、独立社外取締役の人数を取締役総数の3分の1以上とする企業が増加したためです。運用機関が続々と3分の1以上とする基準を導入している他、プライム市場に上場するために企業側の対応が進んだ結果であると考えています。

▶ **独立役員届出の有無で独立性を判断する基準について例外があるか。**

エンゲージメントの結果、所属する組織の要請により届出ができない等の合理的理由が確認できた場合は独立性を否定しません。

▶ 取締役選任議案のうち、3期連続で業績（ROE）基準を満たさない場合で、エンゲージメント等を通じて、株主価値向上に向けた積極的な取組みが確認できた場合は、賛成とされているが、具体的にはどのようなケースがあるのか。

よくある例は、3期連続で業績が低迷している企業が、それに対処するために大幅なリストラをするというケースです。当該企業について、将来的にROEの基準を達成する可能性が高いと思える経営陣であれば、取締役選任議案には賛成します。

その他には、余剰のキャッシュを多く抱えてROEが低迷していた企業について、余剰のキャッシュの使途を宣言して、その後の業績・ROE向上が期待できるケース等です。

▶ 今後の議決権行使ガイドラインの改定の方向性。

女性取締役が不在の企業に関する基準につきましては当面はTOPIX100の構成企業を対象としますが、中期的には対象範囲を拡大する方針です。

▶ 投資先上場企業の情報開示についての要望。

政策保有株式について、保有理由の開示のレベルが従前と変わっていないので、もう少し詳細に開示してほしいと考えています。また、コーポレートガバナンス・コードの補充原則1-1 ①において、「多くの反対票があった議案についての原因分析と株主との対話の検討」が求められていますが「検討」に留まらず「開示」をしていただきたいと考えています。なお、親会社および支配株主と政策保有分の議決権個数を除いたベースでの反対票についても、同様の分析を行い開示いただくことが望ましいと考えます。少数株主ベースでの議決権行使結果の分析と開示

は、少数株主の観点を考慮したガバナンス向上や少数株主との建設的な
対話のためにも重要と考えています。

　また、役員報酬のスキームも従来に比べると説明のレベルは改善して
きていますが、なかなか計算方法までイメージできる企業が少ないと
思っています。何を KPI にしていて、KPI がどう変われば、どのよう
な計算になるのかといったものがわかるとありがたいと思っています。

▶利益相反の際の助言会社のレポートの利用の有無。

　利益相反の際には、当社議決権行使ガイドラインに基づく議決権行使
助言会社の助言を活用しています。具体的には、三井住友トラスト・
ホールディングスの株式の議決権行使や、グループ企業の出身者が投資
先企業の社外取締役となっているときに、当該取締役の選任議案に対す
る議決権行使の際に使用しています。

3　議決権行使以外のエンゲージメント活動

▶投資先上場企業とのエンゲージメント活動で特に重視している点。

　エンゲージメントは企業の持続的な成長を目的としたものでなければ
なりません。したがって、必ずしも議決権行使基準どおりに判断するこ
とがよいわけではなく、企業のおかれた事業環境や戦略等を理解しなが
ら、持続的な成長に資する判断をする必要があると考えています。その
ため、当該企業を深く理解した上でエンゲージメント活動をすることが
大事であり、当該企業が属している業界や事業内容を深く把握する必要
があります。したがって、アナリストも参画して、企業の ESG だけで
はなく、財務戦略や経営戦略まで含めてエンゲージメント活動を行って
います。

▶投資先上場企業に対して、エンゲージメント活動の時期、説明の方法、担当者等についての要望。

　総会集中シーズンの直前は立て込むので、早い段階でのエンゲージメントをお願いしたいと思っています。また、総会前だからエンゲージメントに来るのではなく、総会後の結果報告も兼ねてエンゲージメントに来ていただいている会社もあり、そのような会社とは非常に意義のある関係を構築できていると思っています。

　エンゲージメントのテーマによって、どの人が適切かは変わってきます。たとえば、構造改革のような話になると、中期経営計画にかかわるので、社長やCFOに来ていただいたほうが説得力があると思います。また、ESGのEやSに関連するものであれば、専門部署や経営企画の担当役員に来ていただくこともあります。

▶スチュワードシップ活動全体の中で、足下注力されている点。

　最近の企業価値の評価の方法論として、経済的価値と社会的価値があり、企業価値はこれらの合計であるべきだと考えています。まだ、世の中の一般的な考え方にはなっていませんが、ROEだけではなく、いかに社会的価値を生み出すかが企業価値を作り出すという考え方にシフトしていると思います。最終的には、これが企業の持続的成長につながっていくと考えており、そういった企業活動を後押しするエンゲージメント活動にも注力していきたいと考えています。

＊「責任ある機関投資家としての議決権行使（国内株式）の考え方」
＊＊「2020年7月～2021年6月株主総会における議決権行使結果」

●2●
アセットマネジメント One

責任投資グループ長　寺沢　徹

1　会社概要

▶日本株の運用資産規模や運用手法。

　2021 年 9 月末時点の時価を基準として、約 21 兆円です。その内の約 18 兆円はパッシブ運用です。

▶スチュワードシップ活動の体制。

　運用本部の責任投資グループには、現在 13 名が所属しています。
　アジェンダによっては、エンゲージメントに株式担当のセクターアナリスト、債券担当のクレジットアナリスト、ファンドマネジャーも参加します。

▶みずほ信託銀行を含む他のみずほフィナンシャルグループ企業や第一生命との関係。

　みずほ信託銀行の運用資産を含めて、みずほグループの資産運用業における議決権行使は当社が受託して行っています。なお、みずほフィナンシャルグループが 51％、第一生命ホールディングスが 49％の比率

で、当社の議決権を保有しています。

2 議決権行使方針

▶ **議決権行使基準は運用資産に共通か。**

　ほとんどの資産については、当社の議決権行使基準に基づいて議決権行使をしています。

　例外的に、顧客自らの議決権行使基準に沿って議決権行使をする運用資産もありますが、その割合はごく一部です。

▶ **2021 年 2 月に公表された議決権行使基準の改定内容のうち、特に重視した点。**

　Net Zero Asset Managers initiative（ネットゼロアセットマネージャーズイニシアティブ）への参加を機に当社全体でのサスティナビリティへの取組みを一層強化致しました。この一環で、エンゲージメントを通じて投資先企業にお伝えしていたガバナンスのみならず環境や社会に関する当社の考え方をガイドラインに反映いたしました。

　また株主提案に関して、判断の際の議論や考え方についてガイドラインに反映いたしました。

　さらに取締役会構成について、社外取締役の人数を 2 名以上とし、比率も取締役総数の 25％以上という基準 2020 年度の 20％より引き上げました。

　社外取締役の人数比率について、3 分の 1 以上という基準を設定する投資家も増えてきたと認識していますが、当社の議決権行使基準は企業が達成すべきボトムラインと考えており、現時点で東証一部上場企業の約半数が社外取締役 3 分の 1 以上という人数割合を達成できていない状

況を踏まえて、段階的に基準を引き上げてます。

　中長期的には、社外取締役が過半数を占める取締役会の体制が望ましいと考えています。

▶「中長期的」として想定する期間。

　2022年度は、CGコードで示され定着が図られてきた33％以上に基準を引き上げることを検討していますが、過半数まで引き上げるのは少なくとも次回のCGコード見直しのさらに先になると思います。

▶ 25％以上という基準を満たしていても反対することも検討する対象となる「規模・事業内容などの観点から一段強固なガバナンス体制が必要であると判断する場合」とは。

　反対するのはかなり例外的なケースを想定していますが、議決権行使基準を機械的に当てはめるわけでもないという趣旨です。

▶ 2020年度の改定により新設された「親会社等が存在する企業におけるガバナンス体制の整備」に関する基準で、大株主（議決権所有割合40％以上）が存する企業も対象に加え、社外取締役が過半数であることを求める理由。

　いわゆる上場子会社でなくても、当社としてガバナンス体制への問題意識を持つケースがあるため、議決権所有割合の比率を40％以上として、対象企業を拡げました。

　社外取締役の人数基準については、3分の1以上の社外取締役が存する上場企業が増加している中で、親子上場会社の子会社等の立場であれば、より厳しい基準が必要であると考え、改定に至りました。その後CGコードにも同様の趣旨が反映されました。

▶社外役員の在任期間の上限基準（12年以上）について、選任時に在任期間11年の監査役の再任議案（満期まで在任すると15年となる場合）の議決権行使基準への当てはめ。

　監査役でいえば13年以上となる4期目の選任に反対する趣旨です。
　選任時に在任期間が13年目となっていなければ、反対の議決権行使はしません。

▶議決権行使基準の形式的な当てはめではない行使事例。

　2020年5月コロナ禍でのスチュワードシップ活動について当社の考え方を示し、投資先企業には短期的な業績への影響にとどまらず、資金の配分や事業運営の中で従業員の安全や取引先、地域社会についてどのような配慮や働きかけを行ったのかについて開示を求めました。議決権行使に当たってはこれらの状況を踏まえて業績基準や配当基準に抵触した個別議案の判断の弾力化を図りました。
　また、当社は、社外取締役の再任議案に反対の議決権行使をする基準として、取締役会の出席率85％未満という比較的高い閾値を基準として設定していますが、この基準に抵触していた企業の社外取締役選任に賛成の議決権行使をした事例がありました。エンゲージメントを通じて、あともう1回出席しさえすれば出席率85％を達成できる等の状況があり、欠席理由もやむを得ないものであって、翌年以降の改善理由等の説明を受けたため、過去数年間継続して100％の出席率であったというような過去の出席状況も考慮して、賛成しました。

▶議決権行使の理由の個別開示での工夫。

　2019年11月から個別開示をしていますが、議決権行使の理由に対応する議決権行使基準を個別開示の冒頭に整理して、対応関係がわかるようにしています。

▶投資先上場企業の情報開示や株主総会の運営についての要望。

　トップメッセージやマテリアリティ特定や価値創造ストーリーなど統合報告書での会社全体を俯瞰できる記載を重視しております。また、環境関連の詳細のデータなどはWEB上の開示で問題ありませんが、どこに何が書いてあるかがわかる目次（INDEX）を作成していただけると助かります。企業がタイムリーに発信すべき情報も、WEB上で迅速に公表をしていただきたいです。
　また、取締役会のスキル・マトリックスは取締役会構成の考え方を示すものですので、是非とも公表していただきたいと考えています。

▶助言会社のレポートの利用の有無。

　当社で独自に判断するため基本的に利用はなく、時々参考にする程度ですが、利益相反の観点から、親会社等の議案は議決権行使助言会社（ISS）の助言レポートを利用しています。

▶ 2022年度に向けた議決権行使基準の改定について。

　当社全体でマテリアリティ・マップを策定し、持続可能な社会と経済、ウェルビーイングの実現に向けて取組みを強化いたしました。今年度より記載の考え方にこれらを反映いたします。
　次に議案判断基準としては①社外取締役比率を25%から33%に引き上げ　②女性取締役を最低1名選定　③政策保有株式に関する基準の3つを検討しております。
　①は上述のとおり既定路線です。②の対象範囲はプライム企業としたいところですが、TOPIX100など範囲を限定し、段階的に対象を拡大することを考えております。③については削減への取組みが一向に進まない事業法人に注目し、純資産比率に加え総資産比率の併用することを

考えております。

3　エンゲージメント活動全般

▶投資先上場企業とのエンゲージメント活動で特に重視している点。

　当社は、独自の視点から ESG 課題を細分化してエンゲージメントの実効性を高めています。ESG 課題の中でも特に注目しているテーマは、気候変動、ヒューマンキャピタルマネジメント、地方創生、サプライチェーン、循環型社会形成（サーキュラーエコノミー）に 2020 年度 DX（デジタルトランスフォーメーション）を追加いたしました。マテリアリティ・マップ策定を経てさらに生物多様性についての議論を投資先企業と進めていくことになります。

　また、統合報告書の作成や、TCFD、気候変動への取組みも、最終的にはディスクロージャーの充実に帰着しますので、全般的に情報開示の充実を依頼することが多いです。情報開示を充実していただいた上で、さらにネットゼロに向けた計画や具体的な取組みについて、従来以上に優先順位を上げてエンゲージメントを展開してまいります。このような活動は当社のサステナビリティレポートも参考にしていただければありがたいです。

▶エンゲージメントを通じて、株主総会議案の内容に影響を与えた事例、企業価値の向上につながった事例等、有意義なエンゲージメント活動を実施することができた事例。

　最近、ディスクロージャーの充実や、マテリアリティの特定等について企業の役員の方と対話をした後に、ESG に関する勉強会をしてほしいという依頼が多くあります。当社の ESG アナリストが投資先企業を

訪問して、経営陣に向けた勉強会を開催して活発に議論したことを、中期経営計画の策定に活用いただいた事例がありました。

▶投資先上場企業に向けた、エンゲージメント活動の時期、説明の方法、担当者等についての要望。

　３月期決算の企業であれば、５月の終わりから６月の頭にかけて、すでに確定した株主総会議案を基に説明を受けることが多いです。しかし、株主総会議案が確定する前に、検討中の議案の内容を、あらかじめ可能な範囲で説明していただければ、議案の内容についての意見交換が可能になります。

　エンゲージメントでは、役員との対話が好ましいケースが多いと考えています。また、最近は、社外取締役と面談をさせていただくケースも増えていますが、社外取締役は、社内の役員とは異なる視点で当該企業のことを教えていただけるので、当社の当該企業に対する確信度や信頼も変わってきます。

　さらに、アジェンダに応じて、IR担当者だけではなく、関係する複数の担当部署の方も同席いただくと効率的なエンゲージメントが可能と考えています。特に、サステナビリティに関する議論について、会社全体の方針に関係のある経営企画部等の担当部署の方とも面談をさせていただきたいです。

●3● 第一生命保険

責任投資推進部長　石井博子
責任投資推進部 責任投資企画室長　本多勇一

1　会社概要

▶日本株の運用資産規模や運用手法。

　2021 年 9 月末時点で生命保険会社としての一般勘定での運用が約 3 兆 7,000 億円、運用実績により保険金等が変動する運用資産である特別勘定が約 1,600 億円です。

▶保有銘柄の種類はどの程度か。

　投資先企業数は、約 1,500～1,600 程度であり、一般勘定はアクティブ運用ですが TOPIX カバー率が高いといえます。

▶スチュワードシップ活動の体制。

　責任投資推進部には、現在 14 名が所属しています。株式部投資調査室には 15 名のアナリストが在籍し、エンゲージメント活動に参加しています。なお、2019 年からは国内社債発行体に対する、いわゆる「債券エンゲージメント」も開始しており、債券部国内社債課の数名のファンドマネジャーもエンゲージメント活動に参加しています。

▶機関投資家としての特徴。

当社の持株会社自身が上場していることもあり、ガバナンス体制の整備に必要となる企業としての苦労や悩みなどを理解しつつ、企業に寄り添った対話が可能と考えています。

一方で、当社は多くの上場銘柄に投資していますが、ベースはアクティブ運用ですので、企業への働きかけは議決権行使以外の選択肢もあることから、より効果的なエンゲージメント活動が可能と考えています。

2　議決権行使方針

▶議決権行使基準は運用資産に共通するか。

一般勘定・特別勘定問わず、国内上場株式全体に共通しています。

▶ 2021年3月末に公表された議決権行使基準の改正のポイントは。

2021年3月末に公表した議決権行使基準の主な改正ポイントは3点あります。

1点目は、コーポレートガバナンス・コードの改訂および東証の新市場区分に対応し、東証プライム市場に上場する企業については、独立社外取締役の人数基準を2名かつ取締役総数の3分の1以上に引き上げています。適用開始は2023年4月からとしており、一定の猶予期間を設けています。一方、グロース市場に上場する企業については、独立社外取締役を1名以上としており、市場コンセプトに応じた適切なガバナンス体制を求める趣旨から、メリハリのある基準を設定しています。

　2点目は、社外取締役の独立性を担保する趣旨から、議決権保有比率10%以上の大株主である団体出身者は独立性がないものと判断するとともに（従来は「15%以上」の大株主を対象）、当該基準について東証プライム市場以外も含む全上場企業へ適用することとしました。こちらの基準についても適用開始は2023年4月からとしています。

　3点目は、社外取締役および社外監査役等の機能の実効性を担保する趣旨から、取締役会および監査役会等への出席率（75%）基準について、2022年4月より、東証プライム市場以外も含む全上場企業への適用を開始することとしました。

▶この3点以外で、議決権行使基準改正の今後の適用予定はあるか。

　2020年3月末に公表し、2022年4月から適用開始する基準として、買収防衛策を導入している企業および上場子会社等の支配株主が存する企業の独立社外取締役の人数基準を、2名かつ取締役総数の3分の1以上に引き上げています。買収防衛策については、経営者の保身や特定株主の利益のために用いられることを避けるため、また上場子会社については、上場子会社の少数株主利益を保護するため、それぞれより客観性・透明性のあるガバナンス体制の構築を求めるという趣旨です。なお、議決権行使基準としては2名かつ取締役総数の3分の1以上としていますが、買収防衛策の導入企業および上場子会社については、なるべく早期に独立社外取締役を過半数選任することが望ましいと考えており、その旨を議案ごとの「議案に対する考え方」＊にも明記しています。当社は、「反対」するための議決権行使ではなく、エンゲージメント活動を通じて企業の取組みを促進することを目的としているので、企業に納得して取り組んでいただくためにも、特に人的措置が必要な基準の改正についてはなるべく早く公表し、適用までの周知期間を長く設けることにしています。

▶独立役員の独立性基準として、長期在任（12年以上）基準を設定しているが、その理由。

　昨今、企業のガバナンスにおける独立役員の果たす役割の重要性が一層高まっていると認識しています。取締役・監査役の独立役員に対し、より高い独立性を求めていくことで、投資先企業に客観性・透明性のあるガバナンス体制の構築を促し、持続的な企業価値向上につなげていただきたいという趣旨です。独立でない社外監査役や社内監査役についても、監査役として一定の独立性を具備し、取締役会への牽制機能を発揮することが必要と考えていますが、この点については、個々の企業の状況を踏まえたエンゲージメントを実施していく予定です。

▶企業とのエンゲージメントを踏まえて議決権行使で反対することはあるのか。

　気候変動対応など、企業のESGの取組みを議決権行使基準に反映しています。各企業のESGに関する重要な課題について、当社との継続的なエンゲージメントによっても改善が確認できない場合には、最終的に当該企業の代表取締役の選任議案に反対の議決権行使をするとしています。「継続的なエンゲージメント」ですので、1回のエンゲージメントの結果で反対することはなく、複数回のエンゲージメントを踏まえた判断を行う必要があると考えています。

▶議決権行使結果の個別開示にあたって、行使基準を添付している理由。

　当社の判断結果と議決権行使基準の結びつきをより明確に示して、個別開示の内容をよりわかりやすくするためです。当社では、議決権行使基準自体もより詳細に開示するようにしています。

▶投資先上場企業の情報開示や株主総会の運営についての要望。

　財務情報と非財務情報の統合的な開示を希望しています。また、中長期の経営戦略、ROE等の資本効率に関する目標、株主還元方針についての開示をお願いしています。ただし、統合的な開示については、企業の規模によっては統合報告書の作成が難しいことも理解していますので、その場合は、必ずしも形式は問いませんので、前記の要素を何らかの形で開示していただきたいと考えています。

　議決権行使については、議案精査の時期が集中するので、なるべく早めに株主総会招集通知を開示・発送していただけると助かります。また、当社は、電子的な議決権行使について対応可能な体制としています。書面での議決権行使は郵送リスク等を伴うので、ぜひ多くの企業に議決権電子行使プラットフォームへの積極的な参加をお願いしたいと考えています。

▶助言会社のレポートの利用の有無。

　利用していません。

3　エンゲージメント活動

▶投資先上場企業とのエンゲージメント活動で特に重視している点。

　当社は生命保険会社として、生命保険を裏づけとした資産を運用していることから、投資期間も長期にわたります。そのため、エンゲージメント活動もより中長期的な視点から、企業の戦略やガバナンスについて対話することが可能と考えています。エンゲージメントを実施した各企

業の課題の改善状況のフォローも中長期的なスパンで実施しています。

　2020年度のエンゲージメント活動では、気候変動や廃棄プラスチック、新型コロナ対応が重要な経営課題となりうる企業とのESG対話を強化したこと、2019年度から参画したClimate Action 100＋や機関投資家協働対話フォーラム等での活動を本格化させるなど、国内外における協働エンゲージメントの強化がポイントとして挙げられます。

▶ **2021年のエンゲージメント活動の主な方針は。**

　当社は、2021年に、運用ポートフォリオの2050年ネットゼロを目指すグローバル機関投資家のイニシアティブである「ネットゼロ・アセットオーナー・アライアンス」に国内で初めて加盟しました。当該アライアンスの目標設定ガイドラインに基づき、エンゲージメントに関する目標を設定のうえ、特に温室効果ガス排出量上位50社の投資先企業に対して、目標水準の一層の引き上げ・実行を積極的に後押ししていくこととしています。

　また、気候変動以外のESGの重要テーマである「自然資本の持続可能性向上」や「人権尊重・ダイバーシティ推進」について調査のうえ、重点企業についてはエンゲージメントテーマへ組み込むことも予定しています。

▶ **投資先上場企業に向けた、エンゲージメント活動の時期、説明の方法、担当者等についての要望。**

　当社との対話の結果を企業の戦略や体制に反映していただきたいことから、基本的には執行役員以上、可能であれば取締役との対話を希望しています。当社は、エンゲージメント活動の積み重ねの結果、現在では対話先の約6割の企業において役員の方と面談するという非常に高い役員面談率になっておりますが、この点については今後も引き続き対話先企業のご理解・ご協力をいただきたいと考えています。また、当社は

企業のESGへの取組みに関するエンゲージメントを強化していることもあり、経営企画部門などでサスティナビリティを担当されている方にもご同席いただけると助かります。

▶ **スチュワードシップ活動全体の中で、特に重視されている点。**

当社は、収益の獲得を目指すだけではなく、エンゲージメント活動を通じての社会的課題の解決を強く意識しています。また、ESGインテグレーションの取組みも強化しており、2020年4月からはESGアナリストを専任担当者として設置しました。今後もESGに関する調査を深め、社内レーティングや投資判断等にも有機的につなげることで、インテグレーションの高度化を図ります。

＊「第一生命保険の議決権行使（2021年4月改正）」2〜3頁。

●4● 三菱 UFJ 信託銀行

資産運用部副部長　三橋和之
資産運用部 ESG 推進室 ESG 課上級推進役　永岡映二

2020 年 5 月 5・15 日号掲載（追記を除く）

1　会社概要

▶日本株の運用資産規模や運用手法。

　2019 年 3 月末を基準として、約 14 兆円で、その約 9 割がパッシブ運用です。

▶スチュワードシップ活動の体制。

　ESG 課の 8 名に加えアナリスト・ファンドマネージャー計 24 名の合計 32 名が主として担当しています。

▶ MUFG グループとの関係。

　当社の子会社である三菱 UFJ 国際投信が投資信託業務、MU 投資顧問が投資顧問業務をそれぞれ行い、当社は主に企業年金、公的年金資産の長期運用をしています。

2　議決権行使方針

▶今期の決算遅延時の対応方針は。

さまざまな制約により決算が遅延する可能性があると聞きます。決算確定や監査業務および総会準備にかかわる方々の安全確保が優先されるべきであり、例年どおりの総会開催に固執することなく基準日変更や継続会開催も選択肢の1つと考えます。

継続会開催の際、決算短信の開示があれば、それに基づき判断可能な議案に関しては、行使判断を行う予定（5月7日現在）です。

▶議決権行使基準は運用資産に共通するか。

国内上場株式全体に共通しています。

▶昨年の議決権行使結果と一昨年の議決権行使結果を比較すると、取締役選任議案、退職慰労金支給、買収防衛策の反対率が増加（公表平均値）＊しているが、その理由。

いずれも、2019年4月1日から適用される議決権行使基準を変えたことが理由として挙げられます。

取締役の選任議案は必要な社外取締役数の「複数」に加え「取締役総数15名以上の場合は3名以上」を追加し、取締役選任議案の業績基準は「過去5期連続」から「過去3期連続」で「ROEが一定水準（5％）未満」に変更し、退職慰労金の支給議案は反対基準に「支給額が開示されない場合」を追加しました。

買収防衛策は、「独立性のある社外取締役が取締役総数の過半数を占めていない場合」、「導入・継続について合理的な説明がない場合」に反

対する新基準を適用しました。

　これらの変更のために反対率が増加したと考えています。

▶ 2020 年 2 月に公表した議決権行使基準の改定＊＊（2020 年 4 月 1
　日適用）で新たな基準の変更をしていない理由。

　昨年は議決権行使基準を大幅に改定しましたし、今年は社外取締役を
3 分の 1 以上求めるという大きな改定の実施がありますので、その他
の大きな改定は実施しませんでした。結果的に、大きな改定を行った年
とそうでない年が交互に現れることが多いです。

▶ 国内機関投資家の中では、社外取締役の取締役総数 3 分の 1 以上の
　基準の採用を早期に公表しているが、企業からの反応は。

　「単なる人数合わせ」として反発される企業もありましたが、冷静に
受け止めていただけた企業が多かったです。当社としても適用の約 1
年半前に基準を公表し、監督機能強化のため、社外取締役の選任を何と
かお願いしたいというメッセージを込めています。

▶ 取締役選任議案の業績基準について、業界全体の業績が低迷している
　状況下では、業績基準の形式的な当てはめではなく、個別判断を行
　うことになるか。

　特定の業界・業種の業績動向も踏まえ、ROE 基準を形式的に適用す
ることはしません。しかし、その場合でも、当該業界・業種の中でも業
績が下位グループの企業には反対の議決権行使を検討します。

▶ 業績基準に関する新型コロナウイルスの影響。

　このようなイレギュラーな事態も考慮して、単年度の業績のみで判断

しないようにしており、当社のROE基準も過去3期連続で5％を達成していない場合という基準としています。それでも、やはり新型コロナウイルスの影響は甚大であると理解していますので、対応は検討中です。

▶剰余金の処分に関する「キャッシュリッチ」基準に該当して反対する事例の数。

　形式的には、30社程度がキャッシュリッチの基準に該当しますが、資本政策に関する企業の事情や特性を考慮して、結果的に反対の議決権行使をしたのは20社程度でした。

▶会社提案議案の「情報開示が不十分」として反対する事例や、エンゲージメントをしても「特段の理由もなく改善の動きが見られない場合」として反対する事例。

　該当事例はいまのところありません。特に後者については昨年導入しましたので、今年度以降、エンゲージメントを繰り返しても改善がみられない場合に適用する可能性はあります。

▶政策保有株式の保有割合に関する議論の状況。

　政策保有株式の保有割合の算出手法は複数あり、確定した数値基準を設けるまでには至っていません。しかし、政策保有株式の保有を減らしていただきたい思いはありますので、今後の個別のエンゲージメントを通して日本企業の政策保有株式を減少させる動きが確認できなければ、議決権行使基準にも反映させなければと考えています。

▶議決権行使基準の形式的な当てはめではない行使事例。

　たとえば、三越伊勢丹ホールディングスは、厳しい経営環境の下、長年にわたってROEが5％を下回っていたのですが、新しい経営トップの下でROE5％を達成するための道筋をご説明いただきましたので、3年間の業績の推移を注視することにして、毎年のエンゲージメントでは必ず中長期経営計画達成の進捗具合の説明を受けて、賛成の議決権行使をしています。

　また、オリンパスがバリューアクト・キャピタル・マネジメントのロバート・ヘイル氏を社外取締役に受け入れた事例では、形式的には独立性がないと判断されるものでしたが、エンゲージメントを通じて、バリューアクトは機関投資家と同じ方向性を目指していることがわかりましたので、独立性基準の形式的な適用を覆して、賛成の議決権行使をしました。

▶議決権行使結果の個別開示結果をエクセルシートで公表している理由。

　情報の受け手の検索・分析する際の利便性を考慮したためです。

▶独立役員届出書の有無で独立性を判断する基準について例外はあるか。

　前記オリンパスの例以外にも、独立性は認められるものの所属する組織の要請により届出ができない等の合理的理由が確認できた場合は独立性を否定しません。

▶ 上場企業の情報開示についての要望。

　議決権行使に関して必要な情報は株主総会招集通知に、中長期的な経営戦略等の話は統合報告書に記載していただくと便宜ですが、個人株主に向けて招集通知の開示を充実していただくことはもちろん問題ありません。

▶ 助言会社の利用の有無。

　当社の親会社や兄弟会社についてのみ、当社の議決権行使基準に基づく議決権行使を助言会社に委託し、恣意的な判断が入らないようにしています。

3　エンゲージメント活動全般

▶ 投資先上場企業とのエンゲージメント活動で特に重視している点。

　課題を抱えている企業を選定して、その課題を解決する方向でのエンゲージメントに注力しています。このためには、企業の課題をみつける能力が重要となり、アナリストは課題の発見能力を重点的に研鑽しています。
　企業に課題を伝える際も、課題を解決すれば市場の評価も変わり得る点を説明し、企業の納得感を得るように心がけています。

▶エンゲージメントを通じて、株主総会議案の内容に影響を与えた事例、企業価値の向上につながった事例等、有意義なエンゲージメント活動を実施することができた事例。

エンゲージメントの成果は短期的には出ないので、難しいのですが、たとえば、コングロマリット型企業に対して、コングロマリット・ディスカウントの状況にあることを伝えたところ、企業の納得を得ることができ、セクターごとの資本コストの開示に向けて動き出していただけた事例もあります。

▶投資先上場企業に向けた、エンゲージメント活動の時期、説明の方法、担当者等についての要望。

6月総会に向けて、毎年2月～6月にかけてエンゲージメント活動が活発化します。他方で、秋頃は株主総会の件数も少ないため、長期間の取組みを想定する検討事項は、秋頃にじっくりと対応させていただくほうがよいと考えています。

担当者が社内で適切に共有をしていただいている前提であれば、検討段階では経営層以外の担当の方と対話することで問題ありません。ただし、議案判断の最終段階では当社の懸念が確実に考慮されるか否かの確認のためにも、経営層と話をさせていただきたいと考えています。特に、業績基準との関係で賛否を判断する重要な場面では、経営層が経営計画を策定した意図を踏まえて、議決権行使を判断したいと考えています。

＊「議案別議決権行使状況（国内株式）〈2018年7月～2019年6月総会〉」。
＊＊「受託財産運用における株式議決権行使（2020年2月公表）」1頁。

〔追記〕

　弊社では、取締役会の監督機能を高めることが重要であると考え、社外取締役3分の1未満の企業に対して、これまで長い時間をかけて対話を重ね、予定通り、2020年4月より全ての企業において社外取締役3分の1基準を導入しました。その結果、同年4月〜6月期は従前と比べて多くの取締役選任議案で反対行使しましたが、その後も継続的な対話を実施し、2021年4月〜6月期では多くの企業で改善が見られました。

　同基準については企業の対応も進んだことから、更なるガバナンス向上のために、弊社では現在、「社外取締役3分の1基準について、『独立』社外取締役が少なくとも取締役会の3分の1以上を占めることが必要か」「親会社を持つ上場子会社においては、独立社外取締役が取締役会の過半数を占めることが必要か」「社外役員に対する独立性基準において在任期間が著しく長期間（20年以上）の場合に反対する基準について、20年という期間が適切か」「退職慰労金制度について制度の廃止を求めるべきか」などの観点で議決権行使基準の見直し検討を進めています。

●5●
野村アセットマネジメント

責任投資調査部長　今村敏之

1　会社概要

▶日本株の運用資産規模や運用手法。

　2021年11月末時点の時価で30兆円以上であり、その8割以上がパッシブ運用です。当社は伝統的には日本株アクティブ運用ハウスですが、企業との建設的な対話の観点ではアクティブ運用の経験やスキルが必要不可欠です。アクティブ、パッシブともに当社にとって重要な柱です。

▶スチュワードシップ活動の体制。

　責任投資調査部に所属する12名（2021年11月末時点）の専門家に加え、20数名のアナリストと連携してスチュワードシップ活動を推進しています。また、ESGではグローバルな専門知識も必要ですので、海外の運用調査チームとも活動を共にしています。

▶野村ホールディングスのグループ企業との関係。

　当社は、野村グループ傘下の運用会社ですが、資産運用ビジネスは高

い独立性が求められます。厳格な利益相反管理を実施しており、独立性の高い社外役員や有識者を過半とする責任投資諮問会議を設置し、同組織のメンバーが責任投資委員会に陪席するなどして、利益相反を伴う議決権行使等をリアルタイムにモニタリングしています。

2　議決権行使方針

▶議決権行使基準は全ての運用資産に共通か。

　基本的に共通です。顧客基準により議決権を行使する口座もありますが、全体に占める割合は小さいです。

▶ 2021 年 11 月に「日本企業に対する議決権行使基準」が改定されたが、当該基準の改定内容のうち、特に重視されている点。

　2020 年秋の改定から経営陣の監督を主たる役割・責務とするモニタリング・ボードへの移行を後押しするための基準を導入していますが、2021 年の改定ではこれをさらに進めています。業績基準（ROE が低迷している場合に取締役選任に反対する基準）について、モニタリング・ボードの要件を満たす場合とそうでない場合で異なる基準を適用することとしています。

　また社外取締役の人数については最低水準を引き上げています。2 名または 3 分の 1 の多い方としていますが、上場子会社を含む支配株主のいる会社については過半数としています。

　加えて、エンゲージメントの結果を取締役選任議案への賛否に反映する基準も導入しています。当社では上場企業の「望ましい経営」を定め、その実現を促すためにエンゲージメントを行っています。1 回のエンゲージメントで成果を得られないからすぐに反対ということはありま

せんが、一定期間にわたって対応を促したにもかかわらず十分な取組みが認められない場合には、取締役選任議案に反対することがあります。議決権行使基準の改定と同時にエンゲージメント推進室を設置していますが、これもこのようなエンゲージメントと議決権行使のリンクを強化する取組みの一環です。

　投資先企業への影響を考慮し、議決権行使基準の改定は、その時々の状況を踏まえて慎重に行っています。形式と実効性のバランスをみながら改定しています。

▶取締役選任議案について、「ESG 課題への取り組み……の観点から問題がある行為は、株主価値を毀損するものとみな」し、それについて責任を有すると判断される者の取締役選任に反対するとの基準を設けているが、反対をした典型的な事例はどのようなものか。

　企業の不祥事関連がほとんどです。なお、外国株の議決権行使では、環境に配慮した株主提案などに ESG の観点から積極的に賛成をしています。日本でも最近、環境関連の株主提案が増えていますが、ESG 課題を会社提案の賛否に反映させるのは今後の課題です。

▶取締役選任議案について、政策保有株式に関連した基準は特に設けられていないが、その理由や背景。

　モニタリング・ボードか否かを判断するために 8 つの要件を定めており、そのうちの 1 つが政策保有株式に関するものです。具体的には、政策保有株式が投下資本の 10％を超える場合には政策保有株式が課題と判断し、モニタリング・ボードの要件を満たさないことになります。

▶取締役選任を求める株主提案について、「会社提案と比較して判断する」としているが、具体的な判断プロセスはどのようなものか。

　会社提案と株主提案を純粋に比較して判断しています。最近では、コーポレートガバナンス向上の観点で評価し得る候補者の選任を提案するなど、説得力のある議案も増えてきています。株主提案には会社提案以上に説明責任が求められますが、株主提案側の情報開示が充実してきており、会社提案との比較がよりやり易くなってきていることも事実です。

▶ **役員報酬議案について、結果として会社提案への反対率*が相対的に高いようにみえるが、その理由。**

　独立性のある報酬委員会の設置など報酬ガバナンスが整備されない会社に対して、やや厳しい基準になっているためと考えられます。具体的には、報酬ガバナンスが整備されない場合には一定水準以上の報酬議案に反対するほか、株式報酬における期間や希薄化率について賛成するための要件が厳しくなっています。

▶ **退職慰労金議案の反対率が高い理由。**

　支給金額が開示されていない、あるいは多額な金額を支給するにもかかわらず適切な報酬ガバナンスが整っていない例が依然として多いことが背景と思われます。

▶ **企業再編・資本政策に係る議案について、特に少数株主の利益相反の可能性と少数株主の利益保護の取組みを重視する旨の基準があるが、その趣旨・背景。**

　当社では、企業再編・資本政策に係る議案について、①プレミアム、②経営判断（事業シナジー等）、③少数株主の利益保護の取組み（ガバナンス）の3つの観点から検討をしています。このうち、①プレミアムは、前提の置き方によって数値がぶれ、正確な判断は容易ではなく、ま

た、②事業シナジーも経営判断にかかわるところですので、一律に判断することはできないと思っています。その中で、買収する企業については、経営判断が適切ではなかった場合でも、事後的に経営陣の責任を追及することができますが、買収される企業については、これができませんので、最低限、③少数株主の利益保護のため十分な取組みが行われたか（ガバナンス）は重視する必要があると考えています。

▶ 議決権行使基準の形式的な当てはめではない行使事例。

　エンゲージメントを通じて企業の状況を把握し、実効的な判断ができるような議決権行使基準を作ることが第一です。そのため、当社では平素から議決権行使基準の課題を検討し、毎年秋の基準改定に反映しています。もちろん、エンゲージメントを通じて、基準改定のプロセスで想定しないような事態が確認された場合には、基準と異なる判断をすることもあります。最近では、同基準に則ると反対となる株式報酬議案について、エンゲージメントを踏まえて賛成に変更した事例があります。

▶ 新型コロナウイルス問題を踏まえ、議決権行使についてどのような対応をしているか。

　感染拡大当初は、株主総会の延期や継続会に対して柔軟な対応をしたほか、業績基準等について適用を一時的に停止しました。2021年6月以降、順次適用を再開し、2022年1月からは全ての議決権行使基準を適用する状態に戻しています。

▶ 2022年の議決権行使基準の改定時期。

　例年どおり秋ごろを考えています。6月の株主総会集中期における議案判断を通じて議決権行使基準の課題を抽出し、エンゲージメントを通じて得られた情報を含めて検討する流れになっています。

▶上場企業の情報開示に関する要望。

　当社では、現在、AI を使ったテキストマイニングで株主総会関連資料等から該当記載部分を抽出し、議決権行使判断の効率化を図る運用を進めていますが、それでも毎年6月は非常にタイトなスケジュールです。そのため、投資先企業には、株主総会関連の情報を、それぞれの情報にふさわしい書類に記載していただくとともに、議案の WEB 開示日から指図期限までの期間は引き続き短い状況ですので、わかり易く、タイムリーな情報開示をお願いしたいです。

▶助言会社のレポートの利用の有無。

　利益相反のある場合や慎重な定性判断が必要な場合に、ISS、グラス・ルイスおよびガバナンス・フォー・オーナーズ・ジャパンのレポートを利用しています。それぞれの助言会社のレポートをカウンターオピニオンとして参考にするとともに、検討する論点に漏れがないかの確認のための資料として使っています。

3　エンゲージメント活動全般

▶上場企業とのエンゲージメント活動について、特に重視されている点。

　当社は運用会社ですので、投資先企業の企業価値向上をサポートし、最終的には投資リターンを向上することを目的としています。これを実現するためには、投資先企業における、適切な事業戦略・財務戦略、環境・社会課題への取組みを通した業績と持続性の向上、それを支えるコーポレートガバナンスと、株主・投資家間での情報開示・対話が必要

図表　日本株エンゲージメントの年間スケジュール

	4-6月	7-9月	10-12月	1-3月
企業の動向	SR活動（議案の説明） IR活動の集中期		統合報告書の公表 IR活動の集中期	SR活動（議案の説明）
議決権行使	議決権行使の集中期（5-6月総会）	総会分析	議決権行使基準の見直し	議決権行使の集中期（3月総会）
エンゲージメント	株主総会の議案について（集中期）	個別ミーティング（通年）	議決権行使基準について ESGに関するエンゲージメントの集中期（統合報告書・TCFD・その他ESG課題）	株主総会の議案について（集中期）
その他		アセットオーナーへの報告の集中期		活動のレビュー→自己評価

であると考えています。そして、これらの企業価値向上に必要な諸要素の対話についてマイルストーン管理を導入しており、3年間の期間を1つの目安としてゴールを目指す進捗管理を徹底しています。

　なお、最近では、特にTCFD（気候変動関連財務情報開示タスクフォース）提言や人権に関するエンゲージメントが増えてきていますが、これはアセットオーナーから運用機関である当社に開示が求められていることも背景にあります。

▶**上場企業に対する、エンゲージメント活動の時期、説明の方法、担当者等についての要望。**

　当社のエンゲージメントの年間スケジュールは、上記図表のとおりです。他の機関投資家とも大きな相違はないと思われますので、上場企業の皆様には機関投資家のスケジュールをご理解いただく際の参考にして

いただければと思います。株主総会の直前期は、すでに投資先企業の議
案の内容も固まってしまっていますので、エンゲージメントの効果が必
ずしも高いとはいえません。そのため、当社の議決権行使基準が改定さ
れた秋頃から年明けにかけて対話をすることで、次の株主総会に向けて
改定後の基準を踏まえた効果的なエンゲージメントができると思ってい
ます。また、エンゲージメントの内容によって、IRやSR等の担当者
の方と対話することがよいときもあれば、役員の方と対話することがよ
いときもあり、テーマによって複数回行うことが通例となっています。

＊「2021年4月～6月の株主総会における議決権行使結果につい
て」。

●6●
三井住友ＤＳアセットマネジメント

責任投資オフィサー　藏本祐嗣

2020 年 6 月 5 日号掲載（追記を除く）

1　会社概要

▶日本株の運用資産規模や運用手法。

　2019 年末時点の時価を基準として、約 5 兆円弱です。そのうち約 9 割がアクティブ投資です。

▶スチュワードシップ活動の体制。

　国内株式に関しては、運用に従事するアナリスト、ファンドマネージャー全員がスチュワードシップ活動を行いますが、その中でも責任投資推進室の 7 名がスペシャリストとしてスチュワードシップ活動を行っています。また、アナリスト 25 名も、企業との日常のコンタクトを通じ、エンゲージメントに関与しています。

▶三井住友フィナンシャルグループとの関係。

　三井住友フィナンシャルグループは当社の 50.1％の株式を保有する親会社であり、そのほかに大和証券グループ本社が 23.5％、三井住友海上火災保険が 15.0％、住友生命保険が 10.4％の株式を保有していま

す。もっとも、顧客本位の業務運営方針に基づき、プロフェッショナル
な資産運用会社を目指しており、当社の新社長にも株主グループ出身者
ではない猿田隆が就任しています。

2　議決権行使方針

▶議決権行使基準は運用資産に共通か。

　現時点では、国内株式に関しては運用戦略の違いにかかわらず共通で
す。なお、顧客基準により議決権行使する資産もあります。

▶今年の5月に議決権行使判断基準を改定したが、当該基準の改定内容のうち、特に重視している点（あるいは強調したい点）。また、改定により数値基準が増えたと見受けられるが、その背景。

　今回の改定において重視している点は、基準の機械的適用ではなく、
投資先企業との対話を経て、当該企業の実態や改善傾向を踏まえて賛否
判断を行う当社の方針を明示した点です。そのため、今回の株主総会に
関しても、コロナショックによる影響を考慮し、またシステミックな世
界経済の崩壊を防ぐことが、投資先企業の企業価値の毀損を防ぐ観点で
重要であると考え、基準の機械的適用を行わないこととしています。
　一方で、改定により数値基準を増やしたのは、企業の皆様との対話に
際し、1つの基準を示すことが有益と考えられること、また受益者をは
じめとする当社のお客様に対し1つの基準をお示しすることが透明性
の観点で有益と考えたためです。しかし、前記のとおり、当社の数値基
準は、満たしていれば賛成、そうでなければ反対という基準を示すもの
ではなく、当社が特に精査を行う企業を抽出する閾値を示すものですの
で、たとえば、総還元性向が30％未満であっても、今後の成長戦略や

その株主価値に与える効果が十分に説明されていれば賛成とすることも
あります。

▶ 取締役選任議案に関して、一般株主の利益保護が必要な場合について
も見直しをしたが、その狙いと具体的な運用。

　①買収防衛策を導入している場合、②上場子会社など経営に大きな影
響を与え得る20％程度以上（20％は買収防衛策で使用される閾値を参考
とした）の保有比率を有する株主が存する場合、③過去に株主共同の利
益を毀損する資本政策（たとえばMSCBの発行）を実施した企業などの
類型については、一般株主、少数株主保護の観点から、一般の企業より
も高いガバナンス体制が必要と考えており、社外取締役の比率も最低で
も３分の１以上は必要と考えています。

▶ 取締役選任議案について、政策保有株式に関連して投資有価証券を純
資産の10％程度以上保有する場合はROEについて厳しく評価する
基準が導入されたと理解しているが、その理由や背景。

　日本企業のROE水準が投資家から見て十分とはいえない状況となっ
ている主たる原因は、売上高営業利益率の水準にあると認識しています
が、中には本業の利益水準に照らし、過大な資産を保有していることに
よる企業も存在すると考えます。特に、持合株式は、資産であるだけで
はなく、今回のコロナショックのような株式市場の大きな下落が発生す
ると、バランスシートに大きな影響を与えるリスク要因でもあります。
経営の持続性・安定性を確保するために、持合株式によって安定株主を
確保したいとの考えもあるかもしれませんが、その量は、資産保有コス
トのみならず、リスク・バジェッティングの観点から、経営者が合理的
に説明できる範囲にコントロールすべきであると考えます。したがっ
て、財務リスク管理の側面から、経営者の適性を判断する上で重要な要
素と考えています。

▶社外取締役の独立性に関する、「独立性への疑義を上回る貢献が期待
　できることの合理的な説明等」とは。

　独立性に関する疑義が金額的にも内容的にも軽微である一方で、その
取締役の貢献や実績が相応に認められる場合には、賛成することもあり
得ます。

▶取締役構成に関する独立した社外取締役の比率等を具体的にしたが、
　その意図は。

　本則市場であれば、2名以上の当社の独立性基準を満たす社外取締役
が必要と考えていますが、現時点では3分の1以上でなければならな
いとは考えていません。ただし、先進国のみならず新興国のコーポレー
トガバナンスの状況を踏まえると、資本市場としての国際競争の観点か
らは、独立社外取締役の比率の一段の引上げが求められるようになるこ
とは不可避とは感じています。

▶結果として、会社提案に対する反対率は他のメインストリームの機関
　投資家よりも高い傾向にあるが、その理由。

　当社では、投資先上場企業に対して早期にアラートを伝えるという意
味で反対することがありますが、実際にプロキシー・ファイトとなるよ
うな局面では、形式的基準のみにとらわれることなく、どうすれば株主
共同の利益にかなうかという原則に立って判断を行っています。パッシ
ブ中心で運用資産規模が大きな機関投資家の場合には、賛成したとして
も、必ずしも現状に満足しているわけではないと理解しています。

▶新型コロナウイルス問題を踏まえ、従来と異なる対応となる具体的な
　例。

　３月決算において黒字であった企業であっても、４月以降の非常事態宣言以降のビジネスの状況によっては、キャッシュ・バーニングといわれる手元流動性の急速な減少が発生している企業もあると思います。特に、剰余金処分議案においては（本来は足元の状況を株主総会参考書類等でご説明いただくことが望ましいと考えますが）、それぞれの企業が置かれた状況をさまざまな情報に基づき判断し、たとえ黒字無配であったとしても賛成とすることがあると思います。また、取締役選任議案に関する業績基準やROE基準に関しては、前３月期に関しては経営者として回避することが困難な外的ショックと認識していますので、議決権行使の判断において、適切に考慮することとしています。

▶来年の議決権行使判断基準の改定時期。

　４月を目途と考えていますが、コーポレートガバナンス・コードの改訂時期によって前後する可能性もあります。

▶議決権行使判断基準の改定の方向性。

　現時点で決まっているものはありませんが、一般的に議論されている論点としては、①役員報酬制度、②監査委員会委員、監査等委員会委員である社外取締役に求められる独立性の明確化、③ESGにかかわる観点に関する企業との対話を踏まえた、取締役選任議案や株主提案に対する判断基準があると思います。

▶投資先上場企業の情報開示に関する要望。

　本来は、有価証券報告書の早期提出（株主総会開催前）が望ましいと考えています。また、招集通知を含む法定書類のXBRL形式での提供は、株主総会の電子的行使などを促進する上でもいずれは必要と考えています。さらに、各社が独自の工夫を行うドキュメントとしては、統合

報告書の充実を希望しています。

▶助言会社のレポートの利用の有無。

利益相反のある場合に限り、現在はISSのレポートを利用しています。

3　エンゲージメント活動全般

▶投資先上場企業とのエンゲージメント活動について、特に重視されている点。

投資先上場企業の適切なリスクテイクを後押しし、また、経営力の強化を手助けできるように、インベストメントチェーンの一員として、日本経済に貢献しつつ、当社のリターンも増加させるという観点を重視しています。また、投資先上場企業の経営力の強化のため、取締役会の機能強化や次世代経営者の育成・選抜、非連続的な経営環境を踏まえた中長期のサステナビリティの観点でのリスクマネジメントの強化につながるような対話を意識しています。

▶エンゲージメント活動を通じて、一定の成果を実感された事例。

投資先上場企業の還元比率が上がったことは実感します。また、エンゲージメントの結果、投資先上場企業が報酬制度の見直しや経営トップのサクセッションプランの策定を行うなど企業の自主的な経営強化に向けた取組強化が増えてきていると感じています。

▶投資先上場企業に対する、エンゲージメント活動の時期、説明の方法、担当者等についての要望。

　総会準備のためだけでなく、通年のコミュニケーションが有益と考えます。また、CEO や CFO に限定するつもりはありませんが、CEO や取締役会にフィードバック可能な方との対話を重視しています。逆に、上位者への伝言ゲームとなってしまうやりとりや、FAQ に沿ったやりとりにとどまるような対話は望んでいません。

〔追記〕
　当社では、2021 年 5 月 6 日付で「国内株式議決権行使の当面の方針および今後の方向性について」を公表しておりますので、あわせてご参照ください（https://www.smd-am.co.jp/news/news/2021/news_20210506/）。
　なお、現在新しい議決権行使ガイドラインを検討中であり、決定次第当社ホームページ上で公表いたします。なお、蔵本は責任投資オフィサーを退任し、上席参与となっています。

●7● 日本生命保険

株式部長　市川章人

2020年6月15日号掲載（追記を除く）

1　会社概要

▶日本株の運用資産規模や運用手法。

　2020年3月末時点の時価は約8兆円で、上場会社の日本株約1,500銘柄を取り扱っています。当社は、経済・産業の発展に資する長期資金を提供しており、企業価値向上の果実を中長期にわたる安定的な株主配当や株価の上昇といった形で享受することを、株主投資における基本的な考え方としています。

▶スチュワードシップ活動の体制。

　当社株式部の中に、11名が在籍する対話推進チームと、5名が在籍する議決権行使チームがあり、両チームのメンバーと私自身がスチュワードシップ活動に従事していますので、合計すると、17名がスチュワードシップ活動に従事しています。なお、株式部内にアナリストが14名在籍しており、企業分析等で必要に応じて情報連携しています。

2　議決権行使方針

▶精査基準という考え方を選択している理由や背景。

　当社では企業との対話を重視しているため、一律に議決権行使するための議決権行使基準ではなく、対話先企業を選定する基準として位置づけており、基準に抵触した企業とは全件対話を実施しています。なお、たとえば「3期連続赤字」のような基準の場合には、2期連続赤字となった段階から対話を始めて、当該企業と課題の共有をしています。

▶昨年9月に議決権行使精査要領を改定したが、当該基準の改定内容のうち、特に重視している点（あるいは強調したい点）。

　支配的株主がいる場合の少数株主保護の部分です。具体的には、支配的株主がいる場合の取締役選任議案の基準を変更し、独立社外取締役が取締役全体の3分の1未満の企業とは全件対話をしています。そして、当該企業に対しては、独立社外取締役を取締役全体の3分の1以上とするか、支配的株主との利益相反を適切に管理し、少数株主利益を保護するための独立社外取締役（または独立社外監査役）を過半とした委員会の設置を要望しています。

▶取締役選任議案について、「監査等委員会設置会社または指名委員会等設置会社で、独立社外取締役が2名未満の場合」を精査基準としており、他の機関投資家と比較すると厳格でない印象もあるが、その点についての考え。

　実態としてガバナンスを機能させるためには、社外取締役の人数や比率よりも、取締役全体として、取締役の経歴、資質、知識が備わった人

員構成とすることが重要であると考えていますので、各企業が自社に最も適切な方法でガバナンス改善に取り組むことが望ましいと考えています。各企業によって事業環境や事業特性、対処すべき課題等は区々であるため、社外取締役の人数／構成比はそれぞれの状況に合ったものであることが重要であり、対話を通じて、一定数の独立社外取締役を要求するのではなく、各社の状況に応じた取締役構成となっていることを確認しています。

▶株式報酬関連の精査基準に、「報酬水準の妥当性」を追加したが、このうち、「他の上場企業と比較して過大」とはどのように判断しているか。

具体的な基準はお答えできませんが、役員報酬総額が上場企業全体と比べて一定程度高いと思われる企業について、対話により考え方や状況を確認しています。

▶株式報酬関連の精査基準に「社内役員報酬の平均額が従業員給与の平均額の30倍超」か否かに着眼したペイレシオ的な内容があるが、その意図は。

一般的に日本企業の役員報酬は海外企業と比べて高いというわけではなく、高額報酬自体を問題視しているわけではありませんが、たとえば役員だけではなく従業員も業績拡大の恩恵等を受けているかという観点から、このような基準としました。

▶精査基準の中でも数値基準にはヒットするものの、対話の結果、賛成した事案。

業績は堅調に推移していたものの、長期にわたる大規模プロジェクトの設備投資資金が必要なため、配当性向は低水準で推移しており、当社

の精査基準に抵触した企業がありました。当該企業との対話では、中長期の企業価値向上に向けた大規模プロジェクト推進のため内部留保を意識しているが、安定配当を継続しつつ適宜増配も検討する方針を確認し、その後当該企業は当社の精査基準は下回るも、増配を継続しました。よって、当該プロジェクトは将来の企業価値向上につながる可能性が高いと評価するとともに、長期視点で内部留保と株主還元のバランスを考慮しつつ、株主還元には前向きな当該企業の姿勢を尊重し、剰余金処分議案に賛成しました。

▶逆に、精査の結果反対した事例。

　市況が低迷する中、抜本的な業務改善策に取り組まず、業績が長期低迷しており、業績面で当社の精査基準に抵触する可能性のある企業と、抵触する前から対話を開始しました。当該企業は、市況等の不確定要素が多すぎることを理由に、中期経営計画は非開示としていたため、当社は複数回の対話の中で、業績改善に向けた中期経営目標の設定、具体的取組計画の策定・公表を要望しましたが、当該企業は市況等の不確定要素によって計画と実績がぶれることを理由に、非開示とするスタンスに変更はありませんでした。最終的に、当該企業から中期経営目標や具体的取組計画が公表されることはなく、また業績も改善せず精査基準に抵触しました。そうした状況を踏まえ、課題意識を共有できず、業績不振にもかかわらず適切な対応策が講じられていないと判断し、取締役再任議案に反対しました。

▶反対理由の開示において、「反対事例の解説」を作成した意図。

　当社は個別企業の状況を踏まえて賛否判断することから、反対理由が「不祥事」等と簡潔に記載されているだけでは、必ずしも当社の考え方について十分に理解いただくことができないことも考えられるため、開示の工夫を通じて、当社の取組みや考え方をステークホルダーの皆様に

正しくご理解いただくことが重要だと考えており、その一環として作成しました。

▶ **新型コロナウイルス問題を踏まえ、この総会シーズンに関して、議決権行使について特別な対応を検討しているか。**

　新型コロナウイルス問題を理由に精査基準（枠組み）を変えることは現時点で考えていませんが、当社では、従来より企業の状況を踏まえて議決権行使をしているので、新型コロナウイルスの影響も重要な判断要素とした上で、総合的に判断します。いずれにしても、企業の状況を踏まえた判断をできるようにするためにも、可能な範囲で積極的に情報開示をお願いしたいと考えています。

▶ **本年の議決権行使精査要領の改定内容。**

　現時点で内容は確定していません。なお例年の改定時期は9月頃です*。

▶ **助言会社のレポートの利用の有無。**

　助言会社のレポートは利用しておらず、当社独自に判断をしています。

3　エンゲージメント活動全般

▶ **上場企業とのエンゲージメント活動について、特に重視している点。**

　企業とは年間を通じて対話をしていますが、どのような対話であって

も、相互理解を深めて Win-Win の関係で企業価値向上を後押ししたいと思っています**。

▶ 他のメインストリームの機関投資家と異なり、アセットオーナーでもあることが、エンゲージメント活動に与えている影響についての考え。

　当社は対話を通じて得た個別企業の状況を踏まえて議決権行使の賛否判断を行うという活動方針を掲げていますが、アセットオーナーである当社自身が投資先企業と対話を行い、投資先企業の状況を直接把握した上で議決権行使判断ができるというメリットがあると考えています。

▶ エンゲージメント活動を通じて、企業価値の向上につながった事例等、有意義なエンゲージメント活動を実施することができたと考える事例。

　たとえば、買収防衛策を導入していた企業に対しては、複数年の対話を通じてスキーム面の改善を要望し、さらに、課題を共有すべく当社から当該企業の経営層に対して当該買収防衛策の要改善点を記載した要望書を手交しました。こうした活動を通じて当該企業にスキーム面の改善の必要性を認識していただき、買収防衛策の必要性を含めて役員会において再度議論をしていただいた結果、当該企業は買収防衛策の廃止を決議しました。

▶ 上場企業に対する、エンゲージメント活動の時期、説明の方法、担当者等についての要望。

　フェア・ディスクロージャー・ルールがある中で、当社が対話をするに当たっては公開情報をもとに準備をしていますので、企業に対しては積極的な情報開示をお願いしたいと考えています。特に、スチュワード

シップ・コードが改訂され、これまで以上にE（環境）やS（社会）の観点を踏まえた活動を行いますので、非財務情報の開示充実をお願いしたいと考えています。また、当社の考え方を、企業の経営層の中で共有していただくために、対話においては執行役員以上の方もご出席いただくようお願いしています。

〔追記〕

＊2020年9月には主たる改定は行わず、2021年9月には主に3点の改定を実施しました。

　1点目は、取締役選任議案における精査基準として「ESGの観点から著しく不適切と考えられる場合」という基準があり、当基準の「反対となる主な例」として「温室効果ガス排出量上位企業等において、複数年に亘る対話にも拘らず課題解決に向けた取組姿勢が確認できない場合」を追記し、気候変動課題に対するスタンスを明確化しました。

　2点目は、コーポレートガバナンス・コードにおいて取締役の有するスキルを適切な方法で開示することが望ましいとの方針が示され、本社も従来同様の方針を有していたため、取締役選任議案の「基本的な考え方」にその考え方を追記しました。

　3点目は、場所の定めのない株主総会（バーチャルオンリー株主総会）を開催可能とする定款変更議案について、株主権利を害さないための環境整備が検討されているか確認するための基準を追加しました。

＊＊　当社は複数年対話を継続し、議決権行使に係る重要な論点の解消を目指しており、2017年7月時点で議決権行使精査要領に抵触した先について、4年累計で6割超の論点が解消しています。

●8●
ブラックロック・ジャパン

運用部門インベストメント・スチュワードシップ部長　江良明嗣

1　会社概要について

▶日本株の運用資産規模や運用手法。

　2021年9月末時点で約26兆円です。なお、ブラックロック全体の資産運用残高のうち、約6割〜7割がパッシブ運用です。

▶スチュワードシップ活動の体制。

　日本では8名の専任担当者をインベストメント・スチュワードシップ部に配置し、業種ごとの主担当がエンゲージメントや議決権行使を一貫して実施するというセクター担当制を採用して専門性を強化しています。

2　議決権行使方針

▶議決権行使基準は運用資産に共通するか。

　原則として、当社が運用する国内上場株式全体に共通した基準を適用しています。

▶独立社外取締役の選任基準についてどのような基準を設けているか。

　当社では、少数株主の利益保護の観点から、たとえばプライム市場に上場する日本を代表するような企業については独立社外取締役が取締役会に占める割合を3分の1以上求めるなど、社外取締役の人数基準について高い水準を期待します。ただし、ガバナンスの実効性を重視する観点から、このような基準を機械的に適用するのではなく、投資先企業の状況に応じた最適なガバナンス体制が構築されているか、各種ガバナンスに係る委員会の運営状況、独立社外取締役の取締役会議長や筆頭社外取締役への登用等の個別の取組み内容も踏まえ、判断します。

▶議決権行使基準の形式的な適用ではない行使事例。

　社外役員の独立性について、会社から選任候補者との取引関係の実態について説明を受け、その取引実態を踏まえて、独立性があるとみなして賛成した事例があります。

　企業の業績が数年間厳しい状況にあれば、取締役選任議案への反対を検討しますが、経営陣から問題認識やターンアラウンド戦略について説明を受け、その説明内容に納得できれば、賛成することもあります。

　また、資本効率の向上に課題が認められた企業において、十分な収益性が得られていない事業についての課題認識、各事業における資金使途

や中長期的な成長性についての説明を受けた際に、当社から、投資家に対する説明や開示が不十分であり改善の余地があることを伝達したことがあります。これを受けて当該企業が課題を認識し、株主還元ならびに情報開示を強化する姿勢を確認できたため、議決権行使において会社提案を支持したという事例もありました。

▶ **議決権行使基準は、機関投資家の中では上場企業の経営・ガバナンスの実態にかなり配慮している印象を受けている。**

　議決権行使の目的は、投資先企業の持続的成長を促すことと、少数株主利益の保護にありますが、そのためには企業の取組みが最適かつ実効性を伴うものであることが重要です。こうした理由から、当社では企業とのエンゲージメント（対話）を重視しています。エンゲージメントは交渉の要素もあるので、当社が懸念と考える点について適切に対応いただければ、会社側を支持しますし、実際に、そのような事例も数多くあります。一方で、対話に至っていない企業については招集通知等の書面での開示をもって判断せざるを得ません。また、懸念が払拭できない事案については反対します。たとえば、買収防衛策に関しては日本の法制度も考慮し、一律に反対することはありませんが、従前から非常に厳格な基準を採用しており、結果として大多数の会社提案に反対しています。

▶ **2022 年 1 月に公表された議決権行使基準の改定の背景*。**

　コロナ禍からの企業業績の回復傾向など昨今の経済状況や企業動向を踏まえ、投資先企業に期待する資本生産性をはじめとした業績基準を引き上げました。具体的には、ROE が過去 3 期連続して 5％ 未満である場合は取締役の再任に反対することを検討します。また、取締役選任議案における資本政策に関する基準も新設しました。ただし、同基準についても、形式的に基準を適用するのではなく、経営改善に向けた取組

み状況も評価し、実質的な判断を重視します。

　なお、サステナビリティを投資方針の中心に据え、ポートフォリオ構築とリスク管理における不可欠な要素として位置づけていく方針に変更はありません。気候変動リスク・機会が大きい企業に対しては、入念なリスク管理のためのガバナンス体制等の構築、リスクの軽減および機会の獲得に向けた明確な戦略の策定と実行、さらには、GHG排出量削減と株主価値増進の両立に向けた明確な戦略の策定と実行を期待しています。また、取締役会および監査役会におけるジェンダー・ダイバーシティの向上を推進するため、一定規模を有する企業に対する、さらなる女性役員の登用についての将来的な期待についても明記しました。

▶ **助言会社のレポートの利用の有無。**

　助言会社のレポートは、あくまでも参考情報として利用しています。

3　エンゲージメント活動全般

▶ **投資先上場企業とのエンゲージメント活動で特に重視している点。**

　気候変動リスク・機会が大きい企業に対しては、気候変動リスクと機会についての取組み状況、並びに取組みに対する情報開示の充実について、グローバル全体で企業と積極的に対話をしています。

　また、日本においては特に人的資本へのアプローチに力を入れています。より多くの企業でグローバル化が一層進み、同時に従業員の就労意識が変わりつつあることを考えると、人事制度を硬直的に運営することによる弊害が大きくなってきているとの問題意識があります。そのため、長期的な経営戦略や組織の現状に合わせてどのように人事制度を見直していくかなどの議論をすることが多いです。

　たとえば、従来型の新卒一括採用を前提に長期的な時間軸で人材育成する人事制度にはメリットもありますが、今までとは異なる領域やビジネスモデルにチャレンジする、大規模な事業転換をスピーディーに対応するための専門性を持った人材の育成・登用に課題が生じがちとなることも事実です。また、専門性の高い人材を外部から獲得する取組みも増えていますが、中途採用と新卒採用の人事制度上の共存が難しくなる、あるいは海外子会社と日本本社の人事制度や給与の格差が発生するといった問題も散見されます。対話の際には、まずは企業の状況認識を確認し、その上で当社の問題意識や必要に応じて改善に向けた取組みの重要性について考えを伝え、積極的な対応を後押しします。そのために、他社の好事例を紹介することもあります。

　社外取締役との対話も重視しています。社外取締役との対話の結果、議案に関する賛否が変わる時代に移行したと申し上げたいと思います。

▶エンゲージメントを通じて、株主総会議案の内容に影響を与えた事例、企業価値の向上につながった事例等、有意義なエンゲージメント活動を実施することができた事例。

　当社のスチュワードシップ・レポートにはさまざまな対話の具体的事例を掲載していますのでご参照いただければと思います。

　たとえば、環境負荷が高いとされる化石燃料を扱う企業において、経営陣と対話し、情報開示や気候変動リスクへの対応状況や開示への取組みを確認し、当社の意見をフィードバックしました。同社は、気候変動リスクが重要な経営課題であることを認識しており、同社が策定した長期的な対応策や進捗、それについての情報開示について説明を受け、気候変動に関連するさまざまな課題・リスクについての認識や取組みの強化に向けた活動について重点的に議論しました。また、エンゲージメントを通じて、同社はTCFD提言に整合的な開示にも主体的に取り組み、気候変動リスクについての議論が中長期戦略および個別投資案件の判断における浸透等、実務に深く組み込まれていることを確認できました。

また、サステナビリティ課題に限らず、たとえば長期的な事業戦略に関する取締役会における議論のあり方や取締役会全体のスキルマトリックスの強化などについても対話し、改善につながった事例もあります。

　今後は、こうした企業の取組みを好事例として例示することで、市場全体の取組みの進展を促していくことも考えています。

▶投資先上場企業に向けた、エンゲージメント活動の時期、説明の方法、担当者等についての要望。

　エンゲージメントの対象者は、経営全般に係る内容の対話の必要性が高いことから、役員以上の方との対話が多い状況です。もっとも、IR・SR担当者が会社経営方針を適切に代弁する形で全社的に統一したメッセージで自社の取組みについて説明くださると、会社全体の一体感や経営方針の浸透度合いがうかがえることから、信頼感の醸成につながります。

　なお、当社では、株主提案が提出されている場合、可能な限り、会社経営陣、提案株主だけでなく社外役員の話を聞くことを重視しており、非常に有益であると感じています。

＊「BlackRock Investment Stewardship 議決権行使に関するガイドライン（日本株式）2022年1月」(blkj-proxy-voting-guideline-jp-ja.pdf) (blackrock.com)、「日本株式議決権行使ガイドラインの改定について」(20211224-blkj-publication-changes-to-japan-equity-voting-guideline-ja-jp.pdf) (blackrock.com)。

●9●
日興アセットマネジメント

株式運用部アクティブオーナーシップグループ　脇田浩樹

2020 年 7 月 5 日号掲載（追記を除く）

1　会社概要

▶日本株の運用資産規模や運用手法。

　2020 年 3 月末時点において約 9 兆円程度で、アクティブ運用と
パッシブ運用の比率は 2：8 程度のイメージです。

▶スチュワードシップ活動の体制。

　当社では、2020 年 3 月末現在、株式運用部の 30 名がスチュワー
ドシップ活動に従事しています。内訳は、運用部長 1 名、ファンドマ
ネージャーが 16 名、セクターアナリストが 10 名、アクティブオー
ナーシップグループが 4 名です（一部重複あり）。アクティブオーナー
シップグループは、エンゲージメントや議決権行使などのスチュワード
シップ活動を推進する中核組織に当たります。

2　議決権行使方針

▶議決権行使基準は運用資産に共通か。

　顧客指定のガイドラインに基づいて行使を行う場合を除き、共通した基本方針に則って議決権を行使します。

▶今年4月に議決権に関する国内株式議決権行使基準が改定されたが、特に重視された点。

　当社では、議決権行使に当たり、中長期的な株主価値向上の視点で個別に判断を行っています。ウェブ上で開示をしている国内議決権行使基準は形式的・画一的に適用されるものではなく、投資先企業との対話などを通じて企業の状況や取組みを踏まえた上で、最終的には個別に判断を行っていることをご理解いただきたいと思います。

　本年4月の改定のポイントは3点です。まず、株主還元に関する反対の基準について、「配当性向20%未満」から「総還元性向25%未満」に水準を引き上げました。次に、業績指標として利用するROE基準を「直近期で業種内下位20%」から「直近期含む3期連続で業種内下位25%」に変更しました。また、退職慰労金の支給議案には原則すべて反対する基準に変更しました。

▶株主還元・取締役選任議案に関する「ネットキャッシュの状態で総還元性向が25%未満である場合」の基準について、「ネットキャッシュの状態」とは具体的にはどのような場合か。また、同基準に該当する事例の数・割合。

　現預金と短期有価証券の合計額から有利子負債を引いた金額がプラス

となる場合を「ネットキャッシュの状態」と定義しています。ネットキャッシュの状態自体が問題なのではなく、キャッシュの保有が長期にわたり過剰であり、有効活用できていない場合は株主価値向上の観点で問題であるという意識から基準を設けています。日本企業の約半数がネットキャッシュの状態に該当すると認識しています。なお、議決権行使の判断に当たっては、ネットキャッシュの程度や企業の成長ステージ、経営陣の資本活用の考え方、長期実績等を勘案します。

▶取締役選任議案に反対する「政策保有株式の保有により株主価値が毀損している懸念が強いと判断される場合」とは。

　政策保有株式（および株式持合い）については、資本の空洞化や資本効率に与える影響、経営陣への規律づけ、一般株主との利益相反等の観点から懸念があると考えています。議決権行使の判断においては、政策保有株式の多い企業や、逆に持合株主に守られている企業において、前記で挙げた点も踏まえて、資本効率の水準が低い状況が継続していると判断される企業については、反対することがあります。

▶議決権行使基準の形式的な当てはめではない行使事例のうち、典型的な事例。

　当社が議決権行使の判断に当たって特に注目しているのが、中長期の時間軸で資本効率と株主還元を改善していけるか、であり、中長期的な成長戦略や資本政策、ESGへの取組みについての対話を通じ、将来的に前向きな変化を期待できるかを判断しています。たとえば、当社のROE基準をそのまま当てはめますと、銀行セクターの中でも収益状況の厳しい地方銀行の少なくない数が基準に抵触してしまいますが、2018年頃から30社〜40社程度の地方銀行と対話をさせていただき、個別各行ごとの中長期的な取組みを理解する中で、過年度業績が厳しい状況が継続していても将来的な企業価値向上が期待できると判断し

た場合に賛成票を投じた事例があります。

　また、ある企業において大株主から社外取締役を選任した際、原則としては社外役員の独立性の観点で反対になりますが、当該企業との対話を踏まえ、ガバナンスをよりよいものにしていくための候補者選任と理解できたため、賛成した事例等もあります。

▶ **新型コロナウイルス問題を踏まえたリリース* も公表されているが、この総会シーズンに関して、議決権行使について特別な対応を検討しているか。**

　先行きが不透明な状況の中で、中長期的な企業価値向上の取組みについて、各企業と一層対話をさせていただきたいと考え、その一環として当社との対話をご希望いただく企業のための問い合わせ窓口を設置しました。

　当社は従前から、議決権行使の判断に当たっては、各企業の中長期的な視点での経営戦略や資本配分の考え方、ならびに取組みへの評価が重要と考えています。この基本的な考え方に基づき、新型コロナウイルスによる短期的な業績影響については、対話等を通じて各企業の置かれている状況や個々の取組みを十分に精査した上で、柔軟に判断する方針です。

▶ **上場企業の情報開示に関する要望。**

　企業価値に占める非財務価値の割合が高まる中で、企業の価値評価を行うに当たり、企業の有するさまざまな無形資産をいかに評価し、将来の財務価値へと転換していくことの重要性がこれまで以上に高まっていると認識しています。このような中、統合報告書等を通じて、ESG項目も含めた企業の開示が年々拡充されてきていることについて前向きに受け止めています。今後は、企業の無形価値が将来の企業価値にどのようにして、どの程度のインパクトを与えるかについて「見える化」「数

値化」にも一層取り組んでいただきたいと考えています。

▶助言会社のレポートの利用の有無。

　当社の国内株式議決権行使基準に沿った業務サポート（レポートの作成等）を委託しています。助言会社の行使基準や議案推奨が当社の議決権行使の判断に影響することはありません。

3　エンゲージメント活動全般

▶上場企業とのエンゲージメント活動について、特に重視されている点。

　エンゲージメント活動の目的は、企業の持続的成長を通じた、株主価値向上にあります。そのために、企業の中長期的な資本効率向上、株主還元の改善にフォーカスしたエンゲージメントを重視します。ESGへの取組みについても、ESGのみを切り出してとらえるのではなく、また、将来的な価値創造への結びつきを重視した対話を行っています。

▶スチュワードシップ・コードの再改訂を踏まえた公表項目の更新に際して特に留意した点。

　日本版スチュワードシップ・コードの再改訂を踏まえて、当社のスチュワードシップ方針についても5月に改訂いたしました。国内株式議決権行使基準や議決権行使の賛否理由の開示等をすでに行っていますが、サステナビリティやESGに関する考え方も含めて、スチュワードシップ活動の考え方と取組みの結果についての情報発信もより強化していきたいと考えています。

▶ **エンゲージメント活動を通じて、企業価値の向上につながった事例等、有意義なエンゲージメント活動を実施することができたと考える事例。**

　当社のエンゲージメント活動の特徴の1つとして、エンゲージメント対象が東証一部全社と幅広く、他社が対話していない企業に対しても積極的に対話を行っていることが挙げられると思います。このような企業は比較的中型〜小型企業が多いのですが、成長性の高さに加え、エンゲージメントを通じた将来の変化余地の大きさから、投資リターンの獲得という観点でも注目しています。

　1つの事例として、ある企業との間では、余剰キャッシュの使途について継続的な対話を行った結果、株主還元方針の策定や自社株買いの実施、合わせて買収防衛策の廃止を発表した企業がありました。また、ある対話先では、長期視点での経営計画の策定とその開示、資本市場との対話の必要性について継続的に働きかけをさせていただき、中長期経営計画の策定と説明会の開催、買収防衛策の廃止を決定するという変化がみられました。

▶ **上場企業に対する、エンゲージメント活動の時期、説明の方法、担当者等についての要望。**

　日本企業のガバナンス改革の焦点が形式の整備から実質の機能へと移行しているステージであることを踏まえ、中長期的な経営戦略、資本効率向上に向けた議論をCEO、CFOをはじめとした社内トップ層とより一層行うとともに、ガバナンス改革の下で増員が進んだ社外取締役の方とも、株主価値向上に向けて社外取締役が現実に果たす役割等について、直接対話の機会を増やしたいと考えています。

　また、企業のサステナビリティ推進担当者との対話をさせていただく機会も増えていますが、「E」「S」の活動を実際に司る方々（たとえば環境部署や人材育成の担当部署等）とも直接的に対話をさせていただきた

いと考えています。

* 「新型コロナウイルス感染拡大を踏まえた当面の国内株式議決権行使について」（2020 年 5 月 14 日）。

〔追記〕

　当社では、スチュワードシップ活動においてサステナビリティの考慮を強化する取組みを進めています。2021 年 3 月、重点 ESG テーマとして「E：脱炭素社会への取組み、S：人的資源と生産性、G：ガバナンスの実効性」を公表しました。多くの日本企業にとって重要で、ひいては運用会社である当社にとっても重要な課題、との視点で設定しました。ESG を含め企業価値を包括的に評価する内製ツールである「CSV 評価」項目に、カーボンニュートラルを新たに追加する等、重点 ESG テーマを反映した見直しを行いました。11 月には、50 年までに投資先企業の GHG 排出量ネットゼロを目指す資産運用会社のイニシアティブである Net Zero Asset Mangers initiative に参画しています。S のテーマは、人材投資効率と株主価値の関係を分析した当社社員の実証論文（「日本企業の人材投資効率と株主価値」。19 年度証券アナリストジャーナル賞受賞）を基にした当社ならではの課題設定です。2022 年 4 月以降の総会に向け行使基準の改定も行う方針です。①独立社外取締役の人数要件引上げやクーリングオフ・在任年数上限基準導入、②サステナビリティに係る基準導入、③女性取締役基準導入（23 年 1 月以降適用）が主要改定項目です。

●10●
りそなアセットマネジメント

執行役員責任投資部長　松原　稔
シニア・インベストメント・マネージャー　坂本晴彦

1　会社概要

▶日本株の運用資産規模や運用手法。

　2021年3月末時点の時価では約9兆円であり、その約9割がパッシブ運用です。

▶スチュワードシップ活動の体制。

　当社責任投資部の中に、スチュワードシップ活動に専門的に従事する者が8名おり、20名のアナリストやファンドマネージャーと併せて合計28名がスチュワードシップ活動に従事しています。なお、議決権行使については、内外株式ともに責任投資部が担っています。

▶りそなグループの企業との関係。

　2015年8月にりそなホールディングス100%出資子会社として当社が設立され、2020年1月にりそな銀行信託部門の運用機能を集約しました。リテール向け運用機能の態勢強化が主な目的ですが、これにより機関投資家のお客さまへも投資信託の形態でご提案できる内容が増

えています。

2　議決権行使方針

▶議決権行使の基本方針は運用資産に共通か。

　一部のお客さまに対しては、お客さまのガイドラインに沿った行使基準を作成していますが、多くは共通です。

▶ 2022 年 1 月に議決権に関する行使基準が改定されるが、当該基準の改定内容のうち、特に重視されている点。

　取締役選任議案について、取締役会に独立性のある社外取締役を原則として 3 分の 1 以上求めていますが、監査役会設置会社で親会社または支配株主を有しない企業についてのみ、2 名かつ 25%以上求めていました。今回、独立社外取締役比率の底上げを促すため、監査役会設置会社についても 3 分の 1 以上求めることとしました。退職慰労金の支給については、中長期的な企業価値向上に繋がらないと考え、原則として反対することとしました。また、事前警告型買収防衛策の導入・継続についても、経営陣の保身に利用されると少数株主の利益を阻害するおそれがあるため、原則として反対することとしました。
　当社では「りそなのグローバル・ガバナンス原則」を定めており、当社の日本株式に関する議決権行使基準も、この原則に即した形で、日本市場の状況をみながら改定を行っています。

▶剰余金処分議案について、「自己資本利益率が低く（ROE5%未満）かつ、ネットキャッシュが過大（総資産の 25%以上）な場合」に該当する投資先企業はおおむね何社ほどあるか。また、それらの企業の剰

余金処分議案について反対する割合はどの程度か。

約120社〜150社で、全体の約6%になります。そのうち、当期利益の50%を超える株主還元を行っている企業を除き、最終的に反対するのは約20社程度です。

▶取締役選任議案について、政策保有株式に関連した基準は特に設けられていないが、その理由や背景。

当社としては政策保有株式について高い関心を持っており、各投資先企業と個別にエンゲージメントを行なったり、他の運用機関と協働（機関投資家協働対話フォーラム）したエンゲージメントを行なってきました。さらなる政策保有株式の縮減への動きが必要であると考えるため、2023年、政策保有株式に関する基準を導入する予定です。

▶「反社会的行為を行った企業」としての位置づけは、不祥事発生からおおむねどの程度の期間継続する運用か。

原則として定時株主総会を2回経過するまでの間は継続しています。

▶「対象議案についての情報開示が不足しており、かつ十分な説明がない場合」の典型的な事例。

最近多いケースとしては、譲渡制限付きの株式報酬を導入する議案において、譲渡制限の期間が明確に記載されていない例があります。

▶スチュワードシップレポートの中で著名な株主提案に対する賛成の議決権行使のプロセスを詳細に開示しているが、そのねらい。

当社がスチュワードシップレポートを出す目的の1つに「企業との

対話に活かす」ことを挙げています。投資先企業とのエンゲージメント
は、通常、投資先企業からの説明を中心に進められますが、機関投資家
も投資先企業に対して、機関投資家がどのような活動をしているのかを
共有しなければ一方方向の対話になりますし、対話には双方向の理解を
深めるという大切な要素もあります。当社ではスチュワードシップレ
ポートを通じて、それらの取組みについて説明するとともに著名な事例
を通じて自社の判断プロセスを明らかにしています。また、幅広くス
テークホルダーに対しても当社の取組みを共有することも重視していま
す。2020／2021年の当レポートは2,000部用意し、当社お客さま
のみならず投資先企業との対話・エンゲージメントやステークホルダー
ダイアログで活用しています。

▶ **議決権行使基準の形式的な当てはめではない行使事例のうち、典型的な事例。**

　当社の行使基準は、合理的かつ納得性ある説明がなく基準に抵触すれ
ば反対するとしており、対話等を通じて理由を確認し、基準を形式的に
だけ当てはめずに議決権行使をしています。よくあるのは、3期連続赤
字のケースや、監査役を減員するケースです。

▶ **新型コロナウイルス問題を踏まえ、この総会シーズンに関して、議決権行使について特別な対応を検討しているか。**

　新型コロナウイルス問題を理由に行使基準について特別の対応をする
ことはありませんが、ROEや剰余金処分議案については、基準に抵触
する理由を確認し、その理由が明確であり、かつ将来に向けての納得感
があるのかを考慮し、賛否を慎重に判断しています。また、継続会方式
や監査未了だからそれだけで反対するということもありません。

▶ **2023 年の議決権行使基準の改定時期。**

　2022 年同様、年始頃の改定を予定しています。当社としては、投資先企業との対話を通じて、よりよい基準に改定していきたいと思っていますので、基準を改定する前から積極的に対話をしていきたいと思っています。

▶ **上場企業の情報開示に関する要望。**

　非財務情報開示を巡る基準策定が活発化していく中で、非財務情報、中でも気候変動の取組みは益々の重要性が高まりつつあります。TCFDに基づき、企業開示の積極的な対応を希望しています。

▶ **助言会社のレポートの利用の有無。**

　利益相反防止の観点で、当社のグループ会社に対する議決権行使については、当社の行使基準に基づいた助言会社の助言を踏まえて議決権行使を行っています。

3　エンゲージメント活動全般

▶ **上場企業とのエンゲージメント活動について、特に重視されている点。**

　機関投資家にも、大別して投資先企業の個別の課題解決から積み上げていくボトムアップアプローチをベースとする投資家と、ユニバーサルオーナーシップの考えを共有し、社会の共通課題からアプローチする

トップダウンアプローチをベースとする投資家があると理解していますが、当社はどちらかといえば後者です。企業の持続可能性と社会の持続可能性の両立について何が重要な課題なのかを掘り下げて企業と対話をするように心がけています。

▶エンゲージメント活動を通じて、企業価値の向上につながった事例等、有意義なエンゲージメント活動を実施することができたと考える事例。

たとえば日本企業における海外での有事の際、当社が平時から行っているステークホルダーダイアログで関係を持つ海外投資家やNGOから収集した情報を投資先企業と共有し、海外投資家の注目点や過去のベストプラクティスを共有、対応方法を提案しました。さらにそのような対応が必要になる背景として、投資先企業とサステナビリティに関するスコープについての意見交換を行ないました。また、当社は30％クラブ（Japan、UK）に加入しており、ボードダイバーシティに関するエンゲージメントも重視していますので、このようなエンゲージメントを通じて、議案の内容にも何らかの影響を与えているのではないかと期待しています。

▶上場企業に対する、エンゲージメント活動の時期、説明の方法、担当者等についての要望。

当社は、対話・エンゲージメントをとても大切にしています。これまで機会のなかった投資先企業の方にも、ぜひ機会をいただければと思います。また、人事や経営戦略など経営層でなければ難しいテーマを除き、経営層以外の方とのエンゲージメント活動も、社内で課題を共有していただけるのであれば、投資先企業にとっても大変有意義なものになると考えており、積極的に進めていきたいと考えています。

●11● 年金積立金管理運用独立行政法人

市場運用部スチュワードシップ推進課　小森博司

1　法人概要

▶国内株式の資産規模。

2021 年 9 月末時点で 49 兆 7,907 億円です。

▶スチュワードシップ活動の体制。

当法人（GPIF）には株と債券の運用を外部に委託する際の運用受託機関の選定および評価をする市場運用部があり、その中に運用受託機関の ESG を含むスチュワードシップ活動の評価、ESG 投資を含む新しい投資手法の調査や ESG 活動報告の作成などの取りまとめを行うスチュワードシップ推進課があります。

▶保有する株式のうち、各運用受託機関に運用を委託している割合。

当法人では、株式については 100％外部の運用受託機関へ運用を委託しています。当法人が投資先企業の株式を何株保有しているかは公表していますが、運用受託機関ごとの保有株式の詳細は公表していません。

2　国内株式に投資する運用受託機関に対するスチュワードシップ活動

▶ GPIF のスチュワードシップ活動の考え方。

　2019／2020 年スチュワードシップ活動報告の 4 頁に記載された図をもとにご説明いたします（図表参照）。当法人は、法令の制約から個別の銘柄に直接投資することも議決権行使、さらにエンゲージメントもできませんので、運用受託機関に委託しています。そのような当法人が、どのようにミッションを達成するかが問題となりますが、まず、当法人は、被保険者（企業の従業員）の厚生年金を預かり、運用受託機関に運用委託をしています。その運用によって得た利益を将来の年金の一部としてお返しします。ここで当法人が運用によって利益を得るためには、投資対象である企業、ひいては日本経済の持続的な成長が不可欠となりますが、この日本経済の持続的な成長を担っているのは、まぎれもなく企業の従業員の皆様になります。このような循環構造において、当法人は、運用受託機関と企業との間で、持続的な成長に資する ESG も考慮に入れた「建設的な対話」（エンゲージメント）を促進することで、「長期的な企業価値向上」が「経済全体の成長」につながり、最終的に「長期的なリターン向上」というインベストメントチェーンにおける Win－Win 環境の構築を目指すことでスチュワードシップ責任を果たしています。

　また、長期的な目線で、将来に向けた「purpose」（企業の存在目的、存在価値）から逆算して現在に引き直すことで当該企業のガバナンス等の課題を解決していくことが長期的な企業価値向上につながると考えています。このインベストメントチェーンのために、運用受託機関が長期の時間軸の目線に基づく運用・対話をすることが必要であると思っています。そのため、当法人では、当法人の考え方をまとめたスチュワード

シップ活動原則や議決権行使原則を作成しており、運用受託機関に対して、長期的な企業価値向上のための運用を促しています。

図表　GPIFにとってのスチュワードシップ活動の意義

(出所)　年金積立金管理運用独立行政法人「2019/20年スチュワードシップ活動報告」(2020年3月) 4頁。

▶ 運用受託機関との「双方向のコミュニケーションを重視したエンゲージメントモデル」について、従来の手法との相違点。

　前記のとおり、企業と運用受託機関は車の両輪のようなもので、どちらかが他方に対して、一方的にこうしてくださいというだけでは企業の長期的な企業価値向上につなげることはできません。エンゲージメントは双方向にコミュニケーションをとってはじめて効果が出てくるものですので、当法人は、運用受託機関と企業との間での双方向のエンゲージをお願いしていますし、運用受託機関が一方的に企業に質問をするようなIR・SRだけでなく、企業が運用受託機関に説明を求めるような双方向の対話が重要と考えています。それと同様に、当法人と運用受託機関との間も一方的なエンゲージメントでは不十分ですので、当法人からも運用受託機関に質問や意見を求めるなど、双方向のエンゲージメントを実現するように努力しています。

▶ 2020年2月にスチュワードシップ活動原則と議決権行使原則の一部改定をされており、その中でESGに関するイニシアティブへの積極的参加を追加されているが、その趣旨。

　現在、世界中でESGのルール作りの主導権争いが起きています。運用受託機関にESGに関するイニシアティブへの積極的な参加をお願いすることで、運用受託機関の皆さんにESGの国際的なルール作りをはじめとする様々な世界の潮流をリアルタイムで把握していただき、それを当法人や企業に対して速やかなフィードバックをしていただくことで、日本経済全体の成長につなげていきたいと思っています。

▶ 運用受託機関においてGPIFのスチュワードシップ活動原則、議決権行使原則への理解が不足していると感じられる部分。

　インベストメントチェーンを最適化させるための分析が足りないまま、企業とのミーティングに臨んでしまっている例などがみられます。

▶ 運用受託機関が、GPIFのスチュワードシップ活動原則を実施しない事例はあるか。また実施しない理由はどのようなものがあるか。

　運用受託機関の投資スタイル上の理由から、当法人のスチュワードシップ活動原則を実施できないと説明された例はあります。もっとも、現在は、すべての運用受託機関に当法人のスチュワードシップ活動原則を実施していただいています。

▶ 運用受託機関のスチュワードシップ活動の評価方法の概要。

　運用受託機関の総合評価は定量的な実績を勘案した定性評価によって行います。具体的には、パッシブ運用は市場の持続的な成長に資するか、アクティブ運用は投資先の長期的な株主価値増大に資するかという

観点で評価しています。また、運用受託機関がどのようにスチュワードシップ活動に取り組んでいるかについて意見交換をした上で、外部ベンダーの情報も使用して、評価をしています。

▶運用受託機関のスチュワードシップ活動について、モニタリングを通じてその状況が不適切であると判断した場合に、運用受託機関に対して行う対応の概要。

　まずは運用受託機関との間でエンゲージメントを行い、当法人の考え方をあらためてご説明しています。なぜそのような議決権行使やエンゲージメント活動を行ったのか、判断のプロセスをお聞きし、その内容が合理的であれば問題はないと考えていますが、当法人の考え方を理解いただけていない場合や懸念が残る場合には、あらためてご説明することとしています。

▶運用受託機関の個別の議決権行使結果の公表内容についての問題意識。

　各運用受託機関で議決権行使の結果の開示のタイミング、理由の開示の度合いや見やすさについて、ばらつきがあるとみています。また、当法人としては、企業の各種開示を求める以上、運用受託機関も自らの活動の可視性を高めるのは当然と考え、運用受託機関にその旨の要請をしています。

▶運用受託機関の議決権行使についてネガティブな評価をするケース。

　長期的な企業価値向上を目指していただくことが大前提ですので、企業にインベストメントチェーンの最適化を妨げるテーマがある場合には、運用受託機関に対して、そのテーマを解決していただくエンゲージメントを求めています。

▶運用受託機関が GPIF の評価を過度に考慮して、議決権行使が硬直化
　しているといった批判に対する意見。

　　運用受託機関で賛否が分かれるのは当然と考えており、また、個別の
　賛否について当法人から意見を申し上げることはありません。当法人は
　運用受託機関と企業との議決権行使とエンゲージメントの全体をみてい
　ます。

▶運用受託機関のガバナンス・利益相反に関して、グループ会社での不
　祥事や株主提案の局面で感じられている課題。

　　当法人は、運用受託機関に対して運用を委託していますので、運用受
　託機関の利益相反等の阻害要因があると、インベストメントチェーンの
　最適化を図ることはできません。したがって、特に運用受託機関の利益
　相反については厳しくみています。運用受託機関は金融機関のグループ
　企業であることが多く、このような利益相反が発生し得る環境にありま
　す。近時はその懸念も薄れつつありますが、引き続き注視しています。

▶運用受託機関における ESG インテグレーションに関して GPIF の評
　価方法の概要。

　　今までは運用受託機関は企業の財務情報のみに基づいて投資判断をし
　ていましたが、昨今は、運用受託機関に対して投資分析および投資決定
　において ESG を明示的かつ体系的に組み込む体制整備（ESG インテグ
　レーション）をお願いしています。具体的に ESG をどのような形で考
　慮するかについては、運用受託機関の判断を尊重しています。

▶運用受託機関の会社提案への反対比率、株主提案への賛成比率の上昇
　傾向についての評価。

　会社提案への反対比率、株主提案への賛成比率の上昇傾向自体に形式的な見方をしているわけではありません。運用受託機関について、当法人の考えを反映したエンゲージメント方針や議決権行使ガイドラインを持っていただき、企業の状況を分析していただいた上で、議決権行使判断をしていただくことが重要だと思っています。そのため、数値基準を機械的に適用するような形式的な議決権行使は避けていただきたいとお願いしており、企業との間のエンゲージメントを通じて最適な議決権行使をしていただきたいと思っています。

▶ コロナウイルス禍を踏まえ、運用受託機関とのスチュワードシップ活動について特別な対応の有無。

　コロナウイルス禍であることをもって当法人が従来と異なる考え方や説明をすることはありません。もとより長期的な企業価値の向上を目的とした活動をお願いしているので、その観点から、短期的に必要な対応をされることも当然にあると思われますが、当法人から特別に何かを求めることはありません。

▶ 運用受託機関に対するスチュワードシップ活動について、10年以上の長期の方向性や課題。

　環境が変われば臨機応変に対応しようとは思っていますが、現在行っている活動も長期を見据えて行っています。したがって、運用受託機関に対するスチュワードシップ活動において、10年以上の長期の方向性や課題について、特別に考えていることはありません。

▶ 「インデックス・ポスティング」の概要とねらい。

　インデックス・ポスティングとは、ベンチマークとなり得るインデックスに関する情報収集のために、新たなインデックスのアイデアを常時

受け付ける仕組みです。パッシブ運用においては、運用の巧拙以上にベンチマークの選択が運用の成否を左右する重要な要素ですが、従来、当法人を含めてアセットオーナーは、ベンチマークの重要性ほどには、その選択に労力を割いていませんでした。そのため、さまざまなインデックスの情報収集を効率的に行い、運用の高度化につなげることを目的に、「インデックス・ポスティング」を2019年度に一部導入しています。

3　上場企業とのスチュワードシップ活動

▶ GPIFと上場企業との直接のエンゲージメント。

　上場企業は運用受託機関を通じた投資先ではありますが、法令の制約上、GPIFが直接のエンゲージメントはできない関係にあります。繰り返しになりますが、当法人としては、企業に対しては自社の長期の将来に向けた「purpose」を持って企業価値向上に努めていただきたいと考えています。

　また、最近では、企業からそうした当法人の考え方を聞きたいとのご依頼を受けることがあります。法令の制約がありますので、個社の経営に関するお話や議決権行使などの具体的なテーマではなく包括的な話になってしまうかもしれませんが、そのような内容でよろしければ、ご連絡ください。

●12●
地方公務員共済組合連合会

資金運用部長　佐藤茂宗*

2020 年 10 月 25 日号掲載

1　連合会概要

▶ 国内株式の資産規模・運用手法。

　2020 年 6 月末時点で約 5.6 兆円であり、約 7 割がパッシブ運用です。

▶ 国内株式の自家運用の有無。

　国内株式の自家運用はしておらず、すべての運用を委託しています。

▶ スチュワードシップ活動の体制。

　スチュワードシップ活動の専任担当者が 1 名、ほかの業務も兼任する担当者が 2 名です。

▶ 運用受託機関および株式保有割合に関する情報公開。

　当会の運用受託機関については、毎年公表している運用報告書に記載しています。また、HP にて、当会の保有全銘柄の株数および時価総額

を公表しています。

▶地方公務員共済グループの関係。

　地方公務員共済グループでは各共済組合が資産運用をしていますが、当会は、厚生年金保険給付調整積立金については各共済組合の年金資金増加見込額の30%相当額の払込みを、退職等年金給付調整積立金については掛金負担金収入の5%相当額の払込みを受け運用しています。地方公務員共済組合グループ全体の運用資産額の約半分を当会が占めています。

2　国内株式に投資する運用受託機関に対するスチュワードシップ活動

▶ほかのアセットオーナーとは異なる特徴。

　当会は公的年金の中でもGPIFに次ぐ運用資産規模を有しており、株式市場全体に対して幅広く投資をしています。そのため、長期的に必要な利回りを確保するためには、国内市場全体について安定的かつ持続的な成長を促す必要があると考えています。

▶運用受託機関に対するスチュワードシップ活動の概要。

　当会には、被保険者のために財産価値を長期的に増大させるという受託者責任と公的年金としての社会的責任を果たすことが求められています。投資先企業の中長期的な企業価値の向上や持続的成長を促す手段として、運用受託機関を通じてスチュワードシップ活動に取り組んでいます。

▶運用受託機関のスチュワードシップ活動の評価方法の概要。

　当会が運用受託機関のスチュワードシップ活動をモニタリングするに当たって、重視するポイントを設定しています。具体的には、議決権行使の観点では、「連合会の株主議決権行使ガイドラインの遵守」、「企業の状況に即した議決権行使」、議決権行使・エンゲージメント共通の観点では、「議決権行使とエンゲージメントの一体的運用」、エンゲージメントの観点では、「企業価値向上・持続的成長を目的とするエンゲージメントの実施」、「エンゲージメント内容の質」、「プロセス（PDCA サイクルなど）の実効性」を重視し、これらのポイントに即して運用受託機関の評価項目を設定しています。

　当会は、毎年度、運用受託機関のスチュワードシップ活動が当会の方針に沿ったものであるか確認するために前記ポイントを伝えた上で、スチュワードシップ活動に関する報告を受領するとともに、ヒアリングを行い、スチュワードシップ活動の取組みの「質」に重点を置いたモニタリングを実施しています。

▶運用受託機関へのヒアリングの具体的な方法。

　株式の運用を委託しているすべての運用受託機関に対し、当該年度に実施したスチュワードシップ活動の方針・体制やプロセス、活動実績について報告を求め、当該報告を基にスチュワードシップ活動において重視している事項を中心にヒアリングを行っています。

　たとえば、議決権行使の個別議案判断については、各運用受託機関の議決権行使結果を集計した上で、賛否が分かれた議案を抽出し、当該議案について行使理由の報告を求めています。当会が重視している事項に基づき報告内容を分析した上で、行使判断が優れている、または問題があると考えられる場合は、ヒアリングの場で個別に詳細を確認し、その場で連合会としての意見を伝えることもあります。

▶ **運用受託機関の議決権行使についてネガティブな評価をするケース。**

　運用受託機関に対するモニタリングの結果、対応が十分とはいえない事例が判明すれば、ネガティブな評価を行うことがあります。たとえば、運用受託機関が個別の議案を精査せずに、定量的な基準に基づき一律に機械的な議決権行使判断を行ったケース等が挙げられます。具体的には、過去の業績に対する責任がないと考えられる新任社内取締役の選任議案において、業績基準を機械的に当てはめて、反対行使を行った事例等がありました。

▶ **運用受託機関の会社提案への反対比率の上昇傾向についての評価。**

　役員報酬等に関する議案および監査役会・監査役に関する議案に対する反対比率が上昇したことが主な要因と考えられます。役員報酬等に関する議案については、運用受託機関によって、退職慰労金議案に対しての判断を原則反対と変更したり、その支給対象に社外取締役や監査役を含む場合に反対する等、厳格な対応をする傾向にあることが背景にあると考えられます。また、監査役会・監査役に関する議案については、運用受託機関によって、社外監査役の独立性基準や出席率基準を厳格化したことなどが背景にあるのではないかと考えられます。これらは、当会のコーポレートガバナンス原則や議決権行使ガイドラインの趣旨に沿った対応がなされているものと考えています。

▶ **「令和元年度のスチュワードシップ活動に関する報告項目」**は運用委託先に求める報告事項か。**

　ご理解のとおりです。法令や制度の変更等の環境の変化等に応じて、毎年度実態に即した項目に改定をしています。

▶運用受託機関がアセットオーナーの評価を過度に考慮して、議決権行使が硬直化しているといった批判に対する意見。

　運用受託機関へのヒアリング等のスチュワードシップ活動では、そのような事例は確認できていません。われわれとしては、先ほど申し上げたとおり、運用受託機関に対しては、一律に議決権を行使するのではなく、ガイドラインの趣旨を理解した上で、エンゲージメントの内容などを踏まえ、投資先企業の状況に即した議決権行使を求めています。

▶ほかの年金機関とのスチュワードシップ活動における連携等の状況。

　公的年金については、厚生労働省が所管する年金積立金管理運用独立行政法人（GPIF）、財務省が所管する国家公務員共済組合連合会（KKR）、文部科学省が所管する日本私立学校振興・共済事業団および総務省が所管する当会の4つの管理運用主体があります。これらの公的年金運用機関と共に「企業・アセットオーナーフォーラム」に参加するなど、連携を図っています。

▶公的年金機関の関係性。

　4つの管理運用主体は、基本ポートフォリオを定めるに当たって参酌すべきモデルポートフォリオを共同して定めており、それぞれがこのモデルポートフォリオを踏まえ、基本ポートフォリオを定め運用をしています。

▶ESGファンドへのスチュワードシップ活動の概要。

　ESGファンドに対して、特別な対応をすることはありません。ESGファンドを含めたすべての運用受託先に対して、当会が重視するポイントに基づいたスチュワードシップ活動を求めています。

▶ コロナウイルス禍を踏まえ、運用受託機関とのスチュワードシップ活動について特別な対応の有無。

　各運用受託機関に対しては、今年度の初めに新型コロナウイルスが企業に及ぼす影響を考慮した上で、議決権行使およびエンゲージメントを実施するように伝えました。たとえば、投資先企業の状況を考慮して柔軟な判断をしていただくことや、企業に対して感染拡大等についての積極的な情報開示を促していただくことなどが考えられます。

▶ 2020年9月の「日本版スチュワードシップ・コードの受け入れ表明」改正の概要。

　2020年3月24日に再改訂版のスチュワードシップ・コードが公表されたことを受けて、当会の受け入れ表明の改正では、サステナビリティについての言及や、運用受託機関に対して、重要と判断される議案の賛否理由の公表を求めること等を記載しました。また、国内の上場株式以外の資産にも適用可能な原則について検討した上で、必要な取組みを可能な範囲で実施していくことも記載しました。

▶ 今後のスチュワードシップ活動の方向性。

　2020年度は、スチュワードシップ活動の実効性の一層の向上をテーマとしています。昨年度は、各運用受託機関においてスチュワードシップ活動の取組みに改善がみられ、全体的な水準が引き上がっていることを確認しました。さらに、複数の運用受託機関では優れた取組みが行われていることを確認できました。今後は、スチュワードシップ活動の実効性をより高めることを目指しています。また、当会としては、上場株式以外にもスチュワードシップ活動の対象資産の範囲を拡大することについて検討を進めているところです。併せて、長期的な収益確保の観点から、財務的な要素に加えて、ESGを含めた非財務的要素を考慮した

投資のさらなる推進について検討しています。これまでのところ、国内株式のESGファンドについては、2020年6月末の時点で約1,488億円を投資しています。また、昨年より国内債券の自家運用において、ESG債への投資も開始しています。今年の1月からは国内株式のマネジャー・エントリー制において、ESGに主眼を置いた戦略等に当会が大きく関心を持っていることを示し、新たに応募のあったESGファンドの採否を検討しているところです。

＊取材当時（2020年9月）の肩書。
＊＊「令和元年度スチュワードシップ活動の報告」47頁。

●**13**●
企業年金連合会

運用執行理事　中村　明弘
コーポレートガバナンス担当部長　北後健一郎

1　連合会概要

▶国内株式の資産規模。

　2021年3月末時点で約2兆円ですが、この中にはグローバル株式
運用による日本株が含まれますので、国内株式に特化した運用資産は約
1兆8,600億円、そのうち自家運用は約9,000億円です。

▶スチュワードシップ活動の体制。

　自家運用に伴う株主議決権の行使は、投資管理グループの2名とア
シスタント1名が行っており、協議が必要となる議案については、運
用執行理事、投資管理グループ・リーダー、コーポレートガバナンス担
当部長、株式担当部長の4名で合議し決定する体制です。投資先企業
とのエンゲージメントについては、協働エンゲージメントを中心にコー
ポレートガバナンス担当部長が担い、単独でのエンゲージメントでは投
資管理グループがサポートしています。スチュワードシップ活動に携わ
る役職員は6名ですべてほかの業務との兼務です。

▶ 国内株式に投資する運用手法。

　パッシブ運用はすべて自家運用で、アクティブ運用は外部の運用受託機関11社に委託しています。運用委託先は当会のHPで公表しています。

▶ 投資先企業における株式の保有割合を確認する方法。

　自家運用は完全法によるパッシブ運用でありベンチマークや資産残高を公表していますので、企業側でどの程度保有しているか推測できていると思いますし、投資先企業から尋ねられれば答えています。また、「スチュワードシップ責任を果たすための方針」（2020年7月2日改定）において、投資先企業に対してどの程度の株式を保有しているかの説明を行うことが望ましいと定めており、当会の委託分も含め各運用受託機関が保有している投資先企業の株式保有については、必要に応じ伝えているものと認識しています。

2　運用受託機関に対するスチュワードシップ活動

▶ 運用受託機関に対するスチュワードシップ活動の概要。

　必要に応じて運用状況に関するミーティングを行っていますが、それとは別に、6月総会が終了した後の9月～10月頃に、1年間の議決権行使結果やスチュワードシップ活動をテーマとしたミーティングを行っています。また、運用受託機関の議決権行使結果について1年間分を集計して毎年HPで公表しています。

▶ **運用受託機関のスチュワードシップ活動の評価方法の概要。**

　運用受託機関のスチュワードシップ活動の取組み状況については、定性評価の１要素としており、「年金資産運用の実施戦略」（2020 年 4 月 16 日改定）において、明確な方針の策定、責任を果たすための体制、投資先企業の状況の把握と対話、議決権行使の明確な方針と行使結果の公表といった具体的な評価項目を定めています。

　すべてアクティブ運用なので、各社の運用スタイルによって企業の選定プロセスなどが異なるため、投資後のエンゲージメントについて表面的な活動の濃淡などで単純に評価するのは適切ではないと考えており、各社の運用スタイルを理解した上で総合的に判断することとしています。

▶ **運用委託先のスチュワードシップ活動について特に重視する点。**

　スチュワードシップ活動の目的は、投資先企業の持続的成長と中長期的な企業価値の向上に寄与し、中長期的な投資リターンの拡大を図ることですから、運用委託先のスチュワードシップ活動がこの目的に沿っているか、また、株主平等原則や少数株主の保護の観点から議決権行使やエンゲージメントを行っているかを重視しています。

▶ **運用受託機関の議決権行使についてネガティブな評価をするケース。**

　各運用受託機関の考え方を基本的に尊重しています。各社の議決権行使基準は公表されており、その内容に違和感はありませんし、基本的には方針に従って議決権行使が行われていますので、ネガティブに評価することはほとんどありません。

　ただし、株主平等原則や少数株主の保護に関して問題がある議案については単に反対するだけでなく、エンゲージメントを通じて反対理由を

説明し投資家のメッセージを理解してもらうよう運用受託機関に伝えています。

3　自家運用に関するスチュワードシップ活動

▶自家運用の国内株式に関するスチュワードシップ活動の変遷と概要。特に、2000 年頃に積極的な議決権行使を先導した経緯。

　当会は、1990 年代後半からコーポレートガバナンスに関する活動を始めました。運用規制が緩和される中、国内株式の保有割合を増やし重要な資産クラスと位置づけましたが、コーポレートガバナンス活動に積極的な投資家は少なく長期的なリターンは低迷していました。そこで運用受託機関に対し、もっぱら受益者である当会の利益増大のために株主議決権を行使するよう「運用の基本方針」に定め、「株主議決権行使に関する実務ガイドライン」を提示しました。また、議決権行使結果についてヒアリングを行い結果を公表しながら積極的な取組みを促してきました。そのような中、2002 年に自家運用を開始し議決権行使基準を定め、自ら議決権を行使し結果の公表を行うとともに投資先企業との対話も始めました。

　当会は、長期投資家であり中長期的な視点で企業経営者と一緒になってその企業の持続的成長と中長期的な企業価値の向上を目指していきたいと考えています。そのために、投資先企業には、ESG も含むビジネスモデルの持続性に関する重要な課題の特定化と開示をお願いしています。ビジネスを継続するに当たっての重要な課題に取り組むためには、イノベーションが必要で長期間を要する場合もあるかもしれません。そのような取組みを長期的に支えるためには重要な課題の特定と開示が欠かせません。

▶ **ほかの年金関係のアセットオーナーとは異なる特徴。**

　国内において、企業年金や公的年金等の資産について、国内株式の自家運用を行っているのは当会だけです。アセットオーナーとしての立場だけでなく、運用機関と同じ立場から直接、投資先企業に対するエンゲージメントや議決権行使ができることが特徴です。委託先運用機関のスチュワードシップ活動について、単に評価するだけではなく、同じ立場で意見交換することで互いのスチュワードシップ活動の向上につながるものと考えています。

▶ **コストの制約下での対応の工夫。**

　コスト低減のため外部の専門機関を活用しています。世界の大手機関投資家を顧客に持つ英国の Hermes EOS への委託や、機関投資家協働対話フォーラムが主催する「機関投資家協働対話プログラム」に参加して協働エンゲージメントを実施しています。
　それぞれの投資家に共通した課題は企業にとっても重要な課題であることが多いため、お互い効率的にエンゲージメントができ、企業と投資家の双方にメリットがあると考えています。また、契約関係にない運用機関ともプログラムを通じて意見交換ができる等のメリットもあります。

▶ **議決権行使基準の見直し。**

　当会の議決権行使の判断は、企業のことを最もわかっている経営者の判断をまずは尊重した上で、その結果としての業績に基づき判断することを基本としています。そのうえで、コーポレートガバナンス・コードやスチュワードシップ・コードの改訂なども踏まえ、必要に応じた見直しを行いながら、コーポレートガバナンス向上に資するよう議決権行使

を行っていきたいと考えています。

▶コロナウイルス禍を踏まえ、スチュワードシップ活動について特別な対応の有無。

　コロナ禍による業績への影響に注視しつつ、必要があれば柔軟に対応することも必要と考えています。また、運用受託機関に特別な対応をお願いしているわけではありませんが、各社の考えや対応については確認しています。

4　国内上場企業に対する要望

▶上場企業の情報開示に関する要望。

　長期投資家にとっては、国内の株式市場全体の底上げが必要です。そのためには、長期保有の海外投資家の参入が重要と考えていますが、このような投資家は、個別株はともかく、日本マーケット全体への期待を裏切られ続け、すでに興味を失っているのが実情です。海外投資家保有30％というのは、長期保有ではなく、そういった短期のアクティブ投資家のものがほとんどだと考えるべきでしょう。なぜ興味をなくしてしまったのでしょうか。日本市場の課題として、企業情報にとどまらず、規制の細かい部分や、当局の裁量が大きく、海外投資家に対する透明性・公平性、また、彼らの理解・信頼が低下していることに対しての改善アクションが見えないこと、すなわち「（CG改善の）空約束」が最大の問題と言われています。

　海外投資家に日本市場をこれ以上諦めさせないためには、株主本位の考え方でコーポレートガバナンスを実質的に改善するとともに、国内外に向けた平等な情報開示を行うことが特に必要で、このことが、国内上

場企業のサステナビリティや企業価値向上につながると考えています。特に海外投資家に理解不能な慣行は、政策保有株式であり、それによりいわゆる友好的株主あるいは安定株主の存在があり、結果として一般株主の株主総会における株主権が無意味になっていることを認識し早急に解消する必要があります。株主資本の無駄遣い、ROE や PBR が低いままの理由とも考えられています。また、親子上場も海外投資家に時にオポチュニティがあり得る反面、これも先進国ではまず見ることのない「首をひねる」慣行の1つです。安価に上場子会社のコントロールを得る方法として見られており、株主軽視の風土・文化の象徴と捉えられています。

　また、最近は日本国内では海外投資家を締め出すような動きととられかねない事例を見聞きすることがありますが、それら事例の原因を明らかにし、必要であれば法改正も検討されるべきでしょう。東芝の件にしても、海外投資家の目から見れば、「うやむや」の状態で幕引きされた、と思われています。海外の投資家には簡単に理解できないことが多いのです。日本風の解決をして、根本的原因の詳細な説明もしない、という点は、官民両方の意識の転換が求められます。結果として、わかりやすく強固な、世界に通用する投資家保護を機関投資家として求めます。

　日本を再びアジアの金融ハブに、という動きもあるようですが、上記の点を含めて、空洞化の原因となっている点を直さずして「なぜ?」と問い続けることは空虚です。内外投資家にざっくばらんにヒアリングして、何が問題なのかを明確に理解した上で、それが現在の日本に可能な施策なのかどうか、一般の日本人や日本の投資家を逆差別するようなことのない公平な方策、コストとベネフィットが見合う方策が可能なのかの再検討が必要です。

　長期保有の海外投資家に目を向けさせるためにも、国内外の投資家に差別なく情報提供がされるよう開示資料やリリースは、英語版を同時に公表していただくとともに、特に有価証券報告書などキーとなる資料のデータベースを英語で即時提供することが望ましいと考えています。

　コーポレートガバナンス報告書については、出しっぱなしでだれもそ

の内容の検証・評価をしていません。信頼性を高めるため、利益相反の
ない第三者がその内容を検証する制度が必要でしょう。

●**14**●
エーザイ企業年金基金

常務理事　柴崎俊雄

1　基金概要

▶加入企業数、属性、加入者数。

　加入企業数は、エーザイおよびその労働組合の２事業所、企業数としては１つです。加入者数は約 3,100 名、受給者数は約 1,800 名です。理事長は母体の人事担当執行役が兼務し、常務理事兼運用執行理事、事務長、職員１名、合計３名が専従で、エーザイ社員が基金に出向しています。

▶年金の運用資産額。

　2021 年９月末日時点の資産額は約 550 億円で、国内債券や一般勘定など３割、外国債券３割、株式は国内と外国を合わせて 25％、インフラや不動産などのその他が 15％です。年金資産における国内株式の比率は７％です。2020 年度及び 2021 年前半は、株式市場が好調に推移したため株式の金額が高まりましたので、基金の運用方針に従い、リバランスを複数回実施しております。

▶年金資産の運用の概要。

　運用報酬等も勘案した目標収益率は3.0％です。コンサルタントは
マーサージャパンと契約しており、四半期ごとの運用状況のモニタリン
グ報告および資産運用委員会へのリバランス提案などをお願いしていま
す。総幹事業務は三井住友信託銀行です。

2　運用受託機関に対するスチュワードシップ活動

▶運用受託機関に対するスチュワードシップ活動の概要。

　国内株式の運用委託は現在3社で、すべてアクティブ運用で、パッ
シブ運用はありません。受託機関が設定するファンドの合同口への投資
スタイルです。国内株式の運用受託機関から、各社作成の「スチュワー
ドシップ活動報告書」を提供いただき、年間の取組みについて報告を受
けました。個別に投資先企業と直接対話する機会はありません。

▶運用受託機関のスチュワードシップ活動の評価方法の概要。

　日本企業の大多数の株主総会が終了した9月〜10月にかけて、各受
託機関の議決権行使状況、企業との対話、エンゲージメント活動の報告
を受けます。スチュワードシップ・コード原則4の「目的を持った対
話」の観点から、運用受託機関が企業経営陣とエンゲージメントした内
容について、個別の企業名を挙げて事例報告を受けるケースや、企業名
を伏せて、対話内容の事例紹介を受けるなど各社さまざまです。2020
年はGだけではなく、Sとして社員の健康安全に関する対話や、Eの気
候変動でTCFDなどの話題事例もあり、ESGそれぞれの対話が増え

て、多様性が高まってきた印象を受けました。また、コロナ禍では、S（従業員の雇用確保や健康安全管理への配慮など）も議決権行使の判断材料となるなど、それまでとは異なる視点からの行使がみられました。2021年の報告では、前年と比べて、気候変動リスク、カーボンニュートラルへの関心がとても高く、温室効果ガス排出量などの説明を受けた点が前年度から大きく前進した印象です。ポートフォリオを構成する企業群の総炭素排出量、カーボンフットプリント、カーボンインテンシティに関する報告がなされて、「サステナブル投資」の具体的実践について、国内の運用会社が真剣に企業へのエンゲージメント活動を展開しつつあるとの印象を受けました。

▶加入者・受給権者に対するスチュワードシップ活動報告の概要。

　基金の受給者・加入者に対して、毎年秋に発行の「基金だより」の中で、基金決算内容の報告と一緒にスチュワードシップ活動報告も掲載し、日本株式を受託する各社から得た議決権行使状況をサマリーして報告しています。「基金だより」は、当基金のホームページ上に開示閲覧しており、紙面発行はしていません。

▶運用受託機関による個別の議決権行使結果を問題視するケースの有無。

　運用受託機関の個別の議決権行使内容を問題視することはありません。当基金の立場はあくまで運用受託機関のスチュワードシップ活動をモニタリングする立場であると認識しています。個別の議決権行使賛否の中味について評価するのではなく、運用受託機関が実施したスチュワードシップ活動報告を受ける立場と理解しています。
　社外取締役の構成や議決権行使する際の基準・方針について、各受託機関の考えを聞いたり、ROE目標の基準や、配当性向の基準、買収防衛策への賛否、株主提案に対する賛否など、それぞれの判断となる基準

や、コロナ禍で何か基準に変更があったのか、企業との対話ではどのような進捗がみられたのか、いくつかの実例を交えて説明を受けています。

▶ **エーザイによる基金の活動への支援。**

主として財務部門が必要な支援を行っています。スチュワードシップ・コードへの対応方針や金融庁とのやりとりを支援していますし、基金の監事や資産運営委員会の委員の派遣、さらに運用受託機関から基金への四半期ごとの報告には財務部門も同席するようにしています。

▶ **エーザイとの利益相反防止措置の有無。**

当基金の運用資産額は中規模で、合同口のファンド投資運用ですので、利益相反の局面はないと理解しています。現に、エーザイの株式を保有する運用受託機関が一社ありますが、エーザイの総会議案についても受託機関が定める議決権行使基準に基づいて、賛否を投じたと聞いており、利益相反は防止できていると考えます。

▶ **ESG 投資を開始した背景・考え方。**

エーザイの財務部門では、海外投資家が ESG 投資に着眼していることをうけて、企業価値創造の観点で ESG への取組みに注目し、基金にもアドバイスがありました。

また、厚生労働省の受託者責任ガイドラインが、2018 年 4 月に改訂され施行される動きがありました。その改訂の中で、スチュワードシップ・コード受入れやその取組み、ESG も考慮した運用などが明記されたので、当基金も運用基本方針を見直して刷新を図るタイミングと考えて、スチュワードシップ・コードの受入れと ESG 投資への取組みを開始しました。

▶スチュワードシップ・コードの受入れ表明、PRI に署名をした背景。

　ESG 投資をきっかけとして、基金は長期での投資リターンを得る、短期的な視点での投資からよりサステナブルな投資を考慮した資産運用の姿勢に変わることを企図しました。ESG について言及する日本のスチュワードシップ・コードの考え方は理解でき、母体からのアドバイスもあって、スチュワードシップ・コード受入れ表明につながりました。

　エーザイが、2017 年 12 月に国連グローバル・コンパクト支持を表明するなど、国連のパートナーとして、国際社会に貢献する方針であった点もあり、母体のエーザイと当基金とが方向性を合致させて展開する一助として、基金の PRI 署名となりました。

▶ほかの年金機関とのスチュワードシップ活動における連携等の状況。

　同業である製薬会社の基金の複数と定期的に基金の運営全般に関して情報交換する機会があり、スチュワードシップ・コード受け入れを表明する製薬企業の基金も少し増えてきましたが、スチュワードシップ・コード受入れを表明した基金数が基金全体の中ではまだまだ少ないので、スチュワードシップ活動についてほかの基金との連携は展開していません。

▶報告フォーマットの共通化への考え。

　当基金の場合、運用受託機関数が限られており、日本株の受託機関から直接ヒアリングを受けることは可能ですし、実際にも報告を直接受けています。スマートフォーマット方式は、運用の資産規模が大きく、多数の受託機関との取引を持つ基金にとって効率的に活動をモニタリングできるよい方法と察します。しかしながら、スマートフォーマットの設問への「Yes」、「No」の回答だけをみても、その詳細な内容が具体的

にはわからない点を懸念します。受託機関の方と直接話し合いをする中で、当基金としてもESGについて学ぶことが多いと感じています。したがって今後もそれぞれの受託機関から報告の場を設ける予定で、スマートフォーマット形式での提出は現時点では求めません。

▶投資コンサルタントの活用方法。

　採用検討する商品についてESG投資の評価を活用しています。マーサージャパンでは、グローバルのさまざまな運用資産である株式や債券、不動産、インフラストラクチャー等の運用資産約5,600商品について、そのESG取組みを評価して、1〜4段階のレーティングを付与しています。当基金では、そのレーティングで評価の高いものを主体にESG投資を展開しています。当基金でのESG投資額は年金資産の3分の1程度になりました。今後もESG投資の比率は徐々に高めていきたいと考えています。

▶企業年金基金のスチュワードシップ活動の課題。

　当基金は加入企業がエーザイ一社ですので、基金と加入企業とが方針を合わせやすいですが、複数の加入企業を母体とする企業年金の場合には、各企業の考え方や企業間の意向を揃えるなどご苦労があると推測します。
　ESG投資の展開でサステナブルな社会を形成するために、企業年金基金も資金の提供側として世の中の変化を促す一助になり得ると考えます。それぞれの基金の規模や能力は異なりますので、それぞれに応じた進め方で、スチュワードシップ活動を展開することが大事だと考えています。企業年金基金が、機関投資家としてスチュワードシップ活動に高い関心を持ち、インベストチェーンの一員として持続可能な社会を築くために役割を発揮してゆく姿を願います。

3　その他

▶ **金融リテラシーを有する人材を企業年金基金の運用執行に充てることの可否。**

コーポレートガバナンス・コードでは、アセットオーナーに対して、適切な資質を持った人材の登用を求めています。この取組みが進展することに期待しますが、各企業の実情を踏まえると、金融リテラシーの高い人材を基金に優先して配置することは未だ少ないと感じています。今後は、金融インベストメントチェーンにおける企業年金などアセットオーナーの役割も高まってくると信じていますので、高い運用リテラシー能力の人材を基金に配置するケースが増えるのではないでしょうか。

▶ **スチュワードシップ・コードの有識者検討会にメンバーとして参加した印象。**

中規模程度の資産クラスを有する当基金の立場から2019年の検討会に参加でき発言の機会が得られた点は有益だったと感じています。スチュワードシップ・コードの受入れを表明された各基金の取組み状況は、活動の開示が各基金の加入者や受給者に限定されて、一般には開示されていないのが実情と考えます。2021年2月には日本年金数理人会で、スチュワードシップ活動について年金数理人の方に紹介する機会もいただきました。本コードへの活動を各基金がどの程度深く取り組めばよいか、また企業との直接対話機会がない企業年金の資産運用担当者がどのようにスチュワードシップ活動を展開するのかについて、当基金を事例として紹介できました。前回の有識者検討会議事録は金融庁のホームページ上で一般の方々にも閲覧可能ですので、本コードの受け入れを検討されている基金に多少でも参考になれば検討会参加者として大

変嬉しく思います。

● 15 ●
CalSTRS

持続的投資・スチュワードシップ戦略グループポートフォリオマネージャー
アイーシャ・マスタグニー（Aeisha Mastagni）

▶ **CalSTRS の概要。**

　CalSTRS（California State Teachers' Retirement System）は、社会保障の対象とはならない職種に従事していた98万人以上の会員や受取人に対して退職後所得保障を提供しています。2020年から2021年までの間に退職した会員の平均勤続年数は25年で、毎月の給付額は平均4,813ドルでした。CalSTRSは、1913年に設立された世界最大の教育者向けの年金基金で、2021年10月31日現在、総額約3,219億米ドルの資産を運用しています。

▶ **日本市場への投資規模。**

　日本市場への投資額は、CalSTRSが投資する株式市場の中で2番目に大きく、2021年9月30日現在、ポートフォリオ全体の約2.6%を占めています。同日現在のCalSTRSの運用資産の総額は約3,122億米ドルですので、日本株式への投資規模は約81億米ドルになります。

▶ **投資ポートフォリオおよび資産運用方針。**

　CalSTRSは、米国、米国以外の先進国、新興国のそれぞれにおける市場から構成される、グローバルな投資ポートフォリオを有してい

す。

　各セグメントは異なる方針に基づき運用しており、米国市場について
は、パッシブ運用を70%、アクティブ運用を30%とすることを目標
とし、それ以外のセグメントについては、マーケットが非効率な場合も
想定されることから、資産価値を増大させるためにアクティブ運用を行
います。米国以外の先進国市場のセグメントは、アクティブ運用とパッ
シブ運用をそれぞれ50%ずつとすることを目標とし、新興国市場のセ
グメントは、投資のリターン増大・リスク分散の観点から、100%ア
クティブ運用としています。

▶日本株式の運用。

　CalSTRSは、資産運用会社に運用を委託することはせず、日本株式
を含む世界中の株式資産を自ら運用しています。CalSTRSによる運用
はパッシブ運用のほうが多く、これによってポートフォリオを多様化し
ています。

　CalSTRSは、パッシブ運用において、時価総額加重平均型株価指数
に従って資産を運用しています。CalSTRSは、グローバルな投資家で
あり、広範囲の市場の株価指数の影響を受けることから、現在、資産運
用のためにMSCI All Country World Index（MSCI ACWI）を用いて
います。したがって、日本株式のポートフォリオはこの株価指数に連動
することになります。

▶日本企業に対するスチュワードシップ活動を担当する部署および人員。

　20名のメンバーから構成される持続的投資・スチュワードシップ戦
略グループが、日本企業に対する議決権行使を含むすべてのスチュワー
ドシップ活動を担当しています。CalSTRSは、日本企業に対するもの
を含め、毎年8,000～9,000の会社に対して議決権を行使しています。

▶ **議決権行使基準。**

　CalSTRS は、自らのコーポレートガバナンス原則を策定し、CalSTRS として考える世界基準の「ベスト・プラクティス」および CalSTRS の議決権行使の枠組みを定めています。CalSTRS は、コーポレートガバナンス原則を公表することにより、よりよいコーポレートガバナンスを提唱できるだけでなく、エンゲージメント活動の枠組みを提供することができることから、その公表を重視しています。これにより、CalSTRS と投資先企業との間の建設的かつ健全な対話が可能になると考えています。

　また、CalSTRS は、主としてパッシブ運用を行う投資家として、投資先企業を長期的な視点でモニタリングしています。CalSTRS は投資方針としてパッシブ運用を重視しており、投資先企業のガバナンスの問題を理由として単純にその株式を売却することができないことが多くあります。CalSTRS は、投資先企業の財務、企業戦略、ガバナンス、持続可能性等のさまざまなリスクを積極的にモニタリングし、投資先企業に対するエンゲージメント活動を適切に行うことを、受託者としての責務だと考えています。

　さらに、CalSTRS は、エンゲージメント活動を活発化させる際は、必ず非公開で投資先企業にコンタクトすることから開始してきました。CalSTRS は、いつでも投資先企業と対話する準備ができており、また、株主にとっての重要な事項について、投資先企業が長期的な株主である CalSTRS の意見を求めることを望んでいます。

　CalSTRS は、利害関係が一致する場合には、ほかの投資家と協力して活動することもあります。CalSTRS は、機関投資家評議会（CII）、国際コーポレート・ガバナンス・ネットワーク（ICGN）など、最適なコーポレートガバナンスの実現という共通目標を掲げる機関において積極的に活動しています。CalSTRS は、その目標やエンゲージメント活動の考え方を共有するほかの投資家と協力して活動できるよう、常に努

力しています。

▶日本企業に対する議決権行使の際のコーポレートガバナンス原則の適用。

CalSTRS のコーポレートガバナンス原則は、日本企業を含む世界中の会社に適用されます。もっとも、この原則は、広範囲のコーポレートガバナンスに関する事項を対象とすることから、各国のコーポレートガバナンスの慣習を考慮に入れた上で適切に議決権行使を行えるよう、柔軟性を持った構造になっています。

たとえば、会社は 3 分の 2 以上の独立取締役を設置すべきというのが、取締役会の独立性に関する CalSTRS の一般原則です。もっとも、日本を含む複数の国においては、そのような独立性基準を満たす取締役会が標準的ではないことを理解しています。そこで、取締役会の独立性を向上させようとしている会社を支援するため、前記の原則は、ある会社の独立取締役の割合が基準を満たさない場合であっても、当該会社の指名する独立取締役候補には賛成票を投じることができることになっています。

さらに、米国外の会社に対する議決権行使を決定する際には、多くのアドバイザーとの協議に基づき、CalSTRS のコーポレートガバナンス原則には通常規定されない、各国特有の要件を考慮することもあります。

▶投資先の日本企業との対話。

CalSTRS は、定期的に日本企業との間で直接の対話を行っています。

日本企業の側からの CalSTRS に対する要請を契機とするケースが多くあります。たとえば、新型コロナウイルス感染症が拡大する前は、さまざまな投資家と面談をするために訪米する日本企業もあり、

CalSTRSは年間3社〜5社程度の日本企業と面談していました。なお、現在は、新型コロナウイルス感染症の状況を踏まえ、すべての面談をビデオ会議の方法で行っており、対面での面談は行っていません。

さらに、CalSTRSは、Climate Action 100+に参加しており、その一環として4社〜5社の日本企業に対するエンゲージメント活動を主導し、それを通じて、これらの日本企業との個別の対話を行っています。

▶日本企業に対するスチュワードシップ活動の方針。

Climate Action 100+は、CalSTRSのスチュワードシップ活動の主要な方針です。前記のとおり、CalSTRSは、世界的にも大きな二酸化炭素排出企業である複数の日本企業に対するエンゲージメント活動を主導しており、現在、温室効果ガス排出量削減について、これらの日本企業から具体的な約束を獲得することに向けて努力しています。

▶日本企業に対する要望。

前記のとおり、Climate Action 100+はCalSTRSの主要な方針であり、CalSTRSは、エンゲージメント活動を行っている日本企業に対して、温室効果ガスの排出量削減をはじめとして、自然環境保護への意識を持っていただきたいと考えています。コーポレートガバナンスに関しては、CalSTRSは取締役会の独立性を重視しており、それを確保するための施策として、社外取締役の人数を増やすよう努力していただきたいと考えています。

▶ CalSTRS がスチュワードシップ・コードの受入れを表明した機関投
　資家のリスト（金融庁公表）に含まれていない理由。

　たしかに CalSTRS はスチュワードシップ・コードの受入れを表明
した機関投資家のリストに含まれていませんが、当該コードを支持して
いないわけではありません。CalSTRS は、世界中のさまざまなスチュ
ワードシップ・コードに関与しており、日本のスチュワードシップ・
コードに関与している CII や ICGN などの機関にも参加しています。
CalSTRS は、日本のスチュワードシップ・コードの発展に責任を負っ
ているこれらの機関との対話を続けていく所存です。

● 16 ●
CalPERS

コーポレートガバナンスチームアソシエイト・インベストメント・マネージャー
クレイグ・ラインス（Craig Rhines）

▶ **CalPERS の概要。**

CalPERS（California Public Employees' Retirement System：カリフォルニア州公職員退職年金基金）は、州政府、公立学校、公的機関といった公共サービスに従事する職員向けに退職給付制度および健康保険制度を提供する米国最大の公的年金基金です。退職給付制度には 200万人以上が、健康保険制度には 150 万人のメンバーとその家族が加入しており、現在、基金全体の市場価値は約 4,500 億米ドル以上となっています。詳しくは www.calpers.ca.gov をご覧ください。

▶ **日本市場への投資規模。**

CalPERS の世界中の投資ポートフォリオの中で日本株式への投資割合は約 7% を占めます。日本株式市場への投資額は、少なくとも直近10 年間において、CalPERS が投資する株式市場の中で 2 番目に大きく、CalPERS にとって日本市場は非常に重要な市場の 1 つです。

▶ **日本株式の運用。**

CalPERS は、その上場株式資産のほとんどをインデックスファンドを通じてパッシブ運用しています。ベンチマークとしては、FTSE が

CalPERS のために作成した「FTSE グローバル・ポリシー・ベンチマーク（FTSE Global Policy Benchmark）」を用いています。現在投資している上場株式資産の９割超もこれに基づいて自ら運用しています。

　外部の資産運用会社に運用を委託している上場株式資産は小さな割合にとどまります。CalPERS はこの５年間で外部の（上場株式の）資産運用会社の利用を大幅に減らし、現在利用しているのは合計３社のみです。この３社とも世界中から資産運用を受託しています。

▶ 日本企業に対するスチュワードシップ活動を担当する部署および人員。

　６名で構成されるコーポレートガバナンスチーム（以下「CG チーム」という）が、日本企業に対する議決権行使およびエンゲージメント活動を含むすべてのスチュワードシップ活動を担当しています。CG チームは、CalPERS の投資ポートフォリオの中で最大規模の資産を取り扱うグローバル・エクイティ・グループの一部です。

▶ CG チームの投資方針。

　CG チームは、CalPERS の投資先企業が、CalPERS が定めるファンド全体の投資方針（Total Fund Investment Policy）と投資理念（Investment Beliefs）に従い、長期的かつ持続的な投資リターンを生みだすように経営されることを目指しています。CalPERS のコーポレートガバナンス活動は、世界的な投資ポートフォリオを運用するに当たって、加入者の最大利益を実現するために非常に重要な役割を担っています。

　CG チームは、以下の活動を通して加入者の最大利益を実現しています。

　　・投資先企業との対話に当たっては、ESG（環境問題・社会的責任・企業統治）への取組みが長期的な企業価値の向上に及ぼす影響につ

いて検討するよう促しています。

・投資先企業が責任をもって長期的かつ持続的な投資利益を生みだすよう、CalPERSの「ガバナンス・サスティナビリティ原則（Governance & Sustainability Principles: GSP）」、「投資理念（Investment Beliefs）」および「議決権行使ガイドライン（Proxy Voting Guidelines）」に従って議決権を行使しています。

・株式市場を教育し、影響を及ぼすことができるよう、ほかの組織と連携して活動しています。

▶ **議決権行使基準。**

　CalPERSはGSPに従って議決権を行使しています。GSPは、CalPERSの理事会が投資委員会を通じて採択したファンド全体の投資方針（Total Fund Investment Policy）の一部です。また、議決権行使ガイドラインには、最も重要で一般的な議案に対するCalPERSの基本的な方針や取組みが規定されており、GSPと併せて読まれることが想定されています。CalPERSは、これらの各原則に則って、その加入者の利益のために議決権を行使しています。

　CalPERSは、議決権行使の内容を各投資先企業の定時株主総会の開催に先立ってウェブサイト上で公表しています。これは、ほかの株主に対して、CalPERSと足並みを揃えて議決権行使をするよう促すことを目的とするものです。

▶ **日本企業に対する議決権行使の際の議決権行使ガイドラインの適用。**

　CalPERSは、取締役会の独立性がコーポレートガバナンスの基本だと考えており、世界中の企業に対して、取締役会の半分以上を独立取締役で構成すべきと推奨しています。もっとも、歴史的に日本企業は取締役会の独立性が世界基準より低い水準にあることから、CalPERSは、2017年に日本企業に対する新たなルールを導入し、取締役会の3分

の1以上を独立取締役で構成すべきと推奨しています。近年、日本企業における取締役会の独立性が向上してきていることから、いずれは、日本企業に対する基準も世界基準と同等に引き上げることを想定しています。

　日本企業に対して例外的に適用される規定はこれだけですが、米国企業のみに対して適用される規定がいくつかあります。たとえば、議決権行使ガイドラインにおいては、取締役の選任議案に関し、会社の取締役会の構成が一定の基準に照らして多様性や刷新性に欠けると判断した場合には、CalPERS は議決権行使を留保することにしています。これは米国企業のみに対して適用されるものですので、日本企業に対する議決権行使基準とは異なることになります。

▶投資先の日本企業との対話。

　CalPERS は、日本企業を含む、多くの投資先企業との間で直接の対話を行っています。もっとも、CalPERS の投資先企業は世界中で5,000 社を超え、すべての企業と個別に対話を行うことは困難です。そこで、CalPERS は、「イニシアティブに基づく対話（Initiative-Based Engagements）」として、「取締役会の多様性（Board Diversity）」、「Climate Action 100+」、「役員報酬（Executive Compensation）」、「日本の取締役会の独立性（Japan Board Independence）」などの特定の目標をウェブサイト上で公表し、これらのイニシアティブについて重点的に対話しています。「イニシアティブに基づく対話」は、CalPERS の「総合的なファンドガバナンス及びサステナビリティに関する5か年計画（Total Fund Governance & Sustainability 5-Year Strategic Plan）」において概要が記載されています。

　CalPERS が投資する日本企業との関係では、そのうち毎年5%～10%程度の企業と対話を行っています。その中には、「取締役会の多様性」のイニシアティブに関する対話を行っている企業に加え、「Climate Action 100+」に関するイニシアティブの一環として、気

候変動リスクに関する対話を行っている企業もあります。

　これらの対話は、企業の側から CalPERS に対して ESG に関する対話のために直接連絡をとることで始まる場合が多いですが、「イニシアティブに基づく対話」のためには CalPERS からもアプローチします。たとえば、数年前、CalPERS は、取締役会の 3 分の 1 以上を独立取締役とすることという基準を満たさない数百社の日本企業に対して、非独立取締役候補者の選任議案に対して反対票を投じた旨を書簡で報告しました。それ以降、多くの企業がその考え方を CalPERS に対して説明を行うべく、対話の機会を求めてきました。CalPERS は、ご連絡をいただければ投資先企業といつでも対話を行う用意があります。

▶日本企業に対するスチュワードシップ活動の方針。

　CalPERS は日本のスチュワードシップ・コードの受入れを表明しており、当該コードは、CalPERS の日本企業に対するスチュワードシップ活動の指針となっています。また、CalPERS は、日本のコーポレートガバナンス・コードも支持しています。さらに、前記のとおり、CalPERS がウェブサイト上で公表している各イニシアティブも、CalPERS のスチュワードシップ活動方針を構成しています。

▶日本企業による ESG の取組みに対する見解および日本企業に対する要望。

　CalPERS は、取締役会の独立性がコーポレートガバナンスの基本であると考えており、2014 年以降、日本企業に対して、それを向上させるよう重点的に働きかけてきました。これにより多くの日本企業において取締役会の独立性に改善がみられたことは喜ばしいことだと思っています。

　また、日本企業においては、取締役会の多様性も向上し始めているものの、まだまだ進歩の余地が十分にあると考えています。

　政策保有株式の開示についても、CalPERS が日本企業に対して今後改善を求めていきたいと考えている問題の1つです。

　環境問題に関しては、日本企業が「気候関連財務情報開示タスクフォース（TCFD）」の提言に則った形で情報開示を行うようになってきていることを嬉しく思います。また、現在、CalPERS は、「Climate Action 100+」のイニシアティブに基づき、パリ協定における目標に沿うような形で温室効果ガス排出量削減目標を策定するよう、各企業に働きかけています。その中で、多くの日本企業がこの取組みにおけるリーダー的な存在となっていることは、素晴らしいことだと思っています。

●17● NBIM

コーポレートガバナンス部門チーフ・ガバナンス＆コンプライアンス・オフィサー
カリーヌ・スミス＝イエナーチョ（Carine Smith Ihenacho）

▶ **NBIM の概要。**

NBIM（Norges Bank Investment Management：ノルウェー中央銀行投資管理部門）は、ノルウェー政府年金基金グローバル（Norwegian Government Pension Fund Global）の運用部門です。NBIM は、将来世代のため、金融資産を守り、形成することに尽力しており、世界中の 9,000 を超える会社の株式を分散して保有し、73 カ国に投資しています。基金の目的は、北海にあるノルウェーの石油およびガス資源からの収益を責任を持って長期的に運用することにあります。2020 年末時点における基金の総価値は、1 兆 2,750 億米ドルでした。

▶ **日本市場への投資規模。**

2020 年末時点における日本株式市場への投資額は、1,499 社に対して 762 億米ドルでした。これは基金の保有する株式の約 8.2%、基金全体の総価値の約 6%に当たります。

▶ **日本株式の運用。**

NBIM は、投資する日本株式のほとんどを内部運用していますが、時価総額の小さい会社については、専門の外部運用会社に運用を委託して

います。

　NBIM は明確にパッシブ運用とアクティブ運用とに分けて運用していません。NBIM は、受容可能なリスクの範囲内で高いリターンを得るために、短期の流動性をさほど要しない大型で世界規模の投資家であるという、基金の有する特性を活かした投資戦略を採用しています。

　NBIM は、その委託元である財務省が、FTSE インデックスを基に基金特有の制限を加える形で設定する、戦略的なベンチマークインデックスに従っています。実際のベンチマークインデックスは、マンデート（資産運用委託に関する命令書）が決定しますが、一般の市場動向を受けて戦略的なベンチマークインデックスから逸脱することもあり得ます。さらに、実際のベンチマークインデックスからの逸脱には、予想相対ボラティリティ（expected relative volatility）1.25％ポイントまでとする上限を設けています。予想相対ボラティリティは、基金のリターンが、平年におけるベンチマークインデックスのリターンからどのくらい逸脱すると予想されるかを測るものです。

　NBIM は、基金の特性および利点を活かすため、また、環境関連投資等のマンデートの要求を満たすため、実際のベンチマークインデックスとは若干異なるようポートフォリオを構築しています。また、NBIM は、投資ポートフォリオの運用のコスト効率をよりよくすることも志向しています。

▶日本企業に対するスチュワードシップ活動を担当する部署および人員。

　スチュワードシップ活動全般は NBIM のコーポレートガバナンス部門が担当しており、部門全体で約 20 名の人員を擁しています。同部門はガバナンスグループとサスティナビリティグループとに分かれており、ガバナンスグループは議決権行使を担当し、ガバナンスに関する従来の問題への対処、ポリシー策定およびエンゲージメント活動を行っています。サスティナビリティグループは、これらの活動をサスティナビ

リティの観点から扱っています。そのほか、リスクを専門に扱う部門、環境関連投資に関するマンデートを専門に扱う部門、および独立性が担保された倫理委員会を設けています。NBIMは数多くの見解書、要望文書、NBIMのポジションその他の取組みを示す内容の文書を公表しています。詳細は、https://www.nbim.no/en/the-fund/responsible-investment/ をご参照ください。

▶ 日本企業に対する議決権行使における NBIM の「グローバル議決権行使ガイドライン」の適用方針。

　NBIMの「グローバル議決権行使ガイドライン」は日本企業にも適用されますが、一部の市場や地域については例外が許容されています。これは、現地の規制やベストプラクティスが、各市場や地域で異なると理解しているからです。

　NBIMは、「グローバル議決権行使ガイドライン」において、「先進国市場の大型または中型の会社に関しては、取締役会の少なくとも半数が独立性を有していない限り、非業務執行者である独立性を有しない取締役の選任には賛同しません」との独立性基準を採用していますが、日本は先進国市場に該当するものの、多くの日本企業の取締役会構成は、他の先進国市場でみられるものとは異なっています。NBIMは議決権行使の際にその地域における実務慣行を考慮しますので、日本においては過半数の独立性は求めていません。とはいえ、多くの日本企業において独立性水準が高くなってきていることはNBIMも認識しており、今後も注視していきたいと考えています。

▶ 大型銘柄や中型銘柄の基準。

　NBIMは、中型銘柄の時価総額を10億米ドル以上、大型銘柄の時価総額を100億米ドル以上とする基準を設定しています。

▶ **2020 年に行った注目すべき議決権行使の例。**

　特定の会社や議決権行使に言及することは避けますが、NBIM は直近の数年間、ポートフォリオに含まれる約 1,500 銘柄の日本企業のすべての株主総会において議決権を行使しています。当然、会社の動向にかかわる議決権行使については、特別な注意を払っています。NBIM のすべての議決権行使は公表されており、https://www.nbim.no/en/the-fund/responsible-investment/our-voting-records/ で確認することができます。

▶ **投資先の日本企業との対話。**

　NBIM は日本企業との間でもエンゲージメント活動を直接行っています。事業戦略や業績、サスティナビリティ報告やリスク管理、さらにはコーポレートガバナンスといった各項目に関連が深い銘柄企業との間では、直接の対話を行っています。NBIM は、2020 年に 1,211 社との間で合計 2,872 回のミーティングを行いましたが、そのうちの約 130 回は約 70 社の日本企業との間のものでした。

▶ **ESG 投資方針における最近の傾向。**

　NBIM の ESG 投資に関する全体的な方針に変わりはありません。2020 年には、関連当事者間取引、複数種類株式、取締役会の独立性等に関して、新たな方針文書をいくつか公表しました。また、サスティナビリティ・ディスクロージャーおよび株主提案への議決権行使に関するアセットマネージャーとしての見解も公表しました。これらの資料はhttps://www.nbim.no/en/publications/asset-manager-perspectives/ で確認することができます。

▶ NBIM が注意または除外する９銘柄について。

NBIM は、電力会社を中心とする日本の９銘柄を注意または除外の対象としました。当該取扱いは、１社の例外を除き、収益の30％以上が石炭火力に基づくものであるか、または事業の30％以上が石炭火力に依存している銘柄を除外する旨の NBIM 基準に従ったものです。

▶ ESG の取組みを含む、日本企業に対する見解。

日本企業の ESG の取組みについては肯定的な意見を持っています。とりわけ、日本企業は全般的にサスティナビリティやガバナンスの実務を向上させています。NBIM は、毎年企業のサスティナビリティ・ディスクロージャーについて分析していますが、2020年においては、特に気候変動関連の問題に関する日本企業の取組みの改善が顕著でした（2019年の平均スコアは182社で66／100でしたが、2020年は188社で73／100でした）。

NBIM は、サスティナビリティに関する要望やコーポレートガバナンスに関するポジションをウェブサイト上で公表しており、取締役会はこれらの事項について説明責任を負うべきとの基本方針を有しています。NBIM が株主総会においてどのように議決権を行使するかに関する議決権行使ガイドラインも公表しています。これらの文書には、サスティナビリティ・ディスクロージャーや人権の尊重にはじまり、役員の報酬に至るまでの多岐にわたるトピックについて、NBIM が投資先企業に対して有する見解や要望が記載されています。日本企業との対話においては、取締役会の独立性、専門性およびリーダーシップを含む取締役会の構成、株式資本に占める役員報酬の割合、ならびに資本効率に焦点を当てています。

●18●
USS

ヘッド・オブ・レスポンシブル・インベストメント
デイビッド・ラッセル（David Russell）
ヘッド・オブ・インベストメント・コミュニケーションズ
ルシンダ・ケメニー（Lucinda Kemeny）

▶ **USS の概要。**

　USS（Universities Superannuation Scheme：大学教職員退職年金基金）は、1974 年に設立され、820 億ポンドの運用資産を有する英国最大の年金基金です。USS は、330 を超える大学・高等教育機関における 47 万人の加盟者に退職給付金を提供しています。また、2012 年に設立された USS インベストメント・マネジメントは、USS 内部の専用投資部門であり、USS の資産の約 70％を運用しています。当該運用の対象には、43 億ポンドの不動産への投資、12 億ポンドのグリーンテクノロジーへの投資など、プライベート市場における 230 億ポンドの投資が含まれています。

▶ **日本市場への投資規模。**

　日本株式市場への現在の投資規模は約 13.2 億ポンドに上り、全体の投資ポートフォリオの約 5％を占めています。

▶ **日本株式の運用。**

　USS は、日本株式を含む先進国株式のポートフォリオに関して、内部で戦略を策定したうえで、外部のトランジション・マネジャーを起用

しています。長期的には、USS のポートフォリオは責任投資などの長期投資をテーマとして再編される予定であるため、少なくとも一部の資産については、内部で運用するモデルに戻す想定です。

　USS が用いる市場インデックスは、MSCI ジャパンインデックスです。現在、USS の日本株式はすべて、傾斜ポートフォリオ（tilted portfolio）による准パッシブ（quasi-passive）運用となっています。この准パッシブ運用への変更は 2020 年 2 月に発表されましたが、USS のポートフォリオ内の日本株式の配分は調整され、日本は 320 社から 278 社に減少しました。

▶ 日本株式を含む先進国株式ポートフォリオの変更。

　USS は、現在、ポートフォリオにおける資産配分の変更を検討しており、すでに述べたとおり、日本株式を含む先進国市場の株式の運用については、外部のトランジション・マネジャーを起用しています。当該ポートフォリオの少なくとも一部はいずれ内部運用に戻され、ESG オーバーレイを含む多様なファクターに基づいて運用される想定です。

▶ 日本企業に対するスチュワードシップ活動を担当する部署および人員。

　日本の専属担当チームはなくなったため、日本企業との対話は、レスポンシブル・インベストメント・チームが対応しています。また、USS は、過去 10 年にわたり、ガバナンス・フォー・オーナーズ・ジャパン（Go Investment Partners）およびジャパン・エンゲージメント・コンソーシアム（Japan Engagement Consortium）（https://goinvestmentpartners.com/jss-homepage/）にエンゲージメント活動を委託しています。USS がこのようなアプローチを採用するのは、日本企業との対話は英語ではなく日本語で行うべきであると判断したからです。USS は、資産配分の変更に応じて、今後どのように日本企業と

の関係を維持していくか検討しています。

▶ 日本企業に対する議決権行使における USS の「グローバル・スチュワードシップ原則」および「英国議決権行使ポリシー」の適用方針。

　日本企業の特徴を踏まえると、ジェンダーの多様性にかかわるダイバーシティ・インクルージョンの議決権行使ポリシーは変更せざるを得ません。2021 年の時点で、USS のポリシーは、（日本を除く）すべての先進国市場に関して取締役の 3 分の 1 が女性であることを求めておりましたが、日本においては女性の取締役は 1 名のみ要請しました（2022 年からは、10 名を超える取締役がいる場合、2 名以上が女性であることを求める予定です）。これは、日本では女性の取締役が非常に低い割合にとどまっていることを考慮したものですが、日本企業は、取締役会の多様性を高めるためにより多くの改善策を講じる必要があると考えています。

▶ 2021 年に行った注目すべき議決権行使の例。

　2021 年、USS は、アジア・リサーチ・アンド・エンゲージメントが 2020 年に開始した集団的エンゲージメントに引き続き参加しました。この集団的エンゲージメントは、日本の銀行、ひいては日本の銀行が気候変動、特に石炭への融資に関して果たすべき役割を対象とするものであり、気候変動のリスクおよび機会を日本の銀行の戦略に組み込み、改善するための取組みを進めました。かかるエンゲージメントを強化するために、USS は、みずほフィナンシャルグループ（MHFG）の 2020 年の定時株主総会において、気候変動リスクを開示し、パリ協定に沿った投資を行うための計画を公表することを求める株主提案に賛成票を投じました。日本でこの種の決議は初の事例であり、投資家の 35％にも及ぶ賛同を得ました。
　USS は、ESG の重要課題に関して、議決権行使の理由を企業に対し

て通知するという手法をとっておりますが、当該手法に従い、MHFG
に対して、上記の決議を支持する旨を記載したレターを送付しました。
その理由としては、同銀行がその事業や投資をパリ協定の目標に合わせ
るために採用している目標や評価基準など、具体的なプロセスや戦略に
ついて、透明性を高めて開示することを歓迎したためです。

　2021年を通じて、シンガポールや中国の銀行にも集団的エンゲージ
メントを拡大し、2021年第4四半期には、さらなる改善が可能な日
本の銀行を数社追加しました。2021年の投票シーズンにかけて、
USSは企業に対し、事業戦略をパリ協定の目標に合わせるよう引き続
き働きかけました。そして、三菱UFJフィナンシャル・グループ
（MUFG）について、パリ協定の目標に沿った投融資の開示に関する定
款変更に係る株主提案に賛成しました。

　われわれは、当該議案について株主総会の場で議論し、定款を変更す
ることを通じて、経営陣が気候変動に関する目標を達成する力を強化で
きると考えました。USSは、投資家の23％の支持を得たこの提案に
賛成するとともに、MUFGに対し、議決権行使の理由を説明し、気候
変動の問題に関して投資家が集団的なエンゲージメントに取り組んでい
ることを強調するレターを送付しました。予期されたとおり、2020年
に日本で初めての気候変動関連の株主提案がなされた後、2021年には
気候変動関連の情報開示と戦略を結びつけることを求める株主提案が増
加し、USSは、消費財や資本財などの他の重要な分野における株主提
案にも賛同しました。

▶日本企業に対するスチュワードシップ活動の方針。

　USSにとって、日本は米国、中国および英国に次いで4番目に大き
い市場であり、相当数の投資対象を有しているため、日本企業との対話
には引き続き注力していきます。日本企業との対話は、USSが直接的
に、またはガバナンス・フォー・オーナーズ・ジャパンやアジア・コー
ポレート・ガバナンス協会（ACGA）を通じて間接的に行います。

USSは、すでに述べたとおり、従来の集中的なポートフォリオから、より分散化されたポートフォリオへの移行を行いましたので、今後は、マーケットレベルまたはポリシーレベルでの対話を行っていく方向で、われわれの戦略の一部を変更する予定です。USSは現在、マーケットレベルで影響を及ぼす問題に大きな関心を寄せているため、コーポレートガバナンスや気候変動などのより大きな問題を注視していく予定です。

▶ ESG投資方針における最近の傾向。

USSインベストメント・マネジメントは、2020年、長期的には年金基金にとって財務的に不適当であると考えられる特定のセクターを除外し、最終的には売却する旨の重要な公表を行いました。当該セクターには、たばこ製造や炭鉱業からの収益が全体の25%超を占める会社や、地雷などの武器類と関連のある会社が含まれています。

さらに、2021年には、2050年までに温室効果ガスの実質排出量ゼロ（ネット・ゼロ）を達成するという目標を公表しました。また、ベースラインとなる排出量を分析するとともに、将来の排出量を追跡するために、専門のデータ・プロバイダーを任命しました。現在、2025年と2030年の暫定的な目標を策定し、幅広い資産クラスで移行を実現するための体制を整えることに尽力しています。これは困難な課題であり、次のステップを設定するためには、投資先企業や規制当局、市場を含む関係者と協力する必要があります。2022年の初めには、暫定目標の詳細を公表する予定です。

▶ ESGの取組みを含む、日本企業に対する見解。

コーポレートガバナンス・コードおよびスチュワードシップ・コードの導入により日本市場におけるガバナンスの基準が大きく向上したことは好ましく思っていますが、改善すべき点も存在します。CLSA（中国

の投資銀行である CITIC Securities の傘下）と ACGA が作成し、アジア
太平洋地域のマクロなコーポレートガバナンスを評価した 2020 年の
CG Watch Report によると、コーポレートガバナンスおよび ESG
に関して、日本はアジア諸国 12 カ国中 5 位となっています。加えて、
日本はダイバーシティ・インクルージョンなどの問題に関して他の先進
国市場に非常に後れをとっていますので、女性の取締役会への参加をさ
らに後押しし、その他のダイバーシティの問題にも対処する必要があり
ます。

▶ **USS のスチュワードシップにとって重要な ESG イニシアティブ。**

　USS は、主要な市場において全資産クラスにわたる持分を有する世
界的な投資家ですので、いくつかの主要なイニシアティブが存在しま
す。たとえば、USS はその運用に際して、責任投資原則（PRI）を採用
しています。USS は PRI 発足時の署名者であり、ガバナンスに関する
初期的な発展や、責任投資全体の関心を高めるための PRI の活動を支
援する局面において、重要な役割を果たしました。さらに、USS は、
Institutional Investors Group on Climate Change（IIGCC）の発
足や活動を支援してきました。IIGCC は、パリ協定の実質排出量ゼロ
（ネット・ゼロ）の目標を投資家がいかに達成するかに関するガイダンス
文書を最近公表しました。また USS は、気候変動に関する企業の取組
みを評価する団体である Transition Pathway Initiative（TPI）のメ
ンバーでもあります。以上 3 つは、USS が支援している多くのグロー
バルな機関投資家団体の一例ですが、ほかにも USS は、特定の問題に
特化した、より少数の投資家により構成される機関投資家団体の活動に
も携わっています。

●19●
EOS at Federated Hermes

EOS 代表　ハンズ＝クリストフ・ハート（Hans-Christoph Hirt）
エンゲージメント担当アソシエイト・ディレクター　鈴木　祥

▶ **EOS の概要。**

　EOS at Federated Hermes（以下「EOS」という）は、スチュワードシップサービスの提供におけるリーディングカンパニーであり、長期的な機関投資家が投資先との ESG 等に関する対話を通じてよりアクティブな投資家になれるように、エンゲージメント活動を行っています。

　EOS は、2004 年、当時の Hermes Investment Management（1983 年に British Telecom の年金基金の運用会社として設立）により、体系的なスチュワードシップサービスを世界的に提供することを目的として、Hermes EOS（Hermes Equity Ownership Services）として設立されました。2018 年に Hermes Investment Management の株式の過半数を Federated Investors が取得し、2020 年、両社ともにブランド名を Federated Hermes に統一したことに伴い、EOS も現在の名称に変更となりました。EOS の特徴は、資産運用会社の一部でありながら、資産運用会社が通常提供しないスチュワードシップサービスをクライアントに提供する点にあります。

▶ **スチュワードシップサービスの内容とそのクライアント。**

　EOS は、エンゲージメント活動や議決権行使の専門家が、クライア

ントの投資先企業をモニタリングした上で、その業績やサスティナビリ
ティを改善すべく、必要に応じて企業に介入します。EOSの活動は、
株主が十分な情報に基づいて関与する会社のほうが、そうでない会社よ
りも長期的に優れた業績を達成することができるという考えに基づいて
います。

　EOSがスチュワードシップサービスを提供するクライアントには、
Federated Hermesの資産運用サービスのクライアントも含まれます
が、スチュワードシップサービスのみを利用した上で、資産運用は自ら
行うというクライアントもいます。EOSのスチュワードシップサービ
スのクライアントには、大規模なパッシブ運用の資産運用会社のみなら
ず、エンゲージメント活動に必要なリソースや専門性を備えていないア
クティブ運用の資産運用会社も含まれます。

　クライアントからは、クライアントに代わって投資先企業とのエン
ゲージメントを行うことのみを求められる場合もあれば、議決権行使に
関する助言まで求められる場合もあります。後者の場合、EOSはエン
ゲージメントと議決権行使を組み合わせた「intelligent voting」とい
うものを行い、議決権行使をエンゲージメント戦略の一環として利用し
ます。たとえば、ある会社がEOSの議決権行使基準を満たしていない
場合でも、当該会社との間のエンゲージメント活動において一定の進展
がみられる場合には、例外的に賛成の議決権行使をすることもありま
す。

▶ **スチュワードシップサービスの規模。**

　EOSは、2021年6月末時点で全世界で1兆7,500億米ドルに上
る運用資産を対象にスチュワードシップサービスを提供しており、その
うち日本の運用資産は全世界の市場の中で6番目に大きな規模となっ
ています。EOSは日本を含む全世界で50を超えるクライアントにス
チュワードシップサービスを提供しています。

▶ **日本企業に対するスチュワードシップ活動を担当する部署および人員。**

　EOSのスチュワードシップ活動にはFederated Hermesの Engagementおよび Responsibilityチームが携わっており、そこには60名ほどのメンバーが所属しています。各人が専門分野を持ち、世界中の各地域におけるスチュワードシップ活動に直接ないし間接的に貢献しています。このチームは大きく地域別に活動していますが、スチュワードシップ活動の際には案件ごとに適切なメンバーを集めて柔軟なチーム編成を行っています。

　日本企業との対話は、数名のメンバーが中核となりつつ、気候変動や抗菌薬耐性（AMR）といった特定の課題の専門家であるメンバーも必要に応じてサポートしながら行っています。ロンドンにエンゲージメント活動を日本語で行えるメンバーが2名いることに加え、東京にも非常勤のシニアアドバイザーが数名おり、その中には、純粋なアドバイザリー業務にとどまらず、日本企業と直接エンゲージメントを行う者もいます。日本に拠点をおくアドバイザーはいずれも経験豊富なシニアメンバーで、上場企業の取締役の経験を有する者もいます。このようなシニアアドバイザーの力を借りられることも、EOSの日本におけるスチュワードシップ活動の特徴の1つです。

▶ **2020年におけるエンゲージメントの実績。**

　2020年には合計85社の日本企業との間でエンゲージメントを行いました。EOSは、毎年、アプローチすべきターゲットとなる会社を世界中から選定した上で、EOSとして特定の目標の達成に向けて、それらの企業に対して対話を求めます。このターゲットリストには日本企業が47社含まれていました。ターゲットリストに加えるためのハードルを高く設定しており、対処すべき明確な課題がある会社のみを選定しています。対象となる会社の選定は、対処すべき課題の重要性や、クライ

アントが会社に対して有する議決権の割合に基づいて行っています。

　これとは別に、議決権行使に関してモニタリングやエンゲージメントの対象となる会社もあります。これらの会社は、議決権行使を超えて、EOS として達成したい明確な目標があるわけではないため、定時株主総会の時期に特定の議案について対話を行います。2020 年には 20 社の日本企業が対象となりました。

　そのほか、前記の対象ではない日本企業から対話の要請を受けて EOS の見解を伝えることもあり、2020 年には 17 社からそのような要請を受けました。

　EOS としては、できる限り多くの会社と対話するよう努めており、平均的には、世界中で EOS がアドバイスを提供する運用資産の約半分程度を占める会社と何らかの対話の機会を設けることができています。

▶ EOS のエンゲージメントプランにおける 12 の主要テーマ・36 のサブテーマのうち、日本企業において主に問題となるもの。

　個々の会社における事業内容・分野によって、すべてのテーマが問題となり得ますが、日本企業においてより頻繁に問題となるテーマは存在します。

　たとえば、コーポレートガバナンスに関しては、取締役会における独立性や議長の役割といった取締役会の有効性に関するテーマは、歴史的に日本企業は取締役会の独立性が低かったため、日本企業において頻繁に問題となります。近年は改善されつつあるものの、まだ十分に伸びしろがあると思います。

　また、政策保有株式の観点から、株主の権利保護もよく問題となります。政策保有株式は企業におけるコーポレートガバナンスのさまざまな問題につながることから、EOS としては重大な問題であると考えています。

　さらに、Diversity & Inclusion として、女性管理職の比率もよく問題となります。女性比率は取締役会の構成においても問題となります

が、Diversity & Inclusion の文脈では、むしろ会社全体の女性管理職の割合を重視しています。

　気候変動も EOS が重視する世界的な問題の１つであり、多くの日本企業はこの点について戦略的なアプローチが十分になされていないと感じており、日本企業に対しては、より高いレベルでのコミットメントを求めています。少なくとも最近までは、多くの企業において、気候変動がどのようなビジネスリスクとなり得るのか、真剣に検討されてこなかったように感じています。

▶ 日本版「コーポレートガバナンス原則」の遵守（政策保有株式に関する情報開示等）と議決権行使との関係。

　日本版「コーポレートガバナンス原則」はあくまで EOS の考えるベスト・プラクティスを列挙したものですので、EOS から賛成票を得るためには完全な遵守が求められるわけではありません。その意味では、EOS が要求する政策保有株式に関する情報開示がなされていないからといって、ただちに CEO またはその他の取締役に反対票を投じるというわけではありません。もっとも、EOS としては、会社についても、政策保有株式を保有する会社に対して通常の機関投資家と同様に行動すべきと考えていますので、その保有を継続するのであれば、議決権行使の判断には透明性が伴うべきであると考えています。

▶ 日本企業に対する要望。

　文化の違いのせいかもしれませんが、日本企業は、大胆な目標を掲げたり、約束をしたりすることに消極的になりがちだと感じています。日本企業の株主は国際化しているため、国際的な投資家は、日本企業に対してグローバル企業としての期待を有しており、ほかのグローバル企業と比較して評価します。したがって、もし日本企業が国際的な投資家から真のグローバル企業として認められたいのであれば、変革が必要であ

ることを理解する必要があります。

　また、EOS は、独立した社外取締役との対話が、取締役会の状況や、その実効性の改善方法を理解するのに非常に有意義であると考えています。IR 情報から得られる情報には限界がありますので、より多くの会社から社外取締役との対話の機会を与えていただけるようになると大変嬉しく思います。

●**20**●
ガバナンス・フォー・オーナーズ・ジャパン

代表取締役　小口俊朗

1　法人概要

▶**スチュワードシップ・サービスの概要。**

　海外機関投資家は多くの日本株式を保有していますが、言語や物理的距離の問題、規範や文化の相違から、投資先日本企業とのスチュワードシップ活動に悩まれているのが現状です。そうした状況の中で、当社は、機関投資家の投資先日本企業に対するスチュワードシップ活動をサポートする目的で2007年に設立されました。PRI署名機関の分類では「サービス・プロバイダー」に該当しますが、その中でも、機関投資家に対して、専門的な知識を使ってエンゲージメント活動のサポートをする「アクティブオーナーシップ・サービス」に分類されます。このサービスは、為替に対するオーバーレイ（上乗せ）になぞらえ、「エンゲージメント・オーバーレイ」とも呼ばれています。

　当社の「purpose」（存在目的、存在価値）は「Adding value through constructive engagement」（建設的な対話を通じた価値創造）であり、この実現手段として、機関投資家に対してエンゲージメント活動のサポートや銘柄選択も含めた投資助言活動をしています。

　なお、当社では、利益相反管理を徹底する観点から、資本の独立を維持することに加え、国内の上場企業への対価を伴うサービス提供は行わ

ないことを原則としています。

▶ジャパン・エンゲージメント・コンソーシアム（JEC）とは。

　スチュワードシップ・サービスを提供するに当たり、顧客が共同保有者とみなされる法的リスクを遮断するために、顧客にコンソーシアムに参加してもらい、そのコンソーシアムのエンゲージメントを当社が担う、いわゆるハブ・アンド・スポーク方式を採用しています。

▶スチュワードシップ活動の体制。

　スチュワードシップ活動を専任で行っている執行陣は日本人4名です。

▶アドバイザリー委員会の委員。

　日経225銘柄の企業の社長または副社長の経験者3名と現役役員2名、日本銀行の理事経験者1名で構成されています。

▶スチュワードシップ・サービス（JSS）を利用する機関投資家や、サービスの対象となっている運用資産額。

　イギリス最大の年金基金であるUSS、スウェーデン公的年金であるThe Fourth Swedish National Pension Fund (AP4)、フランスのAmiral Gestion、野村アセットマネジメント等の機関投資家は、当社のサービスを利用していることを公開しています。サービス対象額を正確に測る定義はないのですが、公開していない機関投資家も含め、顧客の資産運用規模からその額は相当程度になると思われます。

▶ TMAM‐GO ジャパン・エンゲージメント・ファンド（JFE）の概要。

　スチュワードシップ・サービスでのノウハウや経験を活かして、エンゲージメントによる企業価値向上を図ることでさらなる超過収益を追求するファンドを、東京海上アセットマネジメントとともに 2012 年に立ち上げ、当社がそのエンゲージメント活動を担っています。なお、当社は投資助言業の登録をしていますが、これは、当社が、JFE に対して、エンゲージメント活動だけではなく、銘柄選択も含めた投資助言も同時に提供するためのものです。

▶ GO Investment Partners Group LLP との関係。

　GO Investment Partners Group LLP は分散したパートナーが所有するパートナーシップであり、当社株式を 6 割保有する支配株主です（残り 4 割は東京海上アセットマネジメントが保有）。投資先企業に対するエンゲージメント活動をはじめてビジネスとして展開したのも、GO Investment Partners Group LLP の創業者であると理解しています。現在では、日本国内のエンゲージメント活動は当社が行い、GO Investment Partners Group LLP は海外のマーケティングとファンドの運営管理を行っています。

2　投資先上場企業に対するエンゲージメント活動

▶ 上場企業とのエンゲージメント活動について、特に重視されている点、ほかの機関投資家やスチュワードシップサービス事業者の活動との相違点。

　当社では、多くの上場企業とエンゲージメントしていくというよりも、十分な情報を入手し実践的な考えに基づき、企業特有の状況を考慮した上で、長期的な深いエンゲージメント活動によるアウトカムを得ることを重要視しています。2021年4月末現在で32社の上場企業との間でエンゲージメント活動を続けていますが、そのうち、「エンゲージメント・オーバーレイ」対象は18社で、設立から2021年4月までで累計45社とのエンゲージメント活動に取り組み、27社について活動を終了したことを開示しています。

　当社では、アウトカムを可視化するため、エンゲージメント活動に取り組んできた上場企業による仮想ポートフォリオを構築し、当該ポートフォリオのパフォーマンスと市場インデックスを長期間比較・自己分析した結果を開示してきました。数年前より、こちらの開示内容に関心を寄せていただいたロンドンビジネススクール、ブリュッセル自由大学、早稲田大学の4教授からの申し出を受け、守秘義務契約の下、全データを4教授に開示したところ、公開型アクティビズムに対して当社の非公開のエンゲージメント活動がより実効的との学術分析を無償でご提供いただきました（2020年1月21日付日本経済新聞朝刊「経済教室」参照）。

　なお、英語にて執筆された学術研究論文については、4教授により国内外で公表されておりますので、ご興味のある方には、是非、原文の方をお読み頂ければと思います（国内はhttps://www.rieti.go.jp/jp/publications/summary/21070002.html　海外はhttps://papers.ssrn.com/sol3/papers.cfm?abstract_id=3864310）。

▶ 「エンゲージメント・オーバーレイ」の対象企業の選定に関して着目されている点。

　顧客にとっての重要投資先という観点から、「エンゲージメント・オーバーレイ」の対象企業は、顧客である機関投資家が保有している投資先の中で時価総額の大きい企業や、エンゲージメントの対象となるア

ジェンダが存在する企業を選定しています。また選定に当たっては、企業がエンゲージメントに応ずる可能性が高いか否かも考慮しています。

▶有意義なエンゲージメント活動を実施することができた事例。

当社のエンゲージメント活動におけるエンゲージメント・アジェンダの例を挙げると、次頁の図表のとおりです。前記した4教授の分析でも、公開型アクティビストの成功確率が上昇したとはいえ未だ4割にとどまるのに対し、当社の上場企業に対するエンゲージメント活動については、取締役会構成、株主還元、企業戦略のすべてにおいて成功確率が7割強と非常に高くなっていることが報告され、その理由として、投資家の要求を適切に代弁し、また企業にとってもメリットがある点を粘り強く提言し説得に努めることで、企業の理解を得たとみられると解説されています。

なお、企業が当社提言に沿って方針転換を発表すると、アクティビストとほぼ同水準の株式の超過収益率が得られたことも分析され、報告されています。

▶エンゲージメント活動に関連してエンゲージメント対象者等の要望。

図表の企業名の横に＊が付いている企業は、いずれも役員とエンゲージメントを行った上場企業になります。ただし、当社ではアウトカムを重視したエンゲージメント活動を目指していますので、IR担当者との信頼関係を構築することから始めて、役員とのエンゲージメントに至らなくても、アウトカムが得られるのであれば形式や対話相手にこだわることはありません。そのほかのエンゲージメント活動についても同様で、あくまでもアウトカムを得ることを目的として、機械的に行うのではなく、状況に応じテーラーメイドで取り組んでいます。

エンゲージメント・オーバーレイ対象企業（選定順）とエンゲージメントアジェンダ（2021年4月末現在）

エンゲージメントアジェンダ

Company A*
- ROICの視点を持つ中期経営計画の策定
- IR活動の積極化
- 取締役会の独立性、多様性の向上
- 中長期の配当性向を40%に拡大

Company B
- 具体的な資本政策、成長戦略の公表
- 固定通信事業の利益目標の開示
- A社への資本参加に関する説明責任
- 独立取締役の増員選任

Company C*
- 増配・自社株買いもしくは海外事業投資による株主資本配分
- 海外事業拡大のより具体化・目標値
- ROE目標10～15%の設定、負債コストも加えた資本コストの設定
- 独立取締役の増員選任
- 価値向上に向けた取組みの開示

Company D*
- 外部人材の採用、収益を重視に舵を切った経営改革をサポート
- 事業毎のROIC、営業利益率等の経営目標の明確化
- 不採算事業の整理・撤退

Company E*
- 化粧品事業の構造改革の進捗のモニタリング
- 海外市場でのより積極的な成長戦略
- 中堅幹部管理に関する少数株主の情報開示の充実

Company F*
- 選択と集中による収益力の向上
- 投資有価証券（総資産の11%）、自己株式（発行済株式の7%）の保有
- 買収防衛策の見直し・取締役会の独立性向上
- 役員の業績連動報酬制度の導入

Company G*
- BS管理・経常益の42%に相当する現金等
- 取締役会の独立性向上
- 役員の業績連動報酬制度の導入

Company H*
- 事業戦略と集中・数多くの企業及び会長、CEOの後継者プラン
- 取締役会の独立性向上
- 役員の業績連動報酬制度の導入

エンゲージメントアジェンダ

Company I*
- 取締役会の独立性・多様性の向上、後継者プラン策定
- 収益性の向上
- 周辺・新規事業拡大の説明責任
- 資本効率のモニタリング

Company J
- 取締役会の独立性・多様性の向上、後継者プラン策定
- グローバル競合他社比水準の収益性の実現
- よりシンプルなかたちでのビジネスポートフォリオ
- 遊休技術を含めた先進技術開発に向けた取組みの継続

Company K
- 取締役会の独立性・多様性の向上
- 役員の業績連動報酬制度の導入
- グループ資本の整理・再編加速
- 取締役会の独立性・多様性の向上

Company L*
- 資本効率の改善
- 情報開示の改善

Company M
- 新規事業の構築・ヘルスケア等
- 取締役会の実効性・多様性

Company N*
- より健全な企業文化構築に向けたガバナンスの透明性向上

Company O*
- 事業収益性の改善
- 取締役会の多様性・多様性
- 人材登用や登用についての情報開示の改善

Company P*
- 資本効率の改善
- 国内事業戦略、業界再編
- 海外事業戦略、収益性改善・人材管理
- 取締役会の独立性向上・タレントの拡大

Company Q*
- 海外事業の選別・製品の選別・海外事業拡大
- 資本効率の改善
- ガバナンス、取締役会のスキルセット・実効性の向上

Company R*
- 事業戦略、シェア再編・業界再編
- 取締役会の独立性向上・スキルセットの充実

* 役員との対話が進行中の会社

✓ 当該エンゲージメントアジェンダを実現した
△ 当該エンゲージメントアジェンダの一部を実現した

総アジェンダ数	64
✓	19
△	25
✓・△の数	44
率	68.8%

▶議決権行使助言の方針。

　当社は、顧客のポリシーに沿って、日本国内における議決権行使方針の策定をサポートしているので、議決権行使方針は顧客ごとに異なりますし、その開示も顧客が行うことになります。

▶ ESG についての考え。

　機関投資家が考える value（価値）に、経済的価値だけではなく社会的価値も含まれる傾向が強まっているので、ESG に関するエンゲージメント活動も自ずと拡大しています。

▶今後のスチュワードシップ活動の方向性。

　海外機関投資家は、少子高齢化が進む日本について、短期的な投資対象とは考えても、長期的な視点での投資対象と考えるまでには至っていない状況にあるように感じています。そうした状況を改善し、日本が長期での投資に値する魅力的な市場として認知されるよう、少しでも貢献していきたいと考えています。

●21●
フィデリティ投信

ヘッドオブエンゲージメント兼ポートフォリオマネージャー
井川智洋

1　法人概要

▶日本株の資産規模とそのうちのアクティブ運用の資産規模。

　日本株全体で約2.5兆円で、ほとんどがアクティブ運用です。後記の「統合モデル」のうち、パッシブ運用の部分はパッシブ運用専門会社に再委託をしており、資産規模に含まれています。

▶顧客層。

　国内投信が約50%、年金基金等の国内機関投資家が約31%、海外の公募投信や年金基金等の海外顧客が約19%です。

▶パッシブ投資とアクティブ・エンゲージメントを組み合わせた「統合モデル」の概要と狙い。

　日本における代表的なインデックスはTOPIXになりますが、TOPIXには東証一部に上場さえすれば自動的に加わることができてしまい、そのインデックスの中で安住することもできてしまいます。そうすると、インデックス自体が肥大化してしまい、パフォーマンスとして

も衰えてしまうことになります。インデックスのパフォーマンスを改善するためにエンゲージメントの対象として重要となるのは、このようなインデックスの中で安住してなかなか企業価値が向上しない企業ですが、アクティブ運用の機関投資家は、そもそもそのような企業を銘柄選択することはなく、また、なかなか企業価値が向上しない企業と長期間にわたるエンゲージメントを行う合理性が乏しい側面があります。一方、パッシブ運用の機関投資家は、アクティブ運用の投資家が行うような個別企業の企業価値向上の観点で企業価値を試算したり、価値ドライバーを分析した上でエンゲージメントに臨むことが得意とはいえません。

　そこで、当社では、パッシブファンドとしての運用は外部のアセットマネージャーに委託をしつつ、エンゲージメントの部分のみ当社で行うという「統合モデル」と呼ぶファンドを、アセットオーナーの理解を得て作りました。「統合モデル」におけるエンゲージメント先企業は、当社におけるバリュエーションを通じて、TOPIXの中でも特に企業価値の向上が必要な企業に厳選しています。

▶サステナビリティレーティングと直近の改定の概要。

　当社では、投資判断に利用するためサステナビリティレーティングを改善しながら実施しています。2017年のサステナビリティレーティングでは、外部ベンダーのデータを使って当社独自の重みづけの加工をしてA～Eの5段階評価を行っていましたが、2019年からは、当社のアナリストによる独自の企業調査を通じてA～Eの5段階評価を行っています。当社による企業調査においては、グローバルで99業種に分類し、その業種ごとに「E」「S」「G」についてそれぞれ5項目～8項目の調査項目を設定して各業種内での相対評価をしています。現在グローバルで約4,000社の企業にレーティングを付与しています。

　現在改定を進めている「サステナビリティレーティング2・0」は、各業種内での相対評価に加えて、絶対評価の評価項目も設定していま

す。評価の時間軸としては、10年後の当該企業の評価をしています。また、企業の姿勢として、さまざまな問題に対して各種ガイドラインを「遵守する」という消極的な姿勢ではなく、リーダーとして積極的に問題解決に取り組んでいるかどうかもみています。

　サステナビリティレーティングは、企業の開示情報ではなく、実際に企業との面談を通じて得られた情報をもとに行います。したがって、直近の企業の姿勢も踏まえて、フォワード・ルッキングな評価をしています。

▶スチュワードシップ活動に従事する部署および役職員数、特にエンゲージメントチームやサステナブル・インベスティングチームの概要・態勢。

　日本企業に対する議決権行使は日本に2名、海外に2名の態勢で行っています。国内のエンゲージメントについては、当社ではハブアンドスポークモデルと呼んでいますが、ハブとなる中心のメンバーが東京に2名おり、スポークとなるアナリスト13名とポートフォリオマネージャー10名で構成されたチームによって行っています。

　国内のエンゲージメントチームは、グローバルのサステナブル・インベスティングチームのメンバーでもあります。グローバルのサステナブル・インベスティングチームは26名で構成され、海外の規制動向や最新のESGの潮流について情報交換を行っています。

▶フィデリティ・インターナショナルグループの企業との関係（利益相反の有無・対策、議決権行使の判断は日本法人内で行われるのか否か等）。

　グループの議決権行使ガイドラインに日本市場のベストプラクティスを考慮した日本の議決権行使ガイドラインに基づき行使の検討を行っており、日本企業については、例外的な場合を除いてすべて日本法人で行使判断を行っています。

　当社グループは非公開会社であり、株式は創業家と社員が保有していますので、第三者と持合い関係にはありません。また、当社内においても、運用部門とビジネス部門のファイアウォールは非常に厳しく、情報の管理を徹底しています。加えて、毎年、外部の第三者機関に当社が議決権行使ガイドラインに従って議決権行使をしたのかどうかを事後的にチェックしてもらっています。

2　議決権行使方針

▶議決権行使基準の作成方針。

　当社はアクティブ運用が中心の会社であり、投資をする前に必ず投資先企業の現状を確認・調査をした上で投資を行うことを投資哲学として掲げています。こうしたことから議決権行使ガイドラインについても投資先企業に十分に理解してもらうように努め、投資理由との整合性を確保しています。また、特に基準に大きな改定があった場合は、あらかじめ対話や書面での通知などを通じて投資先企業に改定の趣旨を伝えるようにしています。

▶直近の議決権行使基準の改定内容のうち、特に重視している点。

　最近では2019年に、独立性の判定基準として政策保有先からの選任の有無を加えました。
　2021年6月総会からは、個人別の役員の報酬の決定を再一任することは、権限の集中の問題や透明性・客観性の問題がありますので、個人別の役員の報酬の決定を再一任している場合には、その代表取締役の再任議案に反対するという基準を設けています。適用にあたり、あらかじめ2021年4月に指名委員会等設置会社を除くすべての投資先企業

に改定内容を通知しました。その後積極的に基準に抵触する企業と対話を行っていますが、既に数十を超える企業が当社の改定趣旨を理解し、報酬決定プロセスを変更しています。

▶ **取締役選任議案におけるジェンダーの多様性について、議決権行使およびエンゲージメントを通じて認識している具体的な課題。**

　当社ではジェンダーの多様性を非常に重視しており、とりわけ日本では深刻な社会課題であることから、2021年5月にグローバルでの展開に先立つ形で、議決権行使基準としてプライム上場企業を対象に2022年より女性取締役比率15％を設けること、2030年までに管理職および全従業員に占める女性比率30％を達成するように努めること、調整前ジェンダー・ペイ・ギャップの把握と開示に努めることを、全ての投資先企業に対して通知しました。こうした考え方に基づき企業と対話する中では、ロールモデルの不足により女性社員が活躍するイメージを抱けていないこと、そもそも女性社員の絶対数が不足していることなどが大きな課題であると受け止めています。こうした課題に取り組んでいく上で、投資家の立場からしっかり企業を後押しすることが大切と考えています。

▶ **ESG インテグレーションや気候変動について議決権行使基準を設ける予定。**

　エンゲージメントを通じて、ESG インテグレーションや気候変動について積極的な開示を要請しています。気候変動については、2022年6月総会からは、気候変動に対する取組み方針や監督体制、排出削減量や目標の開示が確認できない場合等に、代表取締役の再任議案に反対を投じることを検討します。すべての企業が気候変動に優先的に取り組む必要があるとの考え方から、プライム上場企業にとどまらず全投資先企業を対象とする予定です。

▶ 議決権行使基準の形式的な当てはめではない行使事例。

　たとえば、投資先企業の問題について、面談を通じて社外取締役としての考えをうかがい、当社が社外取締役としての役割を果たすことができていないと判断し、当該取締役の再任に反対した例があります。また、対話を継続している投資先に対して、その後の企業の取組みに顕著な進展が見られているものの、株主総会の開催時期などタイミングの問題で当社の議決権行使ガイドラインに抵触する場合には、会社提案に賛成しています。こうした事例には、先に述べた個人別の役員の報酬の決定の再一任に関する例が含まれます。

▶ 新型コロナウイルス問題を踏まえた特別な対応。

　2020年から引き続き、剰余金処分案については特に慎重に精査をしています。すなわち、日本企業は一般に会社を運営するための十分な現預金を保有していますが、新型コロナウイルス感染症の拡大への対応として海外企業の動向にならって減配をしようとする企業も中にはありますので、資金繰りの確保などの合理的な根拠がない場合、当該企業の剰余金処分案に対しては反対をしています。また、ROE基準や配当性向等の一律の数値基準はもともと設けていません。

▶ 今後の議決権行使方針の改定の方向性。

　前述の通り、2022年6月総会からは、気候変動及びジェンダーの多様性に関する議決権行使ガイドラインを導入予定です。また、社外取締役の独立性の基準として在任期間12年以内とすることも予定しています。

▶助言会社のレポートの利用の有無。

　ISS とグローバルに事務委託契約を締結しておりますので、ISS の
助言内容については把握していますが、ISS の助言レポートを議決権
行使には利用していません。

3　議決権行使以外のエンゲージメント活動等

▶サステナビリティレーティングなどの ESG 評価をスチュワードシッ
　プ活動に活用している例。

　当社が公表している「2020 年度日本版スチュワードシップ・コード
の各原則・指針の励行状況に対する自己評価」（以下「自己評価レポー
ト」という）において紹介をしている例でいうと、企業番号 30（23 頁）
がこれに当たります。当該企業では情報開示が十分ではなかったので、
情報開示の意義を説明し、社長に対して情報開示の改善をお願いしまし
た。また、自己評価レポートの企業番号 27（26 頁）、20（33 頁）、19
（34 頁）、4（49 頁）も ESG に関するエンゲージメントの事例に当た
ります。

▶エンゲージメント活動を通じて、株主総会議案の内容に影響を与えた
　事例、企業価値の向上につながった事例。

　自己評価レポートの企業番号 29（24 頁）、26（27 頁）、22（31
頁）、18（35 頁）、17（36 頁）、15（38 頁）、12（41 頁）、10（43
頁）、7（46 頁）がこれに当たります。
　企業番号 29（24 頁）は社外取締役に対する株式報酬が検討された事

例です。社外取締役に対して株式報酬が与えられる場合、インセンティブが経営陣と同方向に働いてしまうことなど牽制機能が無効化する懸念があり、日本においては一般的に好ましくないとされています。そこで、当社から、社外取締役が監督としての役割を果たすことができる形での報酬設計を求め、最終的には株数固定ではなく金額固定の譲渡制限付株式とする等の修正がされ、当社も賛成しました。

　なお、東京工業大学の井上光太郎研究室が行った研究結果により、当社のエンゲージメントと、投資先企業のパフォーマンス向上との関連性も実証されています。

▶エンゲージメント対象者。

　まずは IR・SR 担当者との間で話をさせていただき、その後に対話を深める上で最もふさわしい方と対話を行っています。自己評価レポートの企業番号26（27頁）、24（29頁）、18（35頁）、17（36頁）、16（37頁）、14（39頁）、13（40頁）、10（43頁）、9（44頁）、6（47頁）、1（52頁）の個別エンゲージメント事例をご覧いただくとわかるとおり、必要に応じ、社外取締役とも対話をさせていただいています。

4　その他

▶情報開示に関する要望。

　株主提案がされた際に、株主総会の日が迫ってくると、会社と提案株主から次々と追加説明が出されることがありますが、会社が追加説明を出す際には、それまでの提案株主の追加説明も含めた説明内容もわかる形でリリースしてほしいと考えています。

　また、最近では統合報告書が増えていますが、当社はやはり有価証券報告書を重視しています。そのため、金融庁の公表している好事例集も踏まえて、有価証券報告書のクオリティを上げていただくことが重要であると考えています。

▶投資家イニシアティブへの参画に関する考え。

　投資先企業をより望ましい方向へと導くにあたり、幅広い投資家や企業のステークホルダーとの連携も検討します。こうしたイニシアティブへの参加を検討するにあたっては、単なる数の論理では企業の価値向上に向けた自律的な行動変化につながらないことに留意しながら、状況や参加者の特性、投資規模、成果に対する集団的アプローチの有用性などを考慮します。

●22● ニッセイアセットマネジメント

チーフ・コーポレート・ガバナンス・オフィサー（CCGO）
執行役員統括部長　井口譲二

1　法人概要

▶日本株の運用資産残高の規模。

　日本株のみを対象とした開示はしていません。日本株を含む運用資産
全体の残高は、2020年3月末時点で約13兆円です。アクティブ運
用が中心となっています。

▶アクティブ運用を運用哲学として掲げる理由。

　受益者の中長期的なリターン向上とリスクの低減を目的とした調査・
投資活動をアクティブ運用における運用プロセスの中核としています。
このプロセスにおいて企業との対話は重要となりますが、この対話を通
じ、企業価値の向上、究極的には、日本経済・社会の発展に貢献ができ
ると考えているためです。

▶スチュワードシップ活動の体制。

　当社のスチュワードシップ活動は、約20名のセクターアナリストが
実施することを特徴としています。アナリストは、普段、企業の方と対

話をしているため、企業価値向上につながるポイントを把握していることに加え、経営者の信頼が厚い場合もあるので、効果的なエンゲージメントが可能になると考えているからです。また、ESG の専門的な知識を有する ESG 推進部所属の 4 名の ESG アナリストは知識面でアナリストの活動をサポートしています。

▶チーフ・コーポレート・ガバナンス・オフィサー（CCGO）の役割・意義。

議決権行使およびエンゲージメントなどのスチュワードシップ活動とアナリストの ESG を中心としたリサーチプロセスを統括しています。当社では、アナリストの ESG を組み込んだリサーチとその評価に基づき、企業価値向上に向けた対話や議決権行使などのスチュワードシップ活動に取り組むプロセスを採用しているため、このような役割となっています。私がこの役割を担えるのは、私自身がアナリスト出身であったことや、アナリストをまとめるリサーチ・ヘッドであった経験にあります。

▶利益相反関係に関する監督体制。

当社の独立社外取締役 3 名、コンプライアンス担当役員 1 名で構成される責任投資監督委員会が利益相反の観点でスチュワードシップ活動を監督しています。当社・親会社の役員等が役員等に就任する企業など、利益相反のリスクが一番高いと判断される場合には、当社の判断を一切入れず、議決権行使助言会社の判断に従うこととしています。また、当社の大口取引先など利益相反の可能性が 2 番目に高いと判断される場合で、行使基準と異なる判断を行う際には、責任投資監督委員会と事前に協議をした上で議決権行使を行うなど、厳格な利益相反管理の仕組みをとっています。

2 議決権行使方針

▶ 2021年2月の議決権行使基準の改定内容のうち、特に重視された
点や改定の背景。

すでに、2022年6月総会から、プライム市場上場企業において、
独立社外取締役3分の1以上、支配株主が存在する場合は過半数以上
の独立性を求める基準に改訂することを公表しています。大きな基準改
訂時には投資先企業への周知徹底の観点から1年前に改定内容を公表
するよう努めています。また、2021年6月総会から、社外取締役の
在任期間が10年を超える場合には独立性を認めない基準を設けまし
た。10年の基準を設定するに際しては、経済産業省が公表している社
外取締役の在任期間に関するアンケート結果*を参考としています。

▶ 剰余金処分議案について、「過大な金融資産を保有する企業」に該当
する投資先企業のおおむねの割合はどの程度か。また、それらの企
業の剰余金処分議案について反対する割合はどの程度か。

2020年は、新型コロナウイルス等の状況に配慮したため、剰余金処
分議案への反対率は2.1%と低かったのですが、2019年は17.1%、
2021年も12.2%の反対率となっており、運用会社の中でも1番厳し
く対応している投資家のひとつと理解しています。反対率の高い主な理
由は、ご指摘のキャッシュリッチ基準によるものですが、このような基
準を採用するのは、日本企業の資本効率性には大きな課題があると認識
しているからです。余剰キャッシュは、株主への還元に加えて、将来の
成長に向けたM&Aや研究開発費等への活用など、より効率的に活用し
て欲しいと考えています。

▶取締役選任議案について、政策保有株式に関連した基準は特に設けられていないが、その理由や背景。

　政策保有株式削減については、株主提案で賛成することもありますが、会社提案での基準設定については検討の段階にあります。社外取締役の独立性を政策保有株式の保有先企業の出身で判断するのも、ひとつの有効な考え方と理解していますが、現状の開示状況では、前年の有価証券報告書をみなければ判断できず、株主総会までに政策保有株式の売却が完了している場合には、適切な行使判断ができないと考えているからです。

▶議決権行使基準にE（環境）やS（社会）等に関連する基準を創設することは検討しているか。

　Eの中の気候関連は、株主提案で対応しており、開示内容を精査した上で、TCFDの開示基準に沿っていない、ネットゼロに向けた開示が不十分と判断する場合には、株主提案に賛成しています。会社提案に対する基準設定については、今後の検討課題と考えています。Sが含む事項は幅広いですが、不祥事のケースなどでは取締役選任議案の判断にすでに含まれています。また、女性の活躍も多様性の面で重要と考え、対話においてはひとつのテーマとなっていますが、議決権行使基準の設定においては、企業との対話につながる効果的な反映の仕方について検討しています。ただ、ESG投資でいわれるSはプラス方向（機会）を考慮した場合が多い一方、議決権行使では、最低限求められる事項を基準化し、マイナス方向を抑制するという面が大きいため、企業価値におけるSの重要性に比し、議決権行使で対処できる事項は限られるのではないか、と思っています。

▶新型コロナウイルス問題を踏まえ2021年の総会シーズンに関して2020年と対応を変更したか。

　2020 年前半は、新型コロナウイルス問題が不透明な状況で、企業は、業績ガイダンスも出せない状況でしたので、2020 年 5 月以降、剰余金処分議案について、コロナウイルス問題の状況に配慮した行使を行ってきました。まだ状況は予断を許しませんが、業績ガイダンスの出し方などから経営環境の不透明感が一定程度、払拭したと判断し、2021 年 5 月より平常時の議決権行使判断に戻しています。ただ、個別企業においては影響に格差があり、慎重な判断を必要とするケースもあると考えています。コロナ対応を解除した結果、2021 年は、剰余金処分議案においてキャッシュリッチ企業を中心に反対するケースが増え、反対率は、前年比 10.1％増の 12.2％となりました。

▶「継続会／バーチャル株主総会の開催に賛同」する方針を選択した理由。

　平常時ならば株主総会に監査済みの財務諸表が必要という考え方には賛同します。ただ、2020 年 6 月総会時の環境は、歴史的にも未曾有の事態であり、監査もできない状況であったことを考えれば、投資家も企業の事情を理解して対応可能なところは歩み寄る必要があったと考えています。また、継続会を選択した企業でも、ほぼ監査したに等しい決算短信を開示する企業がほとんどで、通常どおりの行使判断が可能であったケースが多かったのではないか、と考えています。

▶上場企業の情報開示に関する要望。

　グローバルで投資家が最も重視する企業開示書類は、法定で、企業価値創造プロセスが一覧でき、監査済みの財務諸表が掲載されているAnnual Report です。これは、日本では有価証券報告書となります。私は、この有報に企業価値創造プロセスに関する情報を一覧的に掲載し、任意の報告媒体で補強するというグローバルの開示スタイルが、あるべき姿と考えています。また、近年、気候変動を含めたサステナビリ

ティ関連情報も重要となっていますので、こういった情報も有報に開示すべきと考えています。一方、海外の投資家は有報の英文開示と株主総会前の開示も強く希望していますので、日本の資本市場の国際化の観点で対応する必要があると考えています。

3　エンゲージメント活動全般

▶ ESG 評価の詳細。

　企業を取り巻く ESG 要因には様々なものがありますが、長期的な企業価値に影響を与える ESG 要因のみを選別・評価し、長期業績予想に反映しています。過去には外部ベンダーの情報を利用していたこともありましたが、当社の運用プロセスには適合しないと判断し、独自の ESG 評価を行っています。また、ESG 評価の長期業績予想への織り込み程度を明確にする ESG レーティングの付与を 2008 年から開始していますが、E・S・G の各々について、将来のキャッシュフローに対する影響がプラス、ニュートラル、ネガティブの実質３段階でレーティングを付与しています。付与においては、個別具体的な判断を必要とするため、形式的かつ詳細な評価基準等は定めずに、一定のルールの中で、まず、アナリストが評価を行い、その後、私がクオリティチェックを行い、決定するというプロセスをとっています。投資家の視点で、長期視点の運用プロセスに ESG 評価を効果的に統合していると思っています。レーティング付与により、ESG 評価の株価パフォーマンス計測が可能となりますが、当社の ESG 評価の高い銘柄群は、中長期的に良好な株価パフォーマンスで推移していることが確認できます。当社のスチュワードシップレポート 2021** でも開示していますが、このような開示を行っている運用会社は珍しいのではないかと思います。

▶ **ESG評価に基づくスチュワードシップ活動の具体例。**

　自動車の内燃機関に使用する製品が売上高の多くを占め、当社のE評価で課題のあった企業の例となります。この企業とは、EV市場の見通しを共有し、中長期的なマーケット動向について議論しました。その上で、新しい主要製品の育成や、そのための社内体制の整備、長期的ビジョンの株式市場との共有の必要性についても議論しました。このような議論の結果、当該企業は、事業ポートフォリオの改革（非内燃機関の割合を大幅に引上げ）などを盛り込んだ長期経営計画を発表した、という事例があります。当社らしい成功事例と考えます。

▶ **上場企業に対する、エンゲージメント活動の時期、説明の方法、担当者等についての要望。**

　企業の競争力の源泉を知りたいので、株主総会関係の話だけではなく、ガバナンスのあり方や中長期的な経営戦略等も含めて話すことができる方、可能ならば役員の方と深く対話をしたいと考えています。議決権行使の議論についての時期は、当社としては議決権行使基準を改定する2月頃がよいですが、企業が議案を検討する関係では、秋頃に対話をするのがよいのではないかと思います。

＊　経済産業省「社外取締役の在り方に関する実務指針（社外取締役ガイドライン）」（2020年7月31日）10頁、参考資料2「社外取締役に関するアンケート調査結果」図表6参照。
＊＊　https://www.nam.co.jp/company/responsibleinvestor/pdf/shreport2108.pdf

●**23**● 東京海上アセットマネジメント

責任投資部長兼オルタナティブ責任投資部長 菊池勝也

1 法人概要

▶日本株の運用資産残高の規模、アクティブ運用の割合。

　2021年3月末時点で約1兆円、アクティブ運用の比率は約9割です。

▶スチュワードシップ活動の体制。

　11名のセクターアナリスト（兼任含む）のほか、ファンドマネージャー、ESG調査の担当者等、総計27名で活動しています。当社はアクティブ運用の比率が高いので、スチュワードシップ活動も対象企業の特性に応じ、その企業価値向上との関連性を強く意識しています。アクティブ・ファンドマネージャー経験のある私がスチュワードシップ活動の責任者であることもアクティブ運用へのこだわりの1つです。

▶東京海上グループの企業との関係。

　当社のESG評価の基礎データとしているスコアを、グループ会社である東京海上ディーアールが作成しています。また、TCFDに関する

取組みなどグループ会社と協働しています。

2 議決権行使方針

▶ 2021年3月の議決権行使ガイドラインの改定内容や背景。

　議決権行使は、アクティブ運用の投資先企業であるか否かを基本に精査・非精査という区分を設け、各々に異なる議決権行使ガイドラインを適用していました。しかし、今般全保有企業に同一の議決権行使ガイドラインを適用する方針としました。責任ある投資家として、実効的な議決権行使を行うために、これまで行ってきた区分の見直しを行ったものです。また、議決権行使ガイドラインについて、剰余金処分議案に関する判断基準としている配当性向の閾値を25％から、東証第一部の平均を勘案し30％に引き上げました。ただし、個別に企業を精査して、投資計画等で株主還元よりも投資に回したほうが中長期的に企業価値向上につながると判断できるような場合には、反対しない可能性も残しています。なお、当社では議決権行使ガイドラインは毎年1回改定しています。2020年3月は、支配株主がいる場合の独立社外取締役の選任比率の基準を引き上げる改定等を行いました。

▶ 剰余金処分議案について、「ネット・キャッシュが総資産対比で過剰な水準」に該当する投資先企業のおおむねの割合の程度および反対する割合。

　ネット・キャッシュの条件は、自己資本比率50％という要件とほぼ重複するので、議決権行使ガイドラインの中での重要性は乏しくなっています。アクティブ運用対象の会社でネット・キャッシュが過剰である事を理由に反対の議決権行使をする場合は限定的です。そもそも、議決

権行使による意見表明よりも、エンゲージメントにより資金の有効活用についての議論を行う方が適切なテーマであると考えています。

▶役員報酬議案で、社外取締役への業績連動でない株式報酬の支給に賛成するか。

　原則反対の立場です。一定の制限があるなど条件付きならば問題がないという議論があることは承知しており、社外取締役が短期志向ではなく、株主としての目線を併せ持つことのプラス面も理解していますので、希薄化や株式報酬の比率なども考慮し、個別に検討する場合もあります。

▶株主提案に賛成する具体的な例。

　当社ウェブページにおいて、2020年4月～6月期総会分から、株主提案に賛成した場合には原則として理由を個別開示しています。一般的に、議決権行使結果の個別開示では、社外取締役に関する議案であれば「独立性」といったキーワードを並べて、理由を開示したとするパターンが多いと思われます。当社は、議決権行使ガイドラインとは異なる議決権行使をした例や、注目されている株主提案、不祥事企業の議案に関して、当社の考えを詳細に伝えることがアセットオーナーや投資信託の受益者といったお客様に対する責務と考えています。
　株主提案の具体例としては、「経営体制の抜本的改革が必要」と考えて取締役選任の議案に賛成した事例、気候変動に関する方針等の開示を求める議案に賛成した事例などがあります。

▶取締役選任議案について、政策保有株式に関連した基準は特に設けられていないが、その理由や背景。

　政策保有株式に関する基準を議決権行使ガイドラインに落とし込むこ

とも検討はしていますが、難しい課題があります。大半の有価証券報告書が1年前のデータしかないことや、政策保有の水準がどの程度であれば問題視すべきかという点もあります。現時点では、議決権行使による意見表明よりも、対話の中で具体的に議論する方が、投資先企業と投資家の双方にとってプラスになると考えています。

▶議決権行使ガイドラインに ESG またはサステナビリティ等に関連する基準等を創設する検討はしているか。

　ダイバーシティに関する論点を議決権行使ガイドラインに組み込む動きなどが具体的に始まっていることは認識しています。当社としても、ESG に関する基準をどのように考えるかについては、重要な論点となっています。これまでは、ESG に関する基準は議決権行使ガイドラインに落とし込むよりも対話の中で議論する方が適切であると考えていました。機会とリスクの両面から ESG への取組みをいかに進めるかという論点は、必須の対話テーマであると考えており、積極的に対話の中で取り上げてきました。

　もっとも、コーポレートガバナンス・コードの改訂や東京証券取引所の市場区分の見直しなどの議論の過程で、企業価値向上に求められる ESG に関する共通課題が明らかになってきたことを踏まえ、議決権行使ガイドラインへの反映を検討する予定です。

▶議決権行使基準の形式的な当てはめではない行使事例。

　一部の剰余金処分議案について、当社のガイドラインに照らすと反対となるケースでも、投資の状況や株主還元方針の開示内容などを個別に検討した結果賛成した事例があります。その場合は、賛成理由として「配当性向が当社基準を下回るが、DOE 水準や配当の増加傾向を勘案し賛成」や「配当性向が当社基準を満たさないものの、投資実績や成長戦略などを勘案し賛成」と詳細な理由を付記して開示しています。このよ

うに、形式的にガイドラインに当てはめるだけでなく、実効的な判断を
行うように努めています。

▶新型コロナウイルス問題を踏まえ、2021年の総会シーズンに関して、2020年と対応を変更したか。

　2020年5月にコロナ禍に関する対応方針を公表していますが、コロナ禍を理由に収益性基準を一律に適用しないといった対応は不適当と考えています。当社の収益性基準は3期を対象としていますが、コロナ禍によって当該する全期間影響を受けているわけではないため、3期分すべてを勘案しないのは問題があると考えています。当社では、2020年3月期の業績に関して投資先企業の実態を個別にチェックしましたが、2021年も同様の方針を踏襲しています。収益低下が企業努力を超えたところにあるのか否かを精査して判断したいと考えています。判断材料が必要なため、投資先企業に対してコロナ禍への対応についての積極的な情報開示をお願いしています。

▶上場企業の情報開示に関する要望。

　情報開示には次の3点セットの視点とバランスが必要と考えています。1つ目は、「パーパス」、「ミッション」、「ビジョン」等表現は多様ですが、企業のあるべき姿や何を目指すのかという点です。これは長期の視点になります。2つ目は、MD&A等の現状についての経営者による分析です。3つ目は、現時点の分析から将来的にあるべき姿まで、どのように歩んでいくかというバックキャストの視点も入った経営計画です。一般的には、この3つ目が中期の視点に相当しますが、日本企業の情報開示においては、この経営計画に関する情報にやや偏っていると考えています。中期経営計画を詳細に説明する一方、MD&Aは単に事実の羅列で分析となっていないと思われる場合や、企業理念などは社内に共有され議論されているか疑問に感じる場合があります。情報開示の

形式を整えるだけでなく、企業の状況を踏まえた前記3点のバランスを考え、内容を伴った議論をしていくべきと考えています。

▶助言会社のレポートの利用の有無。

　利益相反管理対象の議決権行使判断に関しては助言会社であるISSのレポートを利用していますが、その他の議案では参照する程度です。

3　エンゲージメント活動全般

▶「サステナブル投資ステートメント」を公表するに至った経緯・背景等。

　ESG、マテリアリティといった視点が企業評価にとって極めて重要であるため、財務・非財務情報を一体化して企業評価に用いる思考プロセスを社外に示すとともに、社内でも考え方の統一と徹底を図るべく作成しました。最も強調したい点は、「短期＝財務」・「中長期＝非財務」という整理は企業評価に必ずしも馴染まないことです。貸借対照表には中長期的にみるべきものも多く、非財務情報には短期でみるべきものがあります。「サステナブル投資ステートメント」は当社としての中長期目線による企業評価の基本観を示すものといえます。

▶ ESGインテグレーションの内容・概要・具体的な実践方法等。

　一般的には、投資先企業のESGレーティングを財務分析による投資判断とは独立して算定して投資判断に利用していることが多いかもしれません。しかし、当社は、ESG評価を残余利益モデルの資本コストに反映させ定量化することで、中長期観点での企業のフェアバリューを算

定しています。ESG に関する企業の取組みを、将来予想の形で損益計算書やキャッシュフロー計算書の予想にどのように取り込むかの判断が難しいのですが、資本コストに影響することはアカデミアの世界でも多く指摘されています。この考え方を導入し、ESG への取組みがよいと評価される場合、資本コストを低減できるため、将来期待されるフェアバリューが上がるというモデルを構築しています。当社のアナリストが企業評価モデルの中に ESG インテグレーションを明示的に取り入れた結果、運用成績にもプラスの結果が出始めています。

▶ ESG 評価に基づくスチュワードシップ活動の具体例。

ESG に関する考え方や取組みが優れているにもかかわらず、企業価値にそれらが適切に反映されていないという問題意識を持っている投資先企業は、少なくありません。これらの企業と対話を重ねて、見えざる価値を見える化するためには統合報告書の活用が効果的であると考え、当社の考え方や期待を説明し、ESG に関する情報が積極的に掲載されるようになった例があります。

当社の対話テーマは、7 割強が経営戦略と ESG となっています。ESG は経営戦略そのものになりつつありますので、対話テーマの大半が経営戦略に関する事項といえます。

▶上場企業に対する、エンゲージメント活動についての要望。

企業側も対話に関する取組みが積極化していると感じています。社外取締役とのミーティングなど、エンゲージメントの形も多様化してきました。その一方で、コロナ禍の現在では、初対面でリモート会議を行う場合、空気感やお互いの熱量を共有できず、率直な議論に至らないことがあります。コミュニケーションの状況変化に合わせて、実効性のある対話のあり方を模索しているところです。

●**24**● シュローダー・インベストメント・ マネジメント

日本株式ファンドマネジャー兼スチュワードシップ委員会責任者
豊田一弘

2021 年 5 月 5・15 日号掲載

1 法人概要

▶日本株の運用資産残高の規模、アクティブ運用の割合。

2020 年 12 月末時点で日本株の運用チームで約 1 兆 4,000 億円を運用しており、すべてアクティブ運用です。投資先企業は、約 250 社です。

▶アセットオーナーの属性。

アセットオーナーは国内顧客が約 4 割、海外顧客が約 6 割です。国内顧客については約 8 割が機関投資家であり、約 2 割が個人投資家です。一方、海外顧客については約 2 割が機関投資家であり、約 8 割が個人投資家です。

▶スチュワードシップ活動の体制。

スチュワードシップ活動は日本株式運用チーム全体で取り組んでおり、運用チームのメンバーは、ファンドマネジャー4 名、セクターアナリスト 9 名、小型株専任のファンドマネジャー兼アナリスト 3 名の総

計16名です。この16名の中から4名のファンドマネジャー・アナリストでスチュワードシップ委員会を組成してスチュワードシップ活動をリードしています。また、ロンドンを中心としたESG専任のサステナブル投資チームとも、たとえば議決権行使方針のすり合わせやグローバルにおけるエンゲージメント活動を行う等、密接に連携しています。

▶シュローダー・グループの企業との関係（利益相反の有無、議決権行使判断に関して影響を受けるか等）。

　シュローダー・グループは独立系で資産運用専業ですので、基本的にはグループ間の利益相反は想定されません。もし利益相反が疑われるケースが生じた場合には、議決権行使助言会社の助言に従うルールになっています。また、日本株式運用チームの運用資産に関する議決権行使の判断は、スチュワードシップ委員会が独立して行い、日本法人内で完結しますので、議決権行使の判断に関してシュローダー・グループの企業等から影響を受けることはないと認識しています。

2　議決権行使方針

▶議決権行使に係わるガイドラインの方針。

　当社はすべてアクティブ運用ですので、投資先の各企業の実態を重視しています。各企業の実態を踏まえ議決権行使を行うことが、各企業の企業価値向上につながり、当社の目的である株主価値の長期的な最大化に資すると考えているからです。そのため、各企業の実態に即して議決権行使を行えるように、一律の定量的な基準ではなく、あえて定性的な基準を用いています。

▶剰余金処分議案について、「配当性向が『継続的に低い』又は『過大
であり長期的に企業財務の健全性が懸念される』場合に反対を検討
する」と定性的に規定している理由。

> 剰余金処分議案についても、個々の企業の成長ステージやバランス
> シートの健全性等により適正と考えられる配当性向は変わってくると考
> えていますので、一律の定量的な基準は設定せず、定性的に規定してい
> ます。

▶取締役選任議案について、政策保有株式に関連した基準が設けられて
いない理由や背景。

> バランスシート・マネジメントという観点から考えると、政策保有株
> 式だけに着目するのではなく、たとえば現金保有高や遊休不動産の有無
> 等を検討し、バランスシート全体について非効率がないかを確認するこ
> とになります。そのため、政策保有株式のみに着目した基準は設けてい
> ません。

▶取締役・監査役の選解任に関する議案への反対理由の多くは独立性へ
の懸念であると理解しているが、独立性の判断基準。

> 指名委員会等設置会社の社外取締役、監査等委員会設置会社における
> 監査等委員である社外取締役および監査役会設置会社の社外監査役につ
> いては、厳格に独立性をチェックしています。たとえば、当該企業との
> 間に取引関係がないか、主要取引先である金融機関の出身者ではない
> か、コンサル等の契約関係者の出身者ではないかといった観点から、会
> 社と候補者の間に実質的な関係性がないかを判断基準としています。

▶議決権行使に係わるガイドラインにE（環境）やS（社会）等に関連する基準を創設する予定。

　今後、議決権行使に係わるガイドラインにそのような基準を創設する可能性はありますが、現在のところ具体的な創設予定はありません。ただし、当社は議決権行使に係わる基本原則において、E（環境）やS（社会）等に関する考え方を明記していますので、個別の基準が創設されていないとしてもE（環境）やS（社会）等の観点から反対の議決権行使を検討することはあります。

▶議決権行使基準の形式的な当てはめではない行使事例。

　たとえば、形式的には独立性に懸念があった社外役員につき、過年度の取締役会での機能発揮の高さを踏まえて企業価値向上に資すると判断し、当該役員の選任議案に賛成した事例があります。

▶新型コロナウイルス感染拡大の影響を踏まえ、2021年の総会シーズンに向けて対応方針を昨年と変更する予定。

　今後の情勢にもよりますが、現時点では基本的に対応方針を昨年と変更する予定はありません。ビジネスやバランスシートの状況により新型コロナウイルスの感染拡大により受ける影響は各企業で異なりますので、昨年と同様にその影響の程度を踏まえ議決権行使を判断していくことになります。

▶今後の議決権行使に係わるガイドラインの改定の有無および方向性。

　2021年の総会シーズンに向けて大きな改定の予定はないですが、今後、コーポレートガバナンス・コードの改訂を踏まえた企業の対応を見据えて、たとえば女性役員の選任等に関する各企業の実務上の対応状況

を考慮しつつ、今後ガイドラインの改定を検討していくことになると思います。

▶ 株主提案へのスタンス。

　当社は議決権行使に関し、中長期的な企業価値の向上に資するかという基準で判断しており、これは株主提案についても同様です。そのため、株主提案への基本的なスタンスは会社提案と異なるところはありません。

3　エンゲージメント活動全般

▶ ESG 情報の利用方法。

　第1に、各企業の適正株価の算出に当たり、ESG に関する取組みの評価を反映させています。具体的には、3期先の推計 EPS（Earnings Per Share：1株当たり利益）に、3期先の市場平均 PER（Price Earnings Ratio：株価収益率）を乗じてフェアバリューを算定するに際して、ESG 評価を含めた定性評価に基づき PER にプレミアムを付けたり、ディスカウントを掛けたりします。第2に、議決権行使への反映です。たとえば、ESG 課題に関しマネジメントが適切に対応できていないと判断する場合には、取締役選任議案で反対行使すること等が考えられます。第3に、エンゲージメント活動に活用しています。ESG 課題を双方で認識し、対話により解決策を検討・実施することが、中長期的な企業価値の向上に資すると考えられる場合には、当該企業とのエンゲージメント活動に注力することになります。

▶ ESG の本質、エンゲージメント活動の内容。

　ESG の本質とは、企業を取り巻くステークホルダー・マネジメント
だと考えています。ステークホルダーには、株主のほかにも、取引先、
顧客、従業員、金融機関、地域社会、監督官庁などさまざまな関連当事
者を含みます。これらのさまざまな関連当事者と良好な関係を築きつつ
事業運営を行うことが ESG の本質であり、ESG 課題の解決は企業価
値の向上にもつながると理解しています。
　したがって、エンゲージメント活動においては、投資先企業が抱える
ESG 課題を解決できるように投資先企業と対話を行っています。特に
ESG のうち G が最も重要であると認識しており、少数株主の利益を守
る仕組みに課題がある投資先企業は重点的なエンゲージメント活動の対
象になります。

▶ エンゲージメント活動の具体的事例。

　バランスシートに非効率があると見受けられた投資先企業に対し、取
締役との定期的なミーティングや取締役会へのレターの出状などを行
い、当社の考え方を伝え投資先企業との間でバランスシートの改善余地
について認識を共有することができました。なお、エンゲージメント活
動は一朝一夕に成り立つものではなく、年単位の時間軸で行うものだと
考えています。
　Sに関するエンゲージメントとしては、企業にとっての最重要のス
テークホルダーの１つである従業員について、たとえば従業員満足度
を役員の KPI に入れることで、投資先企業が従業員の動機づけを有効
に行えるように対話している例もあります。

▶エンゲージメント活動に関し、投資先企業への要望。

　投資先企業との対話をより深める場合には、少数株主の利益代表である社外取締役との間で対話することが有効であると考えていますので、社外取締役に、より容易にアクセスできるようにしていただけるとありがたいと思っています。

4　その他

▶情報開示に関する要望。

　日本企業はESGに関する情報開示がまだ不足していると感じていますので、より充実させていただきたいと思っています。実態としてはESGに対して深い理解があると思われる企業であっても情報開示が不足しているため、当該企業の実態が市場に正確に伝わっていないケースがみられます。現在は、統合報告書、CSRレポート、企業のHPでの開示等手段は色々あると考えられますので、マーケットが企業の本当の姿を理解できるように、より積極的に情報開示を行ってほしいと思います。たとえば、従業員満足度を時系列で開示している企業は多くはないですが、当社は従業員満足度を重要な経営指標であると考えていますので、このような企業が増えるとよいと思っています。

▶助言会社のレポートの利用の有無、利用方法。

　助言会社の考え方を理解するためのツールとしては参照していますが、議決権行使に当たっては当社の議決権行使に係わるガイドラインに沿って判断しています。

●25●
みさき投資

代表取締役社長　中神康議

1　法人概要

▶日本株の資産規模と投資先企業数。

現在の受託資産総額はおおよそ1,200億円で、投資先企業数は10社〜15社になります。

▶日本株のアクティブ運用以外の運用資産の有無・内容。

アクティブ運用以外の運用資産はありません。当社ではみさきエンゲージメント戦略が唯一の投資戦略となります。

▶顧客層。

当社の主な投資家層は年金、大学基金、ソブリンウエルスファンド、金融法人となります。国内外の内訳では受託資産総額の約70%が海外、約30%が国内となります。

▶スチュワードシップ活動に従事する部署および役職員数等。

　当社では投資先企業ごとに担当チームを配置しており、各チームは投資対象企業の発掘から実際の投資、エンゲージメント、売却までを一貫して担当しています。このため、当社では、投資とスチュワードシップ活動に係るエンゲージメントを一体として行っています。現在、投資・エンゲージメントを担当している職員の数は11名です。

▶投資先企業を決定するプロセス。

　当社では、流動性や時価総額などの定量的な指標を用いて投資対象企業をスクリーニングするとともに、当社のネットワークを利用して直接経営者にアクセスする手法などで投資対象企業を絞り込んでいます。また、最近では企業経営者から当社にアクセスされるケースも増えており、投資機会のソーシングは多様化しています。

　当社では、みさきの公理®「$V = (b \times p)^m$」に従い、b、p、mの3要素を分析して持続可能な価値向上が期待できる会社を探し出しています。すなわち、bは「事業」であり、当社では障壁に守られた事業を行う会社、障壁を作ろうと努力している会社への投資を検討します。pは「人」、「経営者」であり、当社では改革意欲にあふれる経営マニア（財務や経営戦略だけではなく、幅広く深いスキルを持ち、経営者として責任の重さを自覚している経営者）が経営する会社への投資を検討いたします。mは「マネジメント」であり、これを改善することにより、企業価値は指数関数的に増加して、株価を押しあげると考えています。当社では、エンゲージメントを通じて、mの改善を経営者と一緒に達成して持続的に企業価値を増大していくことを目指しています。このため、投資判断には対象企業にエンゲージメントできるかどうかの判断が大きく影響しており、bpmの観点でエンゲージメントの可能性を判断して対象企業を投資対象とするかどうかの判断をします。エンゲージメントが可

能との結論となった場合は、適切な株価にて投資を行います。当社は「良い会社」の企業価値をより高める方針で投資していますが、投資家のリターンを最大限実現するために、エントリーの株価には十分な注意を払って投資を行っています。

　また、当社は長期投資を目的としていることから、顧客から資金を預かる期間は3年以上がほとんどであり、また、解約には180日前の通知が必要です。

　現在のファンドは組成してからまだ6年ですが、トータルリターンのうち半分はいわゆるαと呼ばれる市場要因では説明できない、企業個別の要因によるものです。分散効果もあり顧客にも十分満足していただいていると考えています。

2　議決権行使以外のエンゲージメント活動等

▶エンゲージメントの基本方針。

　当社はエンゲージメント投資を専門とする資産運用会社です。日本の上場企業の中から厳選された少数の企業に投資し、長期にわたって支える株主となり、経営陣とともに「働く」ことで企業の改革・成長を応援していきます。当社は、日本に「働く株主 ®」という新しい株主モデルを作り上げたいと考えています。

　当社が行うエンゲージメント活動は、事業戦略、経営改革そのものを題材とし、グローバル競争の観点から「いかにして企業の競争力を高め、持続可能なものとするか」ということに焦点を当てたものです。そのため、①事実に基づき、②投資先企業ごとに個別化した議論を行うことを指針とすることで、企業・経営陣と認識の共有を図ります。

▶効果的なエンゲージメントを行うために実施されていること。

　当社のエンゲージメントテーマは財務、ガバナンス、IR、ESG等多岐にわたりますが、私も含め元経営コンサルタントを中心メンバーとして組成したエンゲージメント投資チームがその主なテーマに据えているのは事業戦略・経営戦略そのものです。事業戦略を顧客視点、競争視点から見直し、洗練させていくための手法の1つとして、インターネットマーケティングリサーチ等を用いたユーザーアンケート調査、ユーザーインタビュー、および競合企業インタビュー等があります。企業の自社内の視点、供給側の論理にとどまらず需要者の論理で事業活動や提供価値を見直すことによって企業自身も気づいていなかった戦略上の齟齬、欠陥や新たな価値向上のポテンシャルの発見につながることがあります。

　また、組織運営上の課題や従業員エンゲージメント向上に向けた課題発見のため、各種サービスプロバイダ―を用いた従業員満足度調査を行うこともあります。

　さらに、投資先企業、投資候補企業経営者を招いた経営者勉強会を定期的に開催しています。これは経営者同士の相互学習、啓発を目的とするとともに、経営者と当社の間の信頼関係構築にも資するものがあり、円滑なエンゲージメント活動推進に貢献しています。

▶エンゲージメントが効果を上げるために投資先企業に求める事項。

　前記の投資先企業に求める3要素（b／p／m）と重複しますが、エンゲージメントの効果発現に最も重要なものはp、すなわち経営者の資質・姿勢です。当社ではその要素を「HOP」と表現しており、経営改革や経営の洗練に強い意欲を持つHungryな姿勢を持っているか（H）、外部の意見に耳を傾け貪欲に良いものを取り入れようとするOpenな姿勢を持っているか（O）、公開企業として社会の公器を預かっている

Public mind を持っているか（P）という３点を重視しています。

▶エンゲージメントの具体例。

　過去にエンゲージメントを実施した事例では、当初は技術的なテーマでエンゲージメントを実施し、その後、相互に関係が深化するに伴い、組織の強化、マーケティング・ブランディングの強化、生産性改善とテーマが会社横断的に発展しました。

　他方の事例では、運転資本の効率化を目指したエンゲージメントを実践してきましたが、対話の相手であったキーマンが交代し、新しいキーマンは投資家との対話に前任者ほど積極的ではなかったため、これ以上のエンゲージメントは困難と判断して売却しました。

　当社の投資戦略は長期間のエンゲージメント活動を行うものですが、例外的に①企業価値が毀損される重大かつ急迫の危険が懸念される場合、②企業価値の向上を目的とした努力にもかかわらず、経営陣との信頼関係が毀損された場合、③企業価値の向上が望めないことが明白となった場合には、投資を継続することが顧客利益の拡大につながらないと判断し、保有株式の売却を行います。なお、資本の力で意見を通すスタイルは当社のスタイルでありませんので、対応をエスカレーションするのではなく売却します。

3　議決権行使方針

▶議決権行使ガイドラインの作成方針。

　当社のガイドラインはプリンシプルベースであり、多くの事項について機械的な判断基準を設けていません。当社は、議決権行使を企業経営進化のための対話の手段の１つとして位置付けており、その上で、企

業経営についての基本前提として①企業は固有である、②経営進化には時間がかかると認識しています。したがって、議決権行使に当たっては、企業個々の置かれた状況、個性、文脈を踏まえた固有解としての議決権行使にならざるを得ず、当該年度の議案の賛否そのものを目的とはせず、あくまでも中長期的に当該企業が成長進化していく上で、正しい方向に向かうためにどのように行使することが望ましいかを考えています。こうした議決権行使を可能とする前提として、当社は、少数の企業にのみ投資を行い、投資先経営陣と普段から対話を行っています。

▶ **社外取締役に対するストックオプションの付与に関して、株主と利害一致を図るとともに、企業価値向上の観点から望ましいとしている背景。**

　日本企業経営一般におけるガバナンス上の課題は、ブレーキが効かないことよりもアクセルを踏めていないことにあると当社は考えています。したがって、取締役会の役割は成長とリスクテイクに向けて背中を押すことがより重要であると考えており、その上では社外取締役にも株式インセンティブを持たせることは意味があることと考えています。海外においても、欧州では社外取締役への株式インセンティブの付与は一般的ではありませんが、米国では６割の企業で付与されているようです。企業制度設計にかかわるあらゆる論点がそうであるように、社外取締役への株式インセンティブにも利と害が併存しています。しかし、日本企業固有の文脈、背景、組織特性を踏まえた時に、社外取締役に対するストックオプションの付与は害よりも利が勝ると考えています。

▶ **会社提案について反対の議決権行使をした事例。**

　買収防衛策、監査役への退職慰労金議案は多くに反対しています。社外取締役を含めた役員の選任議案に反対をすることは稀ですが、候補者の資質、経歴が不十分であるとみなさざるを得ない新任役員候補、およ

び取締役会におけるその存在が経営進化上の弊害になり得ると判断した再任役員候補については反対したことがあります。

▶ **新型コロナウイルス問題を踏まえた特別な対応。**

　前記のとおり、当社のガイドラインは機械的な基準ではありませんので、コロナ禍においても特別な対応を取ることは考えておりません。

4　その他

▶ **経営者・従業員・投資家の三者連合で価値を高めるという「三位一体の経営」について。**

　前記のとおり、日本企業の経営一般におけるガバナンス上の課題は、ブレーキが効かないといった監督機能の不足よりも、アクセルを踏めていないといった迅速果断な意思決定とリスクテイクができていないことにあると考えています。その背景として、日本企業では、同質的なメンバーの集団的意思決定による忖度の発生や、そもそもファイナンスやガバナンスに関する知見に偏りが見られることがあるというのが当社の認識です。この点において、投資家はリスクテイクそのものを生業とし、事業の性質からファイナンスやガバナンスにも通暁しています。投資家が果たしている、事業機会を分析する「アナリスト機能」や、その分析に基づいて資源配分を行う「キャピタリスト機能」は、企業経営の本質と相似形をなしていると考えています。そこで、投資家がアウトサイダーとして取締役会に参加し、投資家の思考や技術を取り込むことが、取締役会のリスクテイク能力を高め背中を押すことにつながると考えています。

▶ **投資家に求められる資質について。**

　当社では、投資先企業の長期的な企業価値向上のため、株主も経営者や従業員と同様に、会社を支えるステークホルダーの一員として汗をかいて働くべきであると考えています。そのためには「経営」に精通していることが不可欠です。ただし、これは単に事業に詳しいと言うことではなく、セクターや国境を越えて企業経営に普遍妥当する経営の原理・原則を熟知しているということです。そのため、当社では必然的に元経営コンサルタントのメンバーが多くなっています。あわせて、共に働く経営者の人物像を見極める鑑識眼、経営者に受け入れてもらうことができるだけの人間的魅力を兼ね備えているかということも重要な資質であると考えています。

▶ **ESG 投資の課題・問題点。**

　ESG 投資という資本市場を通じた社会的公正の増大が実現するには、投資家・経営者ともに受託者責任に則って行動し、投資先企業の長期的な企業価値の増大にコミットすることが必要であると考えています。なぜならば、ESG 投資とは、超長期の将来に対してユニバーサルオーナーとして利害を持つ年金や将来世代からの付託を受けて投資家が行動を取り、現在の企業経営に変容を求めるものだからです。そのため、他社がやっているから等という付和雷同的な ESG 投資や経営であってはならないと認識しています。ESG 投資に本気で取り組むのであれば、投資家は ESG 以外の経営監視にも取り組み、経営者は長期利益を実現する経営の洗練に取り組むべきでしょう。そうした、「ESG を低収益・低パフォーマンスの隠れ蓑にしない姿勢」が、特に日本では重要であると考えています。

▶中神氏が発起人の「山を動かす」研究会の成果。

当研究会は、企業経営、投資、アセットオーナー、アカデミアのさまざまな現場で活躍する実務家により構成され、それぞれの定期的な情報交換を基礎として、そこで得られた知見を対外的に発信することや当局に働きかけることを行ってきました。これらの中で唱えた新興運用業者育成プログラムは東京都の「東京版EMP（Emerging Managers Program）」にも取り入れられました。

▶上場企業の情報開示に関する要望。

当社では、有価証券報告書こそ企業開示の一丁目一番地であると考えています。法定開示であるため都合のよい部分だけを記載することは許されず、フォーマットが統一されていることから、投資家が時系列比較・他社比較を行いやすいためです。しかし、現状は、各担当部署が書いたものを総務や法務が取りまとめただけで、記述もボイラープレート化したものが多いと認識しています。当社としては、特にMD&Aにおいて、経営者自らの言葉で事業・経営環境の認識や、今後の戦略が語られることを期待しています。

●**26**●
Effissimo Capital Management Pte Ltd

General Counsel　川西皓大

1　法人概要

▶**投資先企業および運用方式。**

　当社は、一部の例外を除きほとんどの投資先企業が日本企業であり、そのすべてについてアクティブ運用を行っています。

▶**アセットオーナーの属性。**

　当社のアセットオーナーは、主に北米の年金基金や大学財団といった長期性の資金を有する機関投資家から構成されます。これらのアセットオーナーは、投資に関する高度な知見を有しており、時価変動リスクや流動性リスクに対する許容度が高いことから、当社に対する長期的な投資が可能と理解しております。

▶**スチュワードシップ活動の体制。**

　投資運用活動に従事する役職員を中心に10名程度がシンガポールを拠点にスチュワードシップ活動を行っています。

▶シンガポールを拠点にする理由。

　当社が設立された約 15 年前は、金融ハブとしてのシンガポールに拠点を設けることのメリットが当社と顧客の双方にとって大きかったためです。投資先企業とのコミュニケーションを含め、デメリットを感じることはほとんどありません。

▶新たな投資先企業を選定する際の判断基準や手続。

　当社はいわゆる「バリュー投資家」であり、新たな投資先企業の選定は、主に市場株価が潜在的な企業価値に比べて割安であるかという判断基準に基づき行っています。その際には、DCF 法を中核的な視点としつつ、当社独自の指標も含めたさまざまな角度から、企業のキャッシュフローや事業リスクについて分析を行っています。

　選定の手続は、当社のアナリストが新たな投資先候補を複数選定した上で、ポートフォリオマネージャーを含めて協議を行い、ポートフォリオマネージャーが新たな投資先として適切と判断した候補について、投資会議という会議体において協議・承認を行うという流れで行われます。

▶長期投資家であること。

　当社は、株式の長期運用を前提とする投資家です。当社の投資金額の上位 10 銘柄の平均保有期間は約 7.5 年で、当社の投資運用開始時（2006 年 11 月）から継続して保有している銘柄（保有期間約 14.5 年）もあります。

　このような長期運用を行うため、アセットオーナーとの契約では厳しい解約制限を設けていますし、ファンドの償還期限も設定されていません。当社のアセットオーナーは、年金基金や大学財団といった、超長期

の資本を有する機関投資家が中心であることから、そのような条件に同
意されていると理解しています。当社のアセットオーナーは、多くの場
合、数千億円〜数兆円程度の資本規模を有し、リスクの分散されたポー
トフォリオを構築していることから、その一部を当社のような流動性に
制約のあるファンドに振り向けることが可能であると理解しています。

▶ ESG 投資へのスタンス。

　当社は、ESG の中で特に Governance を重視しており、それを中
心としたエンゲージメント活動を行うことが多くなっています。
Environment と Social については、投資先企業のサステナビリティ
に関する取組みについて、中長期的な企業価値が向上するかという観点
から個別に評価しています。

2　エンゲージメント活動

▶典型的なエンゲージメント活動の流れ。

　まず、エンゲージメント活動の開始に当たって、当社のコーポレート
ガバナンスに関する考え方や議決権行使に対する考え方など、株主とし
ての基本的な立場を投資先企業に説明します。その上で、書簡のやりと
りや面談を通じて、投資先企業の状況や問題点について当社の認識を伝
え、経営陣との間で意見交換などを行います。また、必要に応じて、投
資先企業との勉強会を開催して事業内容について理解を深めたり、社外
取締役と面談を行うといった活動を行うこともあります。

▶エスカレーション。

　当社の提案もしくは助言等が企業価値の向上に資すると考えられる場合、または、経営陣の行為が明白な企業価値の毀損をもたらすおそれが生じた場合には、投資先企業に対して提案または助言等を行う可能性があります。さらに、企業価値が明白に毀損されている場合またはその深刻なおそれが生じている場合には、投資先企業の経営陣に説明を求めるなど認識の共有を図るよう努め、経営陣がそれに対して十分な説明を行わないとき、または、その説明の内容が不合理であるときには、こうした状況を是正するために株主権を行使することがあります。これらのエスカレーションが行われた投資先企業は、これまで、当社の投資先企業の全体の１割程度です。

▶投資先企業に対するエンゲージメント活動に関連した要望。

　当社がエンゲージメント活動を開始した場合の投資先企業の反応は、①無視・拒絶、②現状説明・現状正当化、③限定的・表層的な改善、④真摯な向き合い・真の改善という４段階に区分できます。近年では、ガバナンス改革により①の対応をとる投資先企業は減少しましたが、他方で、すぐに④に至るケースは稀です。②や③の対応をとる投資先企業が多く、しかもこの段階が数年間続くこともあれば、途中で社長が交代してそれまで進めてきたエンゲージメント活動が振出しに戻ってしまうこともあります。当社としては、投資先企業には②や③の対応に時間を費やすのではなく、すみやかに④の対応をとっていただきたいと考えています。

▶イグジットの方針。

　当社は長期運用を前提とする投資家であり、運用するファンドの償還

期限も設定されていません。したがって、投資銘柄に具体的な保有期間の定めはなく、特定のイグジット方針がある訳ではありません。運用上のさまざまな事項を総合的に考慮しながらイグジットについて判断を行っています。

▶「アクティビスト」という表現や評価に対する意見。

　当社は、投資先企業の中長期的な企業価値の向上を目指し、当社として必要と考える活動を、受託者責任を果たすべく行っています。その活動の中では必要に応じて株主権を行使することもあるため、それにより「アクティビスト」[1]と呼ばれることもありますが、そのことについて特段の意見を有していません。

　なお、最近の学術研究等では、アクティビストに対する肯定的な見解を述べるものが多いと理解しています[2]。特に、近年、運用業界においてインデックスファンドへの資金流入が進んでいるところ、インデックスファンドのスチュワードシップ活動の特徴として、市場において一般に望ましいと考えられているガバナンス構造の普及に関する活動を行うことには優位性がある一方、特定の投資先企業が業績不振であることを理由としてエンゲージメント活動を行った事例は確認できない旨が指摘されています[3]。他方、アクティビストは特定の投資先企業への投資比率が高いので、多くの時間や費用、労力をかけて当該企業の業績不振を改善するというインセンティブを有しており、アクティビストが投資先企業に問題提起をして、伝統的な機関投資家が議決権行使をして判断するという役割分担も注目されています[4]。資本市場の健全な規律と役割分担の観点から、近年、アクティビストの担う社会的役割は重大性を増していると考えています。

3 議決権行使方針

▶議決権行使基準の作成方針。

議決権行使基準は投資先企業の中長期的な企業価値の向上に資するものでなければなりません。そのための有効な方策は、経営陣に対して企業価値向上のための再現性のあるプロセスの構築を促すことと、企業価値を毀損するおそれが類型的に高い状況を回避することだと考えており、当社の議決権行使基準もそのような観点に基づき作成されています。

▶議決権行使基準の特徴。

当社の議決権行使基準の特徴は2点あります。1点目が経営陣の守るべき「3原則」を議決権行使の基本理念として掲げていること、2点目が取締役選任議案において株主総利回り（TSR）を判断基準として用いていることです。

▶経営陣の守るべき「3原則」。

1点目の経営陣の守るべき「3原則」とは、当社の議決権行使基準の冒頭に記載していますが、ⅰ他のステークホルダーの利益を収奪しない、ⅱ企業の持続的成長を阻害しない、ⅲ過大なリスクテイクを行わない、の3点です。これらを遵守した株主価値の向上を投資先企業に促すのが当社のエンゲージメント活動の基本方針であり、議決権行使の基本理念でもあります。

▶ **TSR の重要性。**

　2点目の TSR に関する判断基準は、(a) 経営陣が TSR の重要性を認識していると認められない場合、(b) 取締役の指名・報酬等にかかる評価基準に TSR を採用していない場合、(c) TSR が同業他社と比べて低迷しており、経営陣がこれに対する説明責任を果たしていないと認められる場合のいずれかに該当するときには、当社は取締役の選任議案には賛成しないというものです。(a) は、たとえば、TSR に対する会社のスタンスについての当社からの書面照会に対して、投資先企業が TSR の短所ばかりを指摘するような回答を行う場合です。

　当社は、コーポレートガバナンスとは、株式会社において意思決定の責任をとる株主の目的と意思決定を行う経営陣の目的を一致させるための取組みだと位置づけています。そして、上場会社の株主の究極の目的である経済的利益とは、企業価値・株主価値の向上によりもたらされる TSR の向上であることから、株主と経営陣の目的を一致させるべく、TSR を取締役選任議案の判断基準として用いています。

　TSR を判断基準とすることの合理性は他にもあります。たとえば、中長期的な企業価値の増減は、going concern を前提とすれば、経営陣の守るべき「3原則」が遵守されている限り、株主価値の増減と一致するものと考えられますので、TSR を中心に株主価値の増減を測ることで企業価値の増減も測ることができると考えられます。また、TSR は株価と配当額を組み合わせたものであり、株価は市場が予測する将来の企業価値を織り込んだ客観的な指標である点においても、TSR は判断基準として適しています。

　なお、TSR を判断基準として用いているのは、投資先企業に配当を促すためではありません。会社が配当を行う場合、理論上、配当落ちによって株価が配当分下がることになり、本来、TSR にとって中立的です。実際には、資本構成が最適でない場合、たとえば、株価に正当に反映されていない余剰資本を抱えている企業が配当を行えば TSR が上昇

することがある一方、過小資本の会社が無理して配当すればTSRが下落しかねません。資本政策において重要なのは最適資本構成に向かうことであり、配当政策は各企業の個別具体的な状況に即して検討される必要があります。当社としては、TSR向上のドライバーは、第1に企業価値の向上であり、第2に最適資本構成の実現であると考えています。

▶経営トップの取締役の再任議案。

　当社は、経営トップである取締役の再任議案について、結果責任の観点を特に重視して判断しています。株主は投資家としての専門性を有する一方、個別の投資先企業の事業については必ずしも専門性を有しませんので、業績不振について経営トップから定性的な弁解を受けた場合にはその当否を検証することは困難です。そこで、経営トップに結果に対して真の意味でのアカウンタビリティを持ってもらうべく、結果責任の観点を導入しています。具体的には、通常、経営トップの就任以来、および、直近1年・3年・5年のTSRを市場平均や同業他社と比較して判断しています。

　ただし、結果責任というのは、当社がプロセスを軽視していることを意味するものではありません。当社は、むしろプロセスを最も重視し、経営陣には、企業価値向上のための再現性のあるプロセスを構築することを求めています。しかし、株主として得られる情報には限界があり、すべてのプロセスを逐一確認することはできないことから、経営トップに結果責任を求めることを通じて、再現性のあるプロセスの構築を促すこととしているのです。

▶議決権行使結果の開示。

　公表している議決権行使結果の個別開示は、大量保有報告書を提出している投資先企業に関するものに限られます。

▶ **会社提出議案への反対比率。**

　2019年7月～2020年7月に開催された当社の投資先企業の株主総会において、当社は、会社提出の取締役選任議案の約65％に反対をしています。このような高い反対比率となっているのは、多くの投資先企業が取締役の指名・報酬等にかかる評価基準にTSRを採用していないことが主な理由です。当社は、TSRをきわめて重要な視点だと考えておりますので、投資先企業がこれを採用していなければ原則として取締役選任議案に反対票を投じています。この点、米国や英国では約6割～7割の企業が役員報酬の業績評価指標としてTSRを採用していますが、日本ではTSRを採用している企業の比率は低位にとどまります*5。近年、取締役の指名・報酬等にかかる評価基準にTSRを採用する企業は増加しつつあり、これに伴い当社の賛成率も上昇していますが、全体としては未だ低い状況にあります。

　なお、前述のとおり、当社がエスカレーションを行った投資先企業は、これまで、当社の投資先企業の全体の1割程度です。エスカレーションを行うためには膨大な資料を徹底的に分析する必要があり、反対の議決権を行使する場合と比べて費やす労力に大きな隔たりがあります。したがいまして、反対票を行使した投資先企業のうちエスカレーションの対象となるのはわずかです。

4　その他

▶ **企業の情報開示への要望。**

　投資家が会社の実態を正しく理解できるような情報開示を行っていただきたいと考えています。たとえば、ビジネスモデル、強み、収益性の

源泉などについて、同業他社との比較が開示されていると、会社の特徴が明らかになり、会社の実態を理解しやすいと考えています。また、虚偽とまではいえないものの誤導的な開示をされると、すべての開示書類について、疑念をもって逐一確認する必要が生じてしまいます。誤導的な開示は、エンゲージメント活動における投資先企業の反応の4段階のうち、②の現状説明・現状正当化でみられることが多いと感じています。

▶ステークホルダーガバナンス。

　あくまでも、ガバナンスの中心が株主であることを前提として、企業が多様なステークホルダーの利益にも配慮することは当然と考えています。前述の経営陣の守るべき「3原則」は、まさに他のステークホルダーの利益を収奪しないことを前提とするものであり、そこにも当社の考えが示されています。

　ただし、ステークホルダー全体の利益は測定することが著しく困難であり、ステークホルダー主義が「万能の言い訳」として機能すれば、経営の規律やアカウンタビリティは喪失してしまいます*6。したがって、TSRを中心として株主価値の増減（すなわち企業価値の増減）が適切に測定され、それに基づき経営者が客観的に評価されることは必要不可欠です。

　なお、シェアホルダーモデルかステークホルダーモデルかという点で二律背反であるかのように議論がなされることがありますが、「啓発された株主価値」という概念により両者は統合されたものと理解しています*7。

＊1　アクティビズムについては、厳密な定義があるわけではないが、「何らかの点で標的企業の経営に関して不満を持つ投資家（株主）が、当該企業の支配権を獲得しようとはしないものの、不満を解消すべく、当該企業の経営に変化を生じさせようとする活動」をいうと理解されているとのことである（田中亘＝後藤元「日本におけるアクティビズムの長期的影響」JSDAキャピタルマーケットフォーラム（第2期）論文集（2020）116頁）。

＊2　Bebchuk, Lucian A., ET AL., 2015, "The Long-Term Effects of Hedge Fund Activism", Columbia Law Review 115, 1085-1156、田中＝後藤・前掲（＊1）115頁〜161頁など。

＊3　金融商品取引法研究会編『インデックスファンドとコーポレートガバナンス（金融商品取引法研究会研究記録第73号）』（日本証券経済研究所、2020）13頁〜15頁。

＊4　田中亘「機関投資家とアクティビズム」ジュリスト1515号（2018）40頁〜45頁、白井正和「アクティビスト・ヘッジファンドとコーポレート・ガバナンス」旬刊商事法務2109号（2016）34頁〜47頁。

＊5　経済産業省事業再編研究会第1回事務局説明資料（2020年1月31日）63頁。

＊6　計測が困難なステークホルダー主義がアカウンタビリティを失わせると指摘されることについて、田村俊夫「コーポレートファイナンスの観点から見たコーポレートガバナンス」神作裕之＝小野傑＝今泉宣親編『コーポレートガバナンスと企業・産業の持続的成長』（商事法務、2018）26頁〜39頁。経営者が誰に責任を負っているのかが曖昧で、経営者の裁量が大きくなって株主による規律づけが弱まってしまうという批判も根強いという点につき、江川雅子『現代コーポレートガバナンス』（日本経済新聞社、2018）29頁。また、米国の機関投資家の評議会（Council of Institutional Investors）は、"Accountability to everyone means accountability to no one"と指摘する（"Council of Institutional Investors Responds to Business Roundtable

Statement on Corporate Purpose”, August 19, 2019)。

＊7　田村・前掲（＊6）35 頁。Jensen, Michael C. “Value Maximization and the Corporate Objective Function.” Harvard Business School Working Paper, No. 00-058, March 2000、2006 年英国会社法 172 条参照。

●27●
大和アセットマネジメント

スチュワードシップ・ESG 推進部部長兼アクティブ運用第二部長　嶋田由香
スチュワードシップ・ESG 推進部担当部長　佐口文章

1　法人概要

▶国内株式の運用資産残高および投資先企業数。

> 2021 年 9 月末時点で国内株式の運用資産残高は約 13 兆 6,100 億
> 円であり、投資先企業数は約 2,400 社弱です。

▶アセットオーナーの属性。

> 公募が約 13 兆 4,000 億円、私募が約 2,100 億円であり、公募の投
> 資信託が柱となっています。

▶パッシブ運用・アクティブ運用それぞれの運用資産残高。

> 国内株式を対象としたパッシブ運用資産残高は約 12 兆 7,400 億円、
> アクティブ運用資産残高は約 8,700 億円です。

▶スチュワードシップ活動の体制。

> 当社の特徴としては、スチュワードシップ活動を企業調査チーム、議

決権行使チームおよびエンゲージメント・チームの三主体を中心に行っている点が挙げられ、各チームが主体的に活動しつつ、情報共有等の連携も図っています。スチュワードシップ活動報告には、企業の皆様の参考にしていただくために各チームの繁忙時期等も明示しています。スチュワードシップ・ESG 推進部には議決権行使チーム 5 名とアナリスト 12 名（アナリストはリサーチ業務も兼任）の総計 17 名が所属しています。

　また、スチュワードシップ活動全般に関する統括、意思決定は、スチュワードシップ委員会が行っており、CIO を委員長とし、スチュワードシップ活動にかかわる運用本部の各部長および担当役員が構成員です。

▶ 大和証券グループの企業との関係（利益相反がある場合の議決権行使の方法等）。

　当社と資本関係を有する企業や営業上の関係を有する企業に対する議決権行使について、当社の議決権行使基準において「個別に検討する」と定められている議案に対しては、外部の議決権行使助言会社（グラス・ルイス社）の助言に従って議決権を行使することにより、利益相反の排除と行使判断の中立性を確保しています。

2　議決権行使方針

▶ 代表取締役の再任議案について、2021 年 3 月 26 日付けで、TOPIX100 の構成銘柄に該当する企業において、1 名以上の女性役員の選任を基準として追加した理由。

　多様なスキルと属性を持った取締役が多様な意見を出し十分に議論す

ることは、企業価値の向上につながると考えています。その中でも、人口の約半分を占める女性が役員として選任されることは多様化のメルクマールととらえています。そのため、TOPIX100 の構成銘柄に該当する企業においては、1 名以上の女性役員の選任を基準として追加しました。

　ただし、取締役会の構成については、企業ごとにそれぞれの考え方があると思いますので、定量の員数基準を満たしていないからといってただちに反対するわけではなく、企業ごとに十分にエンゲージメントした上で個別に判断する必要があると考えています。

　また、今後は対象企業を TOPIX500 の構成銘柄に該当する企業へ拡大することを検討しています。

▶ **代表取締役の再任議案について、2021 年 11 月 1 日付けで、政策保有株式に関連した基準を追加した理由。**

　政策保有株式を過大に保有することは、資本効率や経営規律の観点から、問題があると考えています。一方で、政策保有株式の全てが問題とは考えておらず、数値基準で一律に区切るのも適切ではないと考えられます。そのため、対話を通して保有意義の詳細な説明や縮減の取組みを確認しながら適用する基準としました。

▶ **役員報酬議案への反対の議決権行使をするケース。**

　主として、インセンティブ報酬を監査役または社外取締役に付与する議案です。

▶ **役員退職慰労金の贈呈議案について、2021 年 3 月 26 日付けで、「原則として賛成する」から「原則として反対する」に変更した理由。**

当社は、役員報酬の算定基準に企業価値向上がインセンティブとなる業績連動の考え方が織り込まれていることが望ましいと考えているため、年功序列型と考えられる退職慰労金の贈呈議案については、「原則として賛成する」から「原則として反対する」に変更しました。

▶株主提案に対する考え方。

株主提案についても、会社提案の場合と基本的な考え方は変わらず、企業価値の増大に寄与するかという観点から判断します。近年、株主提案でもこの観点から望ましいと思われるものがあり、最終的にはスチュワードシップ委員会で個別に判断します。

そのうち、複数の企業で個別審議を行った議案で、たとえばクローバック条項の導入といった、企業価値の増大に寄与するとして当社において類型化が可能と判断したものについては議決権行使基準に列挙するようにしています。実際に株主提案に賛成行使した例も少なからず存在しています。

▶議決権行使基準にE（環境）やS（社会）等に関連する基準を創設する可能性の有無。

G（ガバナンス）とSに該当する女性役員選任基準については、議決権行使基準の検討課題として掲げ、約半年のアナウンス期間を設けた後に、2021年3月26日付けで議決権行使基準に落とし込みました。また、ESGに関する重大な課題を抱えながらエンゲージメントを通じても改善が見られない場合には代表取締役の再任議案に反対する基準を2021年11月1日付けで創設したほか、ESGの取組みの強化や情報開示の充実を求める株主提案については企業側の取組み状況も勘案して賛成する場合がある、と明記しました。

▶ **賛成の議決権行使の理由の開示方針。**

　議決権行使基準を投資先企業の皆様にもわかりやすいようにできるだけ具体的に定めていますので、その基準どおりの賛成の場合はさらなる開示はしていません。

▶ **議決権行使基準の形式的な当てはめではない行使事例。**

　議決権行使基準に当てはめると賛成行使となる「剰余金処分議案」について、当該企業が資産効率の改善と成長投資を強化し、企業価値を高めて欲しい等という考えから、スチュワードシップ委員会で審議を行い、反対行使を行った事例があります。この事例では、議決権行使後に、反対行使した背景を企業に説明し、これまでの対話の流れも含めて深く理解していただけました。

　また、このような議決権行使基準の形式的な当てはめではない場合については、個別の理由を開示するようにしています。

▶ **「新型コロナウイルスの影響を考慮した議決権の行使について」記載の方針を 2021 年の総会シーズンや今後に向けて変更する予定の有無。**

　当社は、2020 年 5 月 18 日付けで、新型コロナウイルスの影響を踏まえ、投資先企業の持続可能性を維持することが重要であるという観点から、対応方針として、①株主総会、②情報開示、③手元流動性等、④ROE について、現下の状況を十分に勘案した上で議決権行使をすることにしました。その後、約 3 カ月が経過し、②情報開示については通常の対応が可能になったと判断し、2020 年 8 月 27 日付けで勘案事項から外しました。

　現在約 1 年が経過し事業環境における不透明感や資金調達状況は改

善したと判断しており、6月開催総会より③手元流動性等についても勘案事項から外す旨の開示を4月30日に行いました。

▶ **今後の議決権行使基準に関する検討課題。**

　当社では検討している事項を開示しておりますが、その中では脱炭素、ダイバーシティ＆インクルージョンおよびビジネスと人権といったESGへの取組みや、社外取締役の人数要件、社外役員の任期を、検討課題として掲げています。

　ESG課題への取組みについては、企業のサステナビリティを高めると同時に新たな収益機会にもつながるという意味で、企業価値向上を目指すうえで不可欠だと考えています。これらのESG課題は議決権行使基準にただちには落とし込めないとは思っていますが、エンゲージメントの際には着目しています。

　社外取締役の人数要件については、現在は社外取締役2名以上を求めていますが、今後の東京証券取引所の市場再編に合わせて、プライム市場上場企業にはより高い基準を設けることを検討しています。

　また、社外役員の任期については、以前より12年を基準としていますが、社内取締役の在任期間の実情などを踏まえ、見直す必要がないかを検討しています。

3　エンゲージメント活動全般

▶ **国内株式投資へのESG情報の利用方法。**

　当社は、企業ごとに「ESGスコア」を算出し、ファンドマネージャーが、個別銘柄の投資判断やポートフォリオのリスク把握時の参考としています。「ESGスコア」は、企業が開示している定量データを前

提とする「ESG定量評価」と、アナリスト等が企業ごとに判断する「ESG定性評価」を踏まえ、ESGの各スコアを算出し、基本的には「E：S：G＝30％：30％：40％」の合成ウェートで「ESGスコア」を算出しています。合成ウェートは、基本的にはGのウェートが大きいですが、たとえば石油業等ではEの割合を比較的大きくする等、業種ごとにアナリストの考え方を反映して調整しています。

▶エンゲージメント活動の具体的事例。

　強みを活かしきれず過当競争に陥っていることを背景として、利益水準が低く安定性も低い価値毀損事業を保有していた企業に対し、価値毀損事業からの撤退または縮小により企業価値毀損リスクを最小化等することで業界平均並みのバリュエーション評価が受けられる余地があると伝え、エンゲージメントを行いました。その結果、当該企業が、エンゲージメントをきっかけとして、抜本的な改革を実施する前提で計画を策定していることを発表したという事例がありました。

▶エンゲージメント活動に関し、投資先企業への要望。

　株主総会は6月に一番多く開催され、議決権行使チームでは6月単月では毎年約1,600社の投資先企業に対して議決権を行使しています。そのため、5月・6月にかけて投資先企業から議案等に関してご説明の機会をご提案いただくことが多いのですが、5月・6月より前にそのようなご提案をいただけますとスムーズに対応することができますので、お早めにご連絡いただければと思っています。

4　その他

▶情報開示に関する要望。

　議決権の賛否判断に際しては決算短信や招集通知に加え、ウェブ上の経営方針に関する情報や説明会の資料等を参考にさせていただいていますが、議決権の賛否判断に必要な情報についてはすべて招集通知にご記載いただければありがたいと考えています。

▶投資家イニシアティブへの考え方。

　投資家イニシアティブについて、参画するだけでなく実際に活動してこそ意味があると考えていますので、当社が重要視する ESG 課題との親和性を踏まえ、その投資家イニシアティブに参画することが ESG 課題の解決に向けたアプローチとして有効かという観点から、総合的に判断した上で参画を判断しています。

●28● 三菱 UFJ 国際投信

運用企画部 ESG 統括グループグループマネジャー
白須賀啓介

1 法人概要

▶ 国内株式の運用資産残高および投資先企業数。

　自家運用で約 6 兆 2,870 億円です。投資先企業数は、約 2,300 社です。

▶ アセットオーナーの属性。

　法人向けの私募投信も増えてきていますが、主として個人のお客様の資金をお預かりしています。

▶ パッシブ運用・アクティブ運用それぞれの運用資産残高。

　パッシブ運用が約 5 兆 9,000 億円、アクティブ運用が約 3,700 億円であり、大半がパッシブ運用といえます。

▶ スチュワードシップ活動の体制。

　主にスチュワードシップ活動に従事しているのは、株式運用部のファ

ンドマネジャーと運用企画部 ESG 統括グループの約 20 名です。その
他、インデックス運用部、戦略運用部および外部委託運用部等がスチュ
ワードシップ活動に従事しています。

　また、スチュワードシップ活動および議決権行使に関する方針（ESG
への取組みも含みます）は、CIO を委員長とするスチュワードシップ委
員会に報告・審議することになっています。なお、スチュワードシップ
委員会は、運用部門の所管役員、コンプライアンス部門の所管役員、運
用企画部、株式運用部、インデックス運用部、戦略運用部、外部委託運
用部およびコンプライアンス部から構成されています。

　その他、ガバナンス強化の観点から、スチュワードシップ活動等をモ
ニタリングするスチュワードシップ諮問会議を設置しています。本諮問
会議は、独立性および中立性を確保するため、構成員の過半を社外第三
者で構成しています。

▶ MUFG グループの企業との関係。

　前述のスチュワードシップ諮問会議が特に利益相反の可能性が高い銘
柄について、議決権行使の結果等を精査・チェックし、利益相反がない
かを確認しています。

　また、三菱 UFJ 信託銀行やMU投資顧問は、同じグループの運用会
社ですが、運用自体や議決権行使自体は、各社の判断において行ってい
ます。

2　議決権行使方針

▶「議決権行使の方針」の中で、取締役会・監査役会の構成および取締
　役に求められる役割・資質等について、貴社の基本的な考え方を明
　示している理由や背景。

当社は、定量的な数値基準等よりは、まず当社の基本的な考え方を理解していただきたいと考えています。そのため、定量的な数値基準が他社よりも記載されていない箇所があります。

なお、具体的な数値基準等は、対話の際に企業から質問があれば、回答しています。

▶取締役の選任議案について、政策保有株式に関連する基準が現状では設けられていない理由や背景。

政策保有株式はガバナンス上重要であると認識していますが、株主総会直前のデータをいかに取得するかという問題や定量基準をどこに置くか等の問題があり、基本的には対話の中で相互理解を深めることを重視しています。

▶役員報酬議案について、社外取締役へのストックオプションや利益比例型の報酬の付与に関しては原則賛成としつつ、過度なリスクテイクを促すような設計となっていると判断される場合は反対するという基準を設けている理由や背景。

従来は「原則反対」としていましたが、社外取締役には「守り」だけではなく、「攻め」のガバナンス面も期待されており、適切なインセンティブ報酬を採用する余地もあると元々考えていました。また、グローバル人材の獲得のためには必要と思います。ところが、社外取締役に対しインセンティブ報酬を付与していた企業が、多くの機関投資家による反対の議決権行使を理由に、取りやめる事例が出てきたことから、このままでよいのかという懸念があり、「原則賛成」と改めました。ただし、社外取締役の役割等を踏まえ、あまりにもリスクテイクを促すのはよくないので、過度なリスクテイクを防ぐ記載を入れていますが、これまでこの条項を理由に反対した例はないと認識しています。

▶ **2020年の6月総会において、会社提案に対する反対比率が他社より も高めである理由や背景。**

　たしかに2020年の6月総会では、会社提案に対する反対比率が相対的に高かったかもしれません。しかし、それ以前の年度の反対比率は特に高い水準ではないです。

　2020年の6月総会においては、新型コロナウイルスの感染拡大の影響により、業績基準や剰余金処分案に関する基準を緩めたという機関投資家もいましたが、当社は、中長期のスパンで考えた場合には、想定外の事態は生じ得ることを前提に議決権行使の方針を作成しています。そうしたことから、数値基準を一律に緩めなかったため、2020年の6月総会の反対比率が相対的に高くなったのだと思います。

▶ **議決権行使を検討するに当たり、貴社において議論となるまたは時間 をかけ検討が行われることが多い議案。**

　株主提案が議論の対象になることが多いです。ひと昔前に比べると内容もかなり練られたものが多いと感じていますので、1件ずつ個別に時間をかけて検討しています。

▶ **議決権行使基準にE（環境）やS（社会）等に関連する基準を創設す る可能性の有無。**

　不祥事が発生した場合は議決権行使に際して考慮しています。その他にEやSに関する具体的な基準を入れるかどうかはさまざまな角度から検討しています。

▶ **議決権行使基準の形式的な当てはめではない行使事例。**

　当社の基準を満たさない買収防衛策を、個別判断により、賛成した

ケースがあります。具体的には、当社が公表している「スチュワード
シップ活動のご報告（2019年7月〜2020年6月）」9頁記載の買収防
衛策導入の議案について、議決権行使基準に従えば反対となるところ、
当時、実際に敵対的な株式公開買付け（TOB）がかかっていたこと、
TOBの手法に強圧的な要素があったこと等を勘案し、賛成と判断しま
した。ただし、有事導入については、個別に判断しています。敵対的な
TOBが実際に起きているからという理由で、一律に買収防衛策を認め
る事はしておりません。個別事情や対話内容、企業価値向上に向けた努
力を十分に行っているか等を勘案して判断しています。また、剰余金処
分議案について、形式的には配当性向から判断して過小配当基準に該当
し反対となる場合において、一過性の利益が生じた結果、利益水準がか
さ上げされており、これをベースに配当を求めることは適切ではないと
判断した事例では個別判断で賛成したことがあります。

▶ **株主提案に限らず、一部の議案の賛否の具体的理由について活動報告
で詳細に開示されている理由や背景。**

　基本的に議決権行使においては、100％の正解はなく、極論すれば、
「51％賛成・49％反対」と考えていても、議決権を行使するときは二
者択一にしかできません。そのため、賛成したからといってすべてに同
意しているというわけではありませんし、反対したからといってすべて
を否定しているわけではありません。
　そのため、当社が議決権行使についてどのように考えて判断したかを
理解していただきたいと考え、株主提案に限らず個別に説明をしたほう
がよいと判断した場合は、賛否の具体的理由を開示しています。

▶ **今後の議決権行使の方針の改訂の有無および方向性。**

　今後の議論はまだ始めていませんが、プライム市場への上場企業に
は、よりいっそう高いガバナンス水準を要求することが必要になると

思っています。

3　エンゲージメント活動全般

▶国内株式投資への ESG 情報の利用方法。

　現状のすべてのアクティブファンドの運用プロセスの中に ESG 情報をインテグレーションしています。具体的には、ESG に関する公表データや対話・リサーチに基づき定性評価を行った上で、ESG をスコア化しています。

　当社では、ESG スコアの高いところに投資するだけでなく、現在は低くとも今後向上させていく意思のある企業や現にそういった変化が見受けられる企業にも積極的に投資しています。また、ESG の評価に当たっては、当社との対話への姿勢やトップのコミットメント、経営戦略への落とし込み等を総合判断しています。

　国内株式については、アクティブ・パッシブ運用の両方について同様のプロセス、判断基準により ESG スコアを付与しています。対話を通じて課題への対応を促していくことが重要と考えています。

▶エンゲージメント活動の具体的事例。

　当社は、親子上場企業に対し、中長期的に企業価値向上に貢献していける形態なのか、ガバナンス面での諸問題を考慮しても選択すべき形態なのか、親子双方の株主にとってデメリットを上回るメリットがあるのか等にポイントを置き、企業と対話を行いました。その結果、親子上場の解消につながった事例が 2 件ありました。エンゲージメント活動における対話を通じた問いかけが企業側にも親子上場の意義を見直すきっかけの 1 つとなり、前記結果につながったと考えています。ESG に対

する対話を強化し、気候変動、ビジネスと人権等について条件を設定してスクリーニングを行い、該当する企業を抽出しました。

　気候変動に関しましては、対話先企業に意欲的な温室効果ガス排出削減の中長期目標設定の検討を促す対話を実施しました。

　こうした中で、2050年に向けてカーボンニュートラル（温室効果ガスの排出を全体として実質ゼロにする事）の目標を掲げる企業が複数現れた他、温室効果ガス排出削減の中期目標水準を引き上げた企業が出た等の成功事例がありました。政府のカーボンニュートラルに向けた方針等の影響が大きかった事は事実ですが、当社をはじめとした機関投資家が企業に対応を促した事も要因と考えています。

　ビジネスと人権に関しましては、企業の中長期的な成長をより確かなものとするため、企業価値毀損リスクの回避・逓減の観点も踏まえ、対話を進めました。

▶エンゲージメント活動に関し、投資先企業への要望。

　エンゲージメント活動の時期について、特に希望はありませんが、株主総会が集中する6月は避けていただきたいです。また、統合報告書を出されている企業であれば、統合報告書の公表後の時期に、お願いできればと思っています。

　エンゲージメント活動における対話の対象者としては、経営者の方やガバナンスの要である社外取締役が望ましいです。ただし、情報のフィードバックがきちんと行われるのであれば、経営層以外の方との対話の機会も積極的に利用させていただきたいと考えています。

4 その他

▶議決権行使助言会社のレポートの利用の有無。

当社は、議決権行使助言会社のレポートは利用していません。

▶情報開示に関する要望。

　招集通知書の開示はできるだけ早めにお願いいたします。また、株主提案があった場合、企業としてはどう考えているのか、企業の意見をしっかりと書いて欲しいです。

　不祥事等があった場合についていえば、取引先にまず説明してから一般に情報開示するような事例もありますが、取引先への説明と同時に早期に開示していただきたいです。

　さらに、有価証券報告書における政策保有株式の保有目的の開示は画一的な説明にとどまらない開示を期待しています。

●**29**●
Vanguard

インベストメント・スチュワードシップ部門アジア太平洋地域ヘッド
リサ・ハーロウ（Lisa Harlow）

▶ **Vanguard の概要。**

Vanguard は、1975 年、世界中の投資家に低コストの投資商品を提供して、投資に成功するための最良の機会を提供するという信念の下にジャック・ボーグルにより設立されました。1976 年にはじめて個人投資家向けのインデックスファンドを組成し、インデックスファンドの革新的存在として長い伝統を有しています。インデックス型投資信託やターゲット・デート・ファンド、SMA、ETF 等のグローバルな投資商品の提供を通じて、インデックス投資業界を牽引しており、そのことを誇りに思っています。

▶ **主な顧客層および運用資産規模。**

Vanguard は世界中に 3,000 万超の顧客を有しています。主に個人投資家に対して、直接または金融仲介業者や助言会社を通じて、年金を始めとするさまざまな投資商品を提供しています。2021 年 9 月 30 日現在、全世界で 417 のファンドを運用しており、そのうち 210 のファンドが米国で、残りは世界中の拠点で運用しています。世界全体の運用資産の規模は、パッシブ運用およびアクティブ運用の両方を合わせて 8 兆米ドルです（なお、国別の運用資産規模のデータは一般に開示していません）。

▶インデックスファンドへの投資。

　Vanguard は約 8 割の運用資産をインデックスファンドに投資しています。日本市場では、MSCI ジャパン等の主要なインデックスを指標としています。Vanguard は、そのパッシブ運用において、ポートフォリオに係る取引の柔軟性を持つことを重視しており、著名かつ主要な流動性の高いインデックスを主に用いる、いわゆる「バニラ戦略」をとっています。

▶日本企業に対するスチュワードシップ活動を担当する部署および人員。

　Vanguard は、豊富な人材を揃えたスチュワードシップ・プログラムを確立しており、米国および英国に拠点を置くスチュワードシップ・チームが、Vanguard 自ら運用するポートフォリオ（投資信託および ETF）について、エンゲージメントや議決権行使活動を行っています。米国チームはアメリカ大陸の銘柄を、英国チームは欧州、中東、アフリカおよびアジア太平洋の銘柄を担当しています。全世界で 1 万 3,000 銘柄がポートフォリオに含まれ、英国チームはこのうち 9,000 銘柄を担当しています。2021 年 9 月 30 日現在、英国チームはより広いグローバルチームの一部を構成しており、分野ごとの専門家が 13 名在籍し、同年末までには 15 名に増員する予定です。

　Vanguard はポートフォリオを国別、セクター別に管理しています。日本のような主要国の場合、2 名〜3 名のシニアメンバーをその国の専門家として配置します。彼らは、担当する国の企業との間でエンゲージメントや議決権行使活動を行い、さらにはアクティビスト、規制当局その他のコーポレートガバナンスにかかわる組織とのやりとりも行います。

▶議決権行使基準。

　Vanguardでは、議決権行使基準の基礎となる重要なコーポレートガバナンスに関する原則として、①取締役会構成、②戦略とリスクの監督、③役員報酬、④株主権の4つを挙げています。

　まず、コーポレートガバナンスにおいては、株主を代表し、株主のために発言する、取締役会が何よりも重要と考えています。取締役会は、経営陣から独立し、経営陣に異議を唱えたり、疑問を呈したりすることができなければなりません。したがって、Vanguardの投資先企業は、独立し、優秀で、多様性（たとえば、ジェンダー、国際経験、スキルセット）を備えた取締役会であることが重要です。投資先企業の取締役会が機能していなかったり、適切なスキルを備えていなかったりすることは大きな懸念材料となります。

　第2に、投資先企業においてその事業の戦略とリスクが適切に監督されていることも重要です。国によっては、ガバナンス体制として委員会構成を採用しており、これは特定のリスクについて誰が監督責任を負うかが明確となる点で有用と考えています。取締役会がどのようにリスクを監督し、誰がその責任を負っているかをみれば、取締役会が会社のリスクを正しく理解し、経営陣にそのリスク管理を適切に促せているか把握できます。

　第3が役員報酬です。Vanguardは、長期投資家として、役員報酬が長期インセンティブに基づくこと、また、株主へのリターンを指標とすることを期待しています。報酬体系の透明性も、その適切な理解のために不可欠です。

　最後が株主権です。取締役会が株主に対して責任を負うようにするためには、議決権を守る必要があります。Vanguardは、自身だけでなく、投資先企業の全株主の株主権が守られていることが重要だと考えており、投資先企業は、株主の根本的な権利を支援し、安全網として機能する適切なガバナンス体制を構築するべきと考えています。

▶日本企業に対する議決権行使基準の適用方針。

　前述の４つの原則は、世界中の企業に共通して適用されるものですが、具体的な議決権行使の判断に当たっては、各国のコーポレートガバナンスの歴史や文化も考慮します。日本については、多くの企業が取締役会の多様性（たとえば女性比率の向上）の面で道半ばにあると認識しており、グローバルスタンダードをそのまま適用するのではなく、まずは各企業と直接の対話の機会を持ち、多様性の重要性を説明した上で、将来の取締役会構成について説明を求めます。そのような対話を行っても進展がみられなければ指名委員会の委員長に反対票を投じますし、多様性を欠く状態があまりに長く続けば取締役会議長にも反対票を投じることがあります。

　日本では、ここ数年間で、日本版コーポレートガバナンス・コードが求める高い水準を満たそうと、企業で多くの変化や進化がみられています。このコードは前述の４つの原則にも沿うものであり、最近の改訂を踏まえ、米国や英国で発行しているものと同様に、「この場合にはこう判断する」といった具体的な議決権行使方針を日本についても定めることを検討中です。

▶議決権行使の結果。

　Vanguardは、原則として日本企業の経営者を支持しています。2020年は、会社提案に対しては３％しか反対しておらず、また、株主提案に対しては4.5％しか賛成しませんでした。

▶投資先の日本企業との対話。

　Vanguardは、投資先の日本企業と間で直接の対話を行っています。2020年は25社と対話し、2021年はその数を上回る予定です。取

締役会のメンバー、特に独立取締役や取締役会議長との対話は、事業の
戦略やリスクに関する取締役会の監督についてより知ることができるた
め、非常に有益と考えています。

　投資先企業とは複数回にわたって対話を行うことが多く、特に大企業
とは継続的な対話を維持するために毎年対話をしています。Vanguard
は運用資産の大部分をインデックスファンドに投資しており、投資先企
業は、インデックスに含まれている限り、Vanguardのポートフォリ
オに含まれ続けることから、半永久的な株主として、超長期的な視点か
ら継続的な対話を行うようにしています。取締役会の提案に反対票を投
じる場合には、必ずその理由と懸念事項を伝えるようにしており、次の
年には進捗を確認しています。

　議決権行使の判断に迷ったときも、議決権行使の前に、対話を通じて
状況をよりよく理解したいと考えており、そのため議決権行使のシーズ
ン中は、多数の投資先企業との対話で非常に忙しくなります。オフシー
ズン中も、こちらから企業に連絡してVanguardが抱える懸念を伝え、
取締役会に説明や情報を求めることがあります。

　Vanguardは半永久的な株主として、企業側からの積極的なエン
ゲージメントも歓迎しています。特に、企業に長期的な影響を及ぼす事
項に焦点を当てた議論であれば尚更です。事業の重大なリスク、その監
督のための戦略、取締役会の発展に関する議論は、どれも非常に有益だ
と考えています。

▶ ESG 投資方針。

　Vanguardは、投資先企業との対話の中で、会社にとってESG関連
の最重要リスクが何か尋ね、その回答に基づき、そのリスクをどう市場
に開示しているか、どう管理していく計画か、その計画に添う形で適切
に資本投資をしているか、といった点を協議しています。
　Vanguardは、取締役会の多様性、気候変動とその情報開示等の
ESGの主要課題に関する考え方を公表しており、また、ESG関連の著

名な事例における Vanguard の議決権行使結果も開示しています。こ
れにより、他の企業が Vanguard の ESG に関する考え方を理解する
ことができるようになると考えています*。

▶日本企業に対する要望。

「透明性」（Transparency）です。投資先企業が十分な開示を行うこ
とはきわめて重要です。たとえば、取締役会の構成について、多様性、
スキルセット、それがリスク管理に果たす役割等の情報が市場に十分に
共有されれば、取締役会が会社の監督に適切なメンバーで構成されてい
るかの判断が容易になります。また、ESG 投資の観点では、
Vanguard は TCFD コンソーシアムに賛同しており、より多くの企業
に、マテリアルな気候リスクを開示した上でそれに対する戦略や将来計
画を開示してほしいと考えています。

▶日本拠点閉鎖の影響。

Vanguard のスチュワードシップ活動は、閉鎖された日本拠点とは
独立して行っていますので、まったく影響はありません。なお、日本拠
点は閉鎖しましたが、日本版スチュワードシップ・コードの受入れ表明
の方針には変更ありません。

* https://about.vanguard.com/investment-stewardship/
perspectives-and-commentary/

● 30 ●
State Street Global Advisors

アセット・スチュワードシップグローバル共同責任者
ベンジャミン・コルトン（Benjamin Colton）
GEBS（グローバル株式パッシブ運用）グループ責任者
遠藤信也

▶ SSGA の概要。

SSGA（State Street Global Advisors。ステート・ストリート・グローバル・アドバイザーズ。1978 年設立）は、ステート・ストリート・コーポレーションの資産運用部門です。過去 40 年にわたり、各国政府や機関投資家、金融プロフェッショナルの皆様にサービスを提供しています。厳密なリサーチや分析、厳しいマーケット環境における経験を礎としたリスク考慮型アプローチをもとに、アクティブからインデックス戦略まで幅広く、コスト効率に優れた機関投資家のための投資ソリューションを提案しています。スチュワード（受託者）として、投資先企業において、社会、環境への配慮が長期的な成果をもたらすということについて理解を深めていただくよう努めています。インデックス運用とETF、ESG 投資の先駆者として、投資における新しい世界を常に切り拓き、2021 年 3 月時点で、世界 62 カ国、2,300 を超える顧客にサービスを提供し、約 3.59 兆米ドルを運用する世界第 3 位の資産運用会社へと成長しました。

▶日本市場への投資規模。

SSGA が投資する日本株式の資産規模は、約 500 億米ドル〜600億米ドルで、これは SSGA が保有する米国以外の株式運用資産総額

（AUM）の約6％に当たります。

▶日本株式の運用。

　約80％がMSCIインデックスを使用しており、約20％がFTSE、Dow Jones、S&P、TOPIXといった、グローバルおよびローカルの双方を含めた、さまざまなベンチマークを使用しています。

▶日本企業に対するスチュワードシップ活動を担当する部署。

　日本企業に特化したチームは設けていませんが、SSGAのスチュワードシップ・チームは各地域で開催されるすべての株主総会における議決権行使を管轄しています。スチュワードシップ・チームは、SSGAの全保有株式に係る議決権を、同一の方針にて行使することで、SSGAの影響力を最大化しています。また、スチュワードシップ・チームは、投資に関する専門家の有する専門知識を活かしてSSGAのエンゲージメント活動を牽引しています。

▶ SSGAは、包括的な「グローバル議決権行使およびエンゲージメントの原則」に加えて、日本企業に対する議決権行使に関する「議決権行使およびエンゲージメントのガイドライン―日本」を公表している。

（a）　日本のガイドラインにおいて「日本企業は、監査役とともに従来の取締役会を設けるか、あるいは委員会構成をとる取締役会、もしくは両者の中間型といえる取締役レベルの監査委員会を持つ取締役会のいずれかを選択することになる。SSGAは一般的に、中間型の監査委員会をもつ取締役会制度の採用を支持する」と謳っている理由は何か。

　SSGAは、日本企業が監査役とともに従来の取締役会を設けるか、

あるいは委員会構成をとる取締役会、もしくは両者の中間型といえる取締役レベルの監査委員会を持つ取締役会のいずれを選択するかについて、基本的には企業の意思決定を支持します。そして、日本企業が、欧米諸国でより一般的にみられる委員会または中間型の取締役会構成を採用しようとする場合、基本的にはこれを支持しますが、その場合は、委員会が経営陣から完全に独立していることを求めます。

(b) 　将来的に独立取締役や女性取締役の人数を増やすよう求めて行くのか。

　SSGA は議決権行使方針を毎年更新しています。2018 年からは、日本を含むすべての地域の企業に対し、少なくとも 1 名の女性取締役が取締役会メンバーに在籍することを求めています。この期待水準を満たしていない場合、指名委員会議長またはかかる指名プロセスに責任のある個人に、説明を求めています。また、企業がこの期待水準を 3 年連続で満たさない場合、SSGA は、指名委員会の現職の全メンバーまたは指名プロセスに責任のあるメンバーに反対票を投じる可能性があります。SSGA の議決権行使方針を更新するまでは、水準を上げるか否かについての公式コメントは差し控えますが、日本のみならず各地域に関して、性別・人種・民族の多様性といったさまざまな側面から成る「認識の多様性（cognitive diversity）」に関連する期待水準は今後も引き上げていきます。また、女性の占める割合の文脈においては、SSGA は 2017 年に「Fearless Girl（恐れを知らぬ少女）」キャンペーンを開始し、企業のリーダーシップにおけるジェンダー・ダイバーシティの重要性についての認識を高め、少なくとも 1 名の女性が取締役会に在籍することが企業に最低限期待されることを宣言しました。2018 年には、日本にもこのキャンペーンを展開しましたが、2017 年 12 月時点で、日本では TOPIX500 指数の構成企業の 56%（500 社中 281 社）において取締役全員が男性という状況でした。SSGA はこれらの企業にダイバーシティに関して SSGA が期待していることを

伝え、その結果、日本におけるキャンペーン開始以後、これらの企業の46%に当たる140社が女性取締役を取締役会に加えることとなりました。2020年にはSSGAのエンゲージメントに対応しなかった106社の日本企業の取締役に反対票を投じました。

独立取締役については、SSGAの現在の要求水準はガイドラインに明確に定めているところであり、今後も、独立性要件を強化している日本のコーポレートガバナンス・コードを注視していきます。また、SSGAは、日本のコーポレートガバナンス・コードに関するSSGAの見解を示した書簡を金融庁に送付し（https://www.ssga.com/library-content/products/esg/guidelines-for-investor-and-company-engagement-2021-japans-corporate-governance-code.pdf）、その中で、独立取締役の人数を、「少なくとも2名以上」から「少なくとも3分の1以上」に増やすことについて賛同する旨を明確に述べました。

（c）　日本企業に特有の事柄はあるか。

日本企業に特有の事柄の一つとしては、エンゲージメントの文化そのものがあげられます。日本においては、SSGAのような外部の人間が独立取締役にアクセスできることは非常に少なく、また、独立取締役が占める割合も他国に比べて低いといえます。環境問題や社会的な問題は、昨今、経営リスクであると同時にビジネスチャンスも提供するようになってきていると認識しておりますが、これらの問題について、取締役会レベルで健全な議論が行われているか、また、取締役会がどのように監督されているかの理解を深めていくために、日本においても、取締役会メンバーへのアクセスの機会を増やしていきたいと考えています。

▶「R-ファクターTM」（Responsibility Factor）。

（a）　R-ファクターについて（日本市場に適用し始めた時期等）。

R‐ファクターは、ESGを評価するためにSSGAが開発したスコアリングシステムです。複数のデータソースを活用し、これを透明性が高く一般に認められた、マテリアリティ（重要性）・フレームワークに照らすことで上場企業に独自のESGスコアを生成することが可能です。SSGAがR‐ファクターを導入した2019年から、日本企業に対してもこのスコアリングシステムを使用しています。現在は、対象とする全体の約7,000社のうち567社が日本企業です。SSGAは、R‐ファクターを使用することによって、SSGAのエンゲージメント活動に優先順位を付け、スコアの劣る企業に対してより多くの説明責任を果たすことを求めて、ESG関連の慣行を改善することを可能としています。SSGAはR‐ファクターを使用するに際して、「サステナビリティ会計基準審議会（SASB）」のマテリアリティ（重要性）・フレームワークを採用しました。SASBのマテリアリティ（重要性）・フレームワークは、一般に公開されていること、財務上のマテリアリティ（重要性）にフォーカスしていること、業種別に定義されていることなどから、有益なフレームワークであると考えております。また、日本においては、SSGAの日本企業に対するガバナンス慣行への期待値を設定するに際して、日本のコーポレートガバナンス・コードも指標として参考にしています。多くの日本企業は、日本のコーポレートガバナンス・コードの変更に対して非常に迅速に対応していると理解しておりますので、これはSSGAにとっても非常に強力なツールとなると考えています。

(b)　R‐ファクターを理由にSSGAが日本において反対票を投じたケースの概略。

SSGAは、同一地域・同一業種の企業の中で下位10%の「出遅れた」企業（laggard companies）に対し、そのようなスコア状況の「出遅れ」の理由を理解してもらうため、エンゲージメントを行いました。遵守できないことについて効果的に説明できなかった企業、または慣行の改善が明らかに進んでいなかった企業には、取締役選任をリードする

独立社外取締役候補者に反対票を投じることを通じて責任を求めました。日本においては2020年に、R‐ファクターに照らしてコーポレートガバナンスに出遅れた企業が６社あり、SSGAは結果としてそのうち５社に反対票を投じました。

　2022年からは、S&P500、FTSE350、ASX100、TOPIX100、DAX30およびCAC40の各構成企業のうち、それぞれのR‐ファクターのスコアに対してパフォーマンスが劣り、直近２年間において前向きな姿勢がみられない企業については、取締役候補者に反対票を投じる予定です。

(c)　投資先企業やアセットオーナーはR‐ファクターをどのように受け止めているか。

　投資先企業は、透明性のある算定方法が利用可能であることから、R‐ファクターを好意的に受け止めています。他のESGスコアリングシステムとは異なり、R‐ファクターでは算定が如何にして行われるのかを正確に理解し、スコア改善のための明確なロードマップを得ることができます。SSGAの顧客（アセットオーナー）も、その透明性から、R‐ファクターを好意的に評価しています。投資先企業は、SSGAのウェブサイトからリクエストすることでR‐ファクターについてのフィードバックを電子メールで受け取ることができ、電子メールにはそれらのR‐ファクターに基づくスコア、その算定方法、その他関連情報が記載されることになります。

▶投資先の日本企業との対話。

　SSGAは日本企業との間でもエンゲージメント活動を緊密に行っています。2020年には、17社の日本企業と直接対話を持ちました。SSGAは、たとえば、それが問題のある銘柄か、SSGAが大量保有する銘柄か、などの要素によって優先順位を付けたリストを作っていま

す。すでに述べたとおり、日本企業については、より多くの独立取締役に対してアクセスする機会を得たいと考えています。SSGAスチュワードシップ・チーム（米国）とのエンゲージメントをご希望の場合は、governanceteam@ssga.com宛てにメールでご連絡ください。

▶日本企業に対するスチュワードシップ活動の方針。

　SSGAが優先する事項の一つに、企業がどのように気候変動の問題を監督しているか、という点があります。日本企業は、気候変動の問題に関して長期のソリューションやビジネスチャンスを探るために、すでに高いクオリティで、多くの取組みを行っているものと考えています。SSGAがさらに期待しているのは、企業において、SASBおよび「気候関連財務情報開示タスクフォース（TCFD）」の各フレームワークに則った形で開示が行われることです。投資先企業に対してはTCFDおよびSASBに則った形でレポーティングを行うよう強く推奨しており、則っていない場合には、開示の強化やESG関連のレポーティングについての取締役会の監督の強化を求めています。

▶ESG投資方針における最近の傾向（「Say on Climate」キャンペーンに伴う株主提案との関係）。

　「Say on Climate」に関する株主提案は、SSGAが常に気に掛けているものです。なぜなら、こういった提案は、取締役が、気候関連の問題を監督することについての説明責任を負わない形をもたらしてしまうおそれがあるという点で、株主が意図しない影響をもたらしかねないからです。SSGAとしては、企業、特に取締役に対して、気候問題に関連するリスクをどのように監督しているかについての適切な情報開示を行い、また目標達成に向けた同一の方向性を有していることを期待します。SSGAは最近、各企業に対してパリ協定に準拠したカーボン・ニュートラル（二酸化炭素ネット排出量ゼロ）をコミットさせるアセット

マネジャー向けの「Net Zero Asset Managers initiative（NZAM）」というイニシアティブに加わりました。

▶日本企業に対する見解。

　SSGA は、気候関連の問題に関して我々が何を期待しているか、また、どういったトランジションプランが望ましいかについて、引き続き明確にしてまいります。単に各企業がいつネットゼロを達成するかといったことだけでなく、各企業がそれをどのように達成し、どういった目標の策定、計画、タイムラインで行うべきかといったことについても明確化していく予定です。これには、再生可能エネルギーや二酸化炭素の回収・貯留への取組み、またはグリーンスチール等の新しい技術の導入などが含まれます。SSGA としては、我々の期待することを明確に提示することを通じて、各企業に対し、気候変動問題に責任を持ち、貢献するよう呼びかけ、さらには取締役に説明責任を果たすことを求めていきたいと考えています。こういった呼びかけを行うことは、年次株主総会で「勧告的決議」（advisory vote）を行うより効果的であると考えています。

第 **3** 編

機関投資家に聞く（番外編）
（1〜4）

●番外編1●
PRI

PRI 事務局シグナトリーリレーションジャパン・ヘッド
森澤充世
PRI 事務局シグナトリーリレーションリレーションシップ・マネージャー
米山美奈子

▶ PRI の概要。

　PRI（Principles for Responsible Investment）とは、投資家を中心とした国連が支援するイニシアティブであり、6 つの責任投資原則の実施に向け、署名機関の国際的ネットワークの構築とサポートを行っています。PRI は、環境、社会およびガバナンスの課題に対する投資の影響を把握し、署名機関がこれらの課題を投資の決定や株主としての決定に統合することを支援しており、機関投資家が長期的に投資することを促進する枠組みとなっています。

▶ PRI の署名機関の種類（カテゴリー）とその意義。

　PRI の署名機関には 3 種類あり、アセット・オーナー、インベストメント・マネージャー、サービス・プロバイダーに分類されます。アセット・オーナーは、年金基金、保険会社や財団などの資産保有者、インベストメント・マネージャーは、アセット・オーナーから資産を受託して運用する運用機関など、サービス・プロバイダーは、アセット・オーナーやインベストメント・マネージャーに対して資産運用に関するサービスや商品を提供している会社などが含まれています。日本の金融庁の策定しているスチュワードシップ・コードも、基本的にはこの PRI の 3 つの分類と同じ分類を採用しています。

▶ PRI の署名機関の総数、種類別・地域別の数。

　PRI の署名機関の数は日々変化しており、最新のデータは PRI の
ウェブサイト（https://www.unpri.org/signatories/signatory-resources/
signatory-directory）で公開しています。

　2021 年 12 月時点で、署名機関数の概要は図表のとおりとなってい
ます。

	全体	米国	英国	EU[1]	中国	日本
アセット・オーナー	661 (14%)	65 (7%)	89 (11%)	203 (18%)	3 (4%)	24 (24%)
インベストメント・マネージャー	3,413 (75%)	779 (84%)	572 (73%)	801 (72%)	58 (74%)	65 (65%)
サービス・プロバイダイー	495 (11%)	85 (9%)	119 (15%)	114 (10%)	17 (22%)	11 (11%)
合計	4,569	929 (20%)	780 (17%)	1,118 (24%)	78 (2%)	100 (2%)

1 「Belgium & Luxemburg」「France」「Germany & Austria」「Netherlands」
「Southern Europe」のカテゴリーを抽出した数値を記載しており、必ずしも全て
の EU 加盟国を含む数値ではない。

▶ PRI の運営組織の概要。

　現在グローバルで約 200 名ほどが在籍しており、常勤、パートタイ
ム、プロジェクトベースで働いているスタッフがいます。地域別では、
大半はロンドン本部におり、それ以外にもヨーロッパ、アメリカ、アジ
ア（日本、中国、オーストラリア、香港）の拠点にそれぞれ人員が点在し
ています。日本は現在 4 名であり、署名機関のリレーションシップマ
ネジメント、Climate Action 100+ のイニシアティブ、ポリシー（政
策）などを担当しています。

その他 CEO などの執行チームのメンバーは、PRI のウェブサイトに詳細を記載しています（https://www.unpri.org/pri/about-the-pri/contact-us）。

▶ PRI における意思決定機関と意思決定プロセス。

PRI は署名機関から構成されるイニシアティブですので、署名機関から選ばれた代表のボードメンバーによって最終的な決定がなされており、当該ボードが意思決定機関の位置づけになっています。ボードメンバーは 12 名おり、うち 7 名がアセット・オーナー、2 名がインベストメント・マネージャー、1 名がサービス・プロバイダーからの代表者であり、その他に UNGC（国連グローバル・コンパクト）と UNEP FI（国連環境計画金融イニシアティブ）からの代表者が就任しています。ボードミーティングについては、年に 4 回開催されるすべてについて議事録が公表されています。

また、PRI では、年に 1 回 SGM（Signatory General Meeting）という署名機関の全体会合を開催しており、そこで 1 年間の PRI の活動の総括、ファイナンシャルな情報、署名機関の現状などを署名機関に報告しています。

▶ PRI と他の投資家イニシアティブとの関係。

PRI は、UNGC や UNEP FI など他の投資家イニシアティブとの間でも適宜テーマに応じたコラボレーションを行っています。他方で、PRI は投資家関係を取り扱うのに対して、UNEP FI の定める PRB（国連責任銀行原則）や PSI（国連持続可能な保険原則）は銀行や保険といったファイナンス関係の分野を対象としているため、両者の最終的なゴールは類似しているものの、対象が異なるという相違があります。

▶署名機関の年次報告とその評価。

PRI の署名機関の責務の 1 つは年 1 回の活動報告（レポーティング）です。この活動報告はいくつかのモジュール（分野）に分かれた多岐に及ぶものであり、署名機関の責任投資に関する活動の実態を適切に示すものです。この活動報告のうち公開部分は PRI のウェブサイトに Transparency Report として掲載され、世界共通のフレームワークで、署名機関の責任投資に関する活動を対外的に示すことができます。

PRI は、署名機関の報告を基にアセスメントを行い、その結果をスコアを含むレポートにまとめてフィードバックします。

このアセスメント結果と年次報告の非公開部分は署名機関のみがアクセス可能ですが、自ら望めば公開することは可能です。

▶ PRI に署名した機関の責務の概要。

従前、PRI の署名機関の地位を維持するためには、年会費の支払いと、活動報告の 2 つの責務を果たせば足りていましたが、2018 年から、これらに加えて署名機関からの要望もあり、最低要件（minimum requirements）を設定しています。この最低要件は、責任投資に関するポリシーを持つこと、当該責任投資ポリシーを実際に運用するスタッフを擁すること、シニアレベルの役職者による監督が行われていること、という 3 つを署名機関に対して求めるというものです。

▶ PRI に署名した機関のベネフィットのうち特に重要な点。

PRI に署名する機関のベネフィットとしては、6 つの責任投資原則に賛同してもらい、PRI の活動やレポーティングなどを行うことで、投資先へのエンゲージメントに関して協働し、世界の潮流を踏まえた長期的な視点に基づいた投資を行うきっかけや「気づき」を得られること

が、一番重要であると考えています。

▶ PRI 自体の活動の全体像、特に注力している活動。

　PRI 自体の活動は、広い意味でいえば、投資家が責任投資原則にしたがって活動していくことを、サポートすることです。その過程では、責任投資原則に賛同した投資家に対して、当該投資家の投資手法に応じたベストプラクティスを紹介し、活動として広めていくことなどを行っています。

　たとえば、年金基金向けや、プライベートエクイティ、不動産、インフラストラクチャーなどのそれぞれの投資手法のカテゴリーに応じて、ESG 投資を行うための取組みに関するガイドラインを作成し、紹介しています。それ以外もガイダンスレポートやポリシー（政策）提言などをウェブサイトにて公表しています（https://www.unpri.org/investment-tools）。また日本で参考になりそうなレポートは、日本語参考訳として公表しています（https://www.unpri.org/signatory-resources/multi-lingual-resources/3840.article）。

▶ 除名に関する概要と方針。

　前述のように、PRI においては投資家に対する最低要件がありますが、投資家からの年に1回のレポーティングの内容によって、取組みの状況を確認しています。ただ、1回のみ要件を満たせなかったからといって、すぐに退会や除名となるわけではなく、2回の報告ののち、3回目にも最低要件を充足できなかった場合に、ボードの承認を経た上で、除名になります。その間も担当者が最低要件を満たすことができるサポートをしています。昨年はじめて、この最低要件との関係で、実際に署名機関が除名となった事例がありました。

▶ PRI が今後予定している重要な活動予定。

　前述のとおり、PRI では年に1回、署名機関の全体会合を開催して
いますが、昨年はその全体会合を東京ではじめて開催する予定でした。
しかし、新型コロナウイルス感染症の影響で、2021 年の9月に延期
になりましたが、実際に対面で開催することが難しいとの判断から中止
となりました。2021 年は対面ではないですが、PRI デジタル・カン
ファレンスを開催し、責任投資に関する世界の最新のトピックを3日
に渡り議論をしました。基調講演は日本語通訳があり、ウェブサイトで
録画を見ることができます。
(https://digitalconference.unpri.org/pri/)

▶ 日本の署名機関に対する要望。

　世界の潮流を踏まえた長期的な視点に基づいた責任投資を理解してい
る日本の投資家が、投資先に働きかけを行うことによって、投資先であ
る企業も、サステナビリティや投資家とのエンゲージメントは有益であ
るという理解を得られると考えています。日本においても、現在 PRI
の署名機関となっている投資家がいますので、彼らがリーダーシップを
発揮することによって一定の成果は上げられていますが、より多くの日
本企業にサステナビリティやエンゲージメントへの理解が浸透するため
には、まだまだ署名機関の数が足りないと思っています。現状、ヨー
ロッパのほうがそういった考えの投資家、特にアセット・オーナーが多
いので、サステナビリティの考え方が進んでおり、PRI 署名機関も多
いですが、日本においてもこれを進めていくために、PRI への賛同署
名をする投資家がより一層増えていくことを期待しています。

●番外編2●
MSCI

ESG リサーチ　シニア ESG アナリスト　柴野幸恵

1　MSCI について

▶ **MSCI の概要。**

　当社は、1998 年に Morgan Stanley 社と Capital International 社の合弁会社として設立され、当時は株価指数のみを提供していました。その後、投資家の投資判断を幅広くサポートするため、2004 年には Barra 社を買収し、ポートフォリオのリスク管理ツールも提供するようになりました。さらに、2010 年には RiscMetrics 社を買収し、ESG に関するリサーチを自社グループ内で行うようになりました。

　当社は、"Powering better investment decisions for a better world." をミッションとしており、より良い世界の実現に向けた投資家のより良い投資判断をサポートすることを目指しています。

　また、当社の売上構成としては、指数が約6割、リスク管理ツールが約3割、そして残りが ESG と不動産のサービスとなっています。

▶ **MSCI が取り扱う指数の数、資産規模およびカバレッジ。**

　当社は約1万 4,000 を超える指数を取り扱っており、約 14.5 兆ドル規模の資産が当社の指数をベンチマークとしています。当社が扱う指

数のうち、約 1,500 超が ESG に関連しています。

　また、当社の代表的な指数である「MSCI ACWI Investable Market Index (IMI)」は、先進国および新興国の大・中・小型株を対象としており、時価総額ベースでグローバルな株式市場の約 99％をカバーしています。

2　ESG 格付けと MSCI ジャパン ESG セレクト・リーダーズ指数

▶ 「MSCI ジャパン ESG セレクト・リーダーズ指数」の概要。

　「MSCI ジャパン ESG セレクト・リーダーズ指数」は、MSCI ESG リサーチによる ESG 格付け等に基づき、さまざまな ESG リスクを反映した総合型の指数です。年金積立金管理運用独立行政法人（GPIF）にも採用されています。

　構成銘柄は、親指数である「MSCI ジャパン IMI トップ 700」（時価総額ベースで日本企業の上位 700 社により構成されています）のうち、MSCI ESG リサーチによる ESG 格付け等に基づき選定し、時価総額ベースで各業種の 50％をカバーすることを目安としています。

　本指数は、同じく GPIF に採用されている「MSCI ACWI ESG ユニバーサル指数」と構成銘柄の選定範囲の方針が異なります。同ユニバーサル指数は ESG 格付けが低いものも幅広に構成銘柄に含めた上で、格付けが低いものはウェイトを下げている、いわゆるティルト型の指数です。一方、本指数は、ESG 格付けが低いものは構成銘柄に含めていない、いわゆるポジティブセレクション型であるという違いがあります。

▶ ESG 格付けおよび指数算出にかかわる人員構成等。

　当社では、ESG リサーチが独立して ESG 格付けを行った上で、当該 ESG 格付けを利用して各種の指数を算出していますが、両者は独立したビジネスで、ESG 格付けのみを利用する顧客も存在します。

　ESG 格付けを行っている ESG リサーチには、日本では合計 7 名（うち、リサーチのアナリスト 4 名およびデータマネジメントその他 3 名）、グローバルでは 270 名超が在籍しています。

　指数の算出は、指数ごとのメソドロジー（ルール）に沿って行われますが、指数に関するリサーチや指数メソドロジー等に係る顧客とのコンサルテーションは、ESG リサーチとは別のインデックスのリサーチチームが担当しています。

▶ ESG 格付けの概要。

　ESG リサーチは、投資家が各発行体の ESG のリスクと機会を特定できるように、各発行体に対し、7 段階（AAA から CCC）で ESG 格付けを行っています。当該格付けは、全 35 個のうちから業種ごとに定められたキーイシュー（評価項目）・スコア（0〜10）をベースに算出されています。

▶ キーイシュー・スコアの評価方法。

　各キーイシュー・スコアは、エクスポージャー・スコア（0〜10）およびマネジメント・スコア（0〜10）から算出しています。

　エクスポージャー・スコアとは、それぞれのキーイシューごとに各発行体がどの程度のリスクにさらされているのかを表しています。たとえば、労務管理（Labor Management）というキーイシューについては、従業員の数が多い場合や労働争議が頻発している地域で操業している場

合には労務管理が難しくなるのでエクスポージャー・スコアは高くなります。

　マネジメント・スコアとは、各発行体がリスクに対してどのように対応しているかという取組みのレベルを表しています。たとえば、労務管理のキーイシューでは、どのような従業員管理方針を作成・遵守しているか、従業員のモラル・満足度を具体的に把握する取組みを実施しているかといった点が評価対象となります。また、関連する不祥事がある場合は、マネジメント・スコアの評価を低下させる要素になります。

　そして、キーイシュー・スコアは両スコアを総合して判断します。このとき、エクスポージャー・スコアが高ければ高いほど、より高いマネジメント・スコアが求められるという観点から、同じマネジメント・スコアであっても、エクスポージャー・スコアが高ければ、キーイシュー・スコアは低くなるようにしています。

▶マネジメント・スコアの具体的な評価方法。

　各発行体には自社のESGレーティングレポートを無償で開示していますので、これをみることで、詳細な評価内容を理解していただくことができます。たとえば、ガバナンスについては、取締役会（Board）のキーイシューについて、社外取締役が取締役会の過半数か、独立取締役会議長の有無、女性取締役の有無等を評価基準の1つとしています。

▶取締役会の活動内容とE（環境）やS（社会）の評価の関係。

　取締役会の活動という点からは、各キーイシューにおけるリスクに対して、取締役会レベルが監督責任を有していればリスクに対する取組みレベルが比較的高いと評価する1つの判断材料となり、マネジメント・スコアを高める要素になり得ます。

　たとえば、E（環境）のキーイシューにおいては、マネジメント・スコアを評価する際、どのような戦略・目標を設定し、どのようなパ

フォーマンスを行っているかという観点を考慮要素とすることがあります。

　また、S（社会）については、プライバシーおよびデータセキュリティ（Privacy & Data Security）のキーイシューにおいて、たとえば、データ保護に関する方針を定め、監査等がどの程度行われているか、取締役会レベルが監督責任を有しているかといった観点からもマネジメント・スコアの評価を行うことがあります。

▶ ESG 格付けの更新のタイミング。

　ESG 格付けの更新のタイミングは基本的に年1回です。ただし、影響の大きなデータの更新や取組み等があれば年1回の更新を待たずに格付けに反映される可能性もあります。年1回のタイミングは発行体ごとにさまざまですが、なるべくサステナビリティレポートやアニュアルレポートの更新タイミングに合わせて、行えるように努めています。なお、ガバナンスに関するデータの更新は株主総会の前後が多いです。

▶ 発行体との対話やコンタクトの方法。

　評価対象企業は、当社の発行体向けポータルサイト（https://esgicp.msci.com/）からいつでも自社のレポートにアクセスすることができます。ポータルサイトの利用に際して費用は発生しません。

　当社が作成したレポートについて、評価に関する質問や指摘事項等がある場合には、前記ポータルサイトからお問い合わせいただければ、当社からのフィードバック等もポータル上でご覧いただけるようになっています。ご指摘いただいた事項については、リサーチャーが確認の上、たとえば、情報ソースがあればアクセプトできる、または当初の基準に見合わないのでアクセプトできない等といったやり取りをさせていただくことがあります。発行体からは、データの更新を行った旨をご連絡いただくことが多いです。また、近年、発行体から関心を寄せていただけ

ることが増え、発行体とのコミュニケーションは、年々増加しています。

▶ 発行体からよく受ける質問。

　日本語の開示だけでよいかということはよく質問を受けます。当社は日本語のできるスタッフもいますので、日本語だけの開示でも内容を確認しないということはありません。ただし、グローバルのチームで調査していますので、英語で開示いただいたほうがよりスムーズであり、また、グローバルの投資家に対する情報発信としては英語での開示が望ましいと考えています。

　また、ESG格付けに当たって、どのような情報をソースとしているのかということも質問されることが多いです。ESG格付けは公開情報のみに基づいて評価しています。公開情報には、発行体自身が出している情報だけではなく、オルタナティブデータも含まれます。オルタナティブデータとしては、たとえば、各国政府が出しているデータベースの情報、リコール情報、リサーチ機関やNGOが出している報告書等、さまざまな情報を参考にしています。

▶ ユニバース（評価対象企業の範囲）の拡大。

　ユニバースの拡大については、要望されることが多く、2021年6月末に約700社から約1,200社に拡大しました。これにより、「MSCI JAPAN IMI指数」の範囲はカバーしています。

　ユニバースを拡大する際のハードルとしては、時価総額が小さい企業ではESGに関する情報開示が限られていることに加え、ニッチなビジネスを行っている場合には、ビジネス自体の理解が難しいことがあります。

▶アセットマネジャーやアセットオーナーとのコンサルテーション。

　アセットマネジャーやアセットオーナーとのコンサルテーションは、
指数全体に関するものは必要に応じて指数のリサーチチームが主導して
行っています。また、ESG格付けのメソドロジーに関する変更を行う
ときは、ESGリサーチもコンサルテーションを行います。基本的には
年1回の頻度で年末頃に行い、業種ごとのキーイシューの変更やメソ
ドロジーの変更等について、ご意見を伺っています。

3　その他の指数

▶「MSCI日本株女性活躍指数」（WIN）の概要。

　「MSCI日本株女性活躍指数」（WIN）は、女性の労働参加と昇進をサ
ポートし、多様性に関するポリシーを持つリーダー企業を選定していま
す。本指数もGPIFに採用されています。本指数は、日本の課題である
少子高齢化に対応し、持続可能な経済成長を目指すためには、女性をは
じめとする未活用の人材を活用していくことが重要と考えられているこ
とを背景としています。
　構成銘柄としては、「MSCIジャパンIMIトップ700」を親指数と
し、発行体ごとの性別多様性スコアを算出し、各セクターからスコアが
上位半数の企業を選定しています。
　また、評価対象企業に対しては、毎年第1四半期頃にデータ検証用の
通知を一斉に送付し、性別多様性データの更新を行っています。指数は
毎年5月と11月にリバランスされます。

▶ MSCI ACWI Index について。

　MSCI ACWI Index は、当社の旗艦的なグローバル株式のインデックスであり、23 の先進国市場と 27 の新興国市場の大型株・中型株のパフォーマンスを表すように設計しています。2021 年 6 月現在において、11 セクターの 2,900 以上の構成銘柄をカバーしており、各市場の時価総額ベースの約 85% をカバーしています。日本株についてはおよそ 300 銘柄が選定されています。

　なお、本指数は、時価総額ベースで構成銘柄が決まり、ESG に着目した指数ではありませんので、ESG への取組みに関する発行体とのエンゲージメントとの関連はありません。

4　上場企業とのリレーションシップ

▶ 発行体とのエンゲージメントの考え方。

　ESG 関連の指数をベンチマークとする資産額は、近年増加しており、注目していただいていると認識しています。その中で、ESG 格付けの評価方法や基準は外部からはわかりづらい部分があると思いますので、その透明性を高めていく必要があると考えています。その意味で、年々増えている発行体からの問い合わせにも、できる限り対応するとともに、より効率的に対応できるようにしていきたいと思っています。

▶ 発行体への要望。

　発行体の立場からすると、ある指数の構成銘柄に組み入れられている／いないというシンプルな「○」「×」が重要であることは理解できま

す。

　しかし、ESG リサーチに所属しているアナリストとして申し上げさ
せていただきますと、それだけではないという点は付け加えさせていた
だきたいです。当社が提供している ESG 格付けや ESG スコアには、
色々な背景や分析が詰まっており、「○」「×」だけでは測り切れないも
のも多いです。また、指数の選定に当たっては、時価総額など ESG 評
価以外の側面も影響してきます。ESG 指数が重要なベンチマークであ
るのは間違いないのですが、一方で、構成銘柄に組み入れられている／
いないという点だけにこだわるのではなく、ESG の本来の目的に立ち
返って、本質的・根本的な取組みは何かという観点から、ご検討いただ
ければと思っており、当社もそこを評価していきたいと考えています。

●番外編3●
S&P ダウ・ジョーンズ・インデックス

日本オフィス代表　小林　賢
マーケティング担当責任者　亀井健太郎
ESG 指数担当者　クリスチャンソン・ライアン（Christianson Ryan）

▶ S&P の概要。

S&P ダウ・ジョーンズ・インデックス（以下「S&P」という）は、S&P グローバルのグループ会社で、指数ベースのコンセプトやデータ、リサーチを提供する世界最大級の指数算出会社です。指数算出会社としての歴史は古く、1884 年、当時のダウ・ジョーンズ社がはじめて指数を考案して以来、金融市場の代表的な指標である S&P500 やダウ・ジョーンズ工業株価平均を始めとして、さまざまな資産クラスにおいて約 100 万種類の指数を構築してきています。2012 年に、S&P インデックス社とダウ・ジョーンズ・インデックス社が合併しました。

▶ S&P が算出する指標の対象地域・規模。

世界の約 50 市場をカバーしており、評価対象会社数は約 1 万 1,000 社です。これには世界の上場株式の時価総額の 99％ が含まれます。

2020 年現在、約 100 万種類の指数を算出・管理しており、グローバルで 18.9 兆米ドルが当社の指数をベンチマークとしており、このうち約 7.5 兆米ドルが指数に連動する形で運用されています*。

▶ **ESG 指数の概要。**

　1999 年、当時のダウ・ジョーンズ・インデックス社が、ダウ・ジョーンズ・サステナビリティ・インデックス（以下「DJSI」という）という、ESG のすべてを考慮した指数を世界ではじめて構築しました。これ以来、20 年にわたり ESG 指数の構築を行っており、この分野の先駆者的な存在となっています。

　S&P の構築する ESG 指数は、次の 4 つのカテゴリーに大別されます。

　①コア ESG：広範な市場を対象とした、ベスト・イン・クラスのアプローチを採用し、ESG パフォーマンスをターゲットとする指数

　②気候変動：気候変動および低炭素経済への移行に対応するように設計された指数

　③テーマ別 ESG：ESG に関連する特定の問題（人材投資、クリーンエネルギー、水等）に注目した指数

　④債券 ESG：グリーンボンド市場へのアクセスを提供する指数

　本稿で取り上げる DJSI および S&P 日本 ESG 指数は①に該当し、S&P／JPX カーボン・エフィシェント指数は②に該当します。

▶ **ESG 指数を管理する部署。**

　S&P の ESG チームは、グローバルの主要市場をすべてカバーしています。ESG 全般の評価を取り入れた「コア」から「テーマ別」、さらに「気候変動」に焦点を当てた戦略まで、150 以上の ESG およびサステナビリティに焦点を当てたインデックスを提供しています。これらの独立した透明性の高いインデックスにより、市場参加者は ESG パフォーマンスを測定し、市場リスクとリターンを把握することができます。また、S&P は、単にインデックスのライセンスやデータを提供するだけではなく、お客様やビジネスパートナーに対して、広範な ESG

リサーチ、分析調査、インデックス投資戦略、マーケティングサポートを提供しています。これは、私たちがグローバル市場にもたらす独自の価値の一部です。

▶ DJSI 指数。

　DJSI 指数は、全世界の評価対象企業について ESG 評価を行った上で、そのスコアが上位の企業のみを構成銘柄として抽出したものです。DJSI 指数は、ESG の世界的なリーダー企業のパフォーマンスを測定することができる指数で、2021 年 8 月 31 日現在、322 銘柄から構成されています。

　構成銘柄の選定に当たっては、S&P グローバルが独自に算出する「S&P ESG スコア」を用いて ESG 評価を行っています。評価対象企業の ESG パフォーマンスを包括的に評価するこの調査はコーポレート・サステナビリティ評価（以下「CSA」という）と呼ばれ、1999 年の DJSI の算出開始以来、毎年行われています。CSA においては、各評価対象企業に対して、ESG に関する最大 120 程度の質問が記載された質問票を送付して、それに対する回答を分析します。2020 年においては、CSA の質問票を送付したのは約 3,500 社で、これに対して約 1,500 社から回答を受領しました。回答を受領しなかった企業については、開示資料を用いた分析を行っています。CSA の過程では、メディアおよび利害関係者分析（以下「MSA」という）の結果も加味します。MSA は、CSA の重要なプロセスの一部であり企業のサステナビリティパフォーマンスを継続的に監視することができます。S&P グローバルの ESG 調査部門は、1 年を通して評価対象企業のニュース報道をモニタリングしています。ニュースの内容としては、経済犯罪や汚職、詐欺、違法な商行為、人権問題、労働争議、職場の安全、壊滅的な事故環境問題などがあります。MSA により、企業が利害関係者に対して約束したビジネス基準を遵守しているかを確認し、企業が所定のビジネス慣行を遵守しておらず、十分に責任を果たしていないとみなされる

場合、MSA のケースに該当することになります。その場合は DJSI 委員会に報告され、当該企業の ESG スコアが即座に調整され、企業が指数から除外される場合もあります。また、これらの判断およびその根拠はすべての市場参加者に公表されます。

　これらの結果を総合的に考慮して、S&P グローバルは最終的な「S&P ESG スコア」を算出します。

　評価対象企業にとって、DJSI の構成銘柄に組み入れられることは ESG への取組みが高く評価されたことのステータスとなります。また、S&P は、DJSI の構成銘柄の中で特にスコアが上位の企業に対する表彰も行っています。これらの対象となった企業が、そのことを自社のホームページ上でアピールすることも少なくありません。

　DJSI は、「S&P ESG スコア」が上位の企業のみを構成銘柄として抽出していることから、特定の市場のベンチマークと関連づけられておらず、アクティブ要素が比較的強い指数といえます。したがって、この指数は、パッシブ運用としてそのままベンチマークとして用いられる場合だけでなく、アクティブ運用に向けた銘柄の選定のために参照される場合も多いと理解しています。

▶ S&P500ESG 指数。

　S&P500ESG 指数は、米国株式市場を代表する指数、S&P500 の構成銘柄をユニバースとした上で、S&P グローバルが ESG の観点から独自に算出する「S&P DJI ESG スコア」に基づいて、構成銘柄のウェイトを調整した指数です。スコアが高い銘柄はオーバーウェイトされ、低い銘柄はアンダーウェイトされます。

　この指数は、スコア上位の企業を抽出した DJSI とは異なり、S&P500 の構成銘柄をベースにウェイトを調整したものですので、親指数である S&P500 と連動しやすい仕組みとなっています。また、「S&P DJI ESG スコア」の算出過程は、基本的な調査手順は DJSI に用いる「S&P ESG スコア」と類似するものの、たとえば、特定の評

価対象企業が一定の項目について開示をしていない場合に、当該項目に係る数値をただちにゼロとするのではなく、推計値を入力して算出するなどして、親指数の変動から乖離しにくい設計としています。

このように、S&P500ESG 指数は、DJSI と比較すると、S&P500 の変動から乖離しにくいことから、パッシブ運用の投資家（特にユニバーサル・オーナー）にとって使い勝手のよい指数といえます。

▶ S&P／JPX カーボン・エフィシェント指数。

S&P／JPX カーボン・エフィシェント指数は、TOPIX の構成銘柄をユニバースとした上で、「炭素効率性」という独自の基準に基づいて、構成銘柄のウェイトを調整した指数です。S&P500ESG 指数とは異なり、ESG 全般ではなく、特に炭素排出量に着目した指数である点に特徴があります。

「炭素効率性」は、S&P グローバルの一部門であり、炭素排出量や環境データおよびリスク分析を専門に行う Trucost が算出しています。Trucost は、初期的に、評価対象企業の開示資料に基づき、また、炭素排出量に関する開示資料がない場合は Trucost が独自に有するセクターごとの推計値を参照しながら、炭素排出量の算出を行います。その上で、各評価対象企業に算出結果を通知し、当該企業からの質問や意見を受け付ける形でエンゲージメントを行い、その結果を踏まえて、最終的な「炭素効率性」を算出します。それに基づき、当該企業が属する産業グループにおける他の企業と比較する形で 1～10 のランク付けを行い、そのランクに応じてウェイトの調整を行います。

S&P／JPX カーボン・エフィシェント指数のもう 1 つの特徴は、炭素排出量に関する開示状況も加味してウェイトを決定する点にあります。たとえば、ある企業の炭素効率性が低いとしても、炭素排出量を適切に開示している場合には、同様の炭素効率性で開示を行っていない企業と比べてウェイトが高くなります。このような設計を通じて、企業に対して炭素排出量の開示を促すことを目指しています。

　S&P／JPX カーボン・エフィシェント指数も、親指数と連動する指数であることから、パッシブ運用の投資家にとって使い勝手がよく、実際に年金積立金管理運用独立行政法人（GPIF）が採用する ESG 指数にも指定されています。

▶ S&P によるエンゲージメント。

　S&P は、算出したスコアについて評価対象企業から質問を受けた場合、必要に応じて S&P グローバルの ESG 調査部門や Trucost と連携をしながら対応をしています。もっとも、現在、それらの評価機関によるエンゲージメントを超えて、S&P の側から積極的に評価対象企業に対してエンゲージメントを行うことは通常ありません。これは、S&P が、企業を評価する立場であることから、評価対象企業へのコンサルティングに似たエンゲージメントを行うことは利益相反関係になる可能性があり、行えるエンゲージメントの内容に制約があるからです。もっとも、パッシブ投資が増加している近年の投資市場の状況から、指数算出会社の重要性・役割も変化してきており、今後、評価対象企業とどのような形で適切なエンゲージメントを行っていくか、そのあるべき姿をあらためて検討・模索していく必要があると認識しています。

　他方で、S&P が提供する指数を利用するアセットオーナーとの間では、積極的に対話を行っています。対話を通じて、指数についてさまざまな要望や助言をいただいており、これらは指数開発において非常に参考となります。

▶ 日本企業に対する要望。

　日本企業には、正確な ESG 評価を可能とするため、より充実した ESG 開示を行っていただきたいと考えています。特に、ESG の評価機関がグローバルな企業であることから、日本語を解さないアナリストも多く、英文での資料開示が非常に重要です。英文での資料開示は、海外

の機関投資家が株式投資を行うための意思決定にも不可欠であり、海外からの投資を呼び込むためにも重要だと感じています。

＊ S&P DJI Annual Survey of Assets、2020 年 12 月 31 日時点のデータ。

●番外編4●
FTSE Russell

サステナブル投資部門日本代表　森　　敦仁

企業コミュニケーションチーム　草皆美希子

1 FTSE Russell について

▶ FTSE Russell の概要。

　当社は、1698 年創立で 300 年以上の歴史を有するロンドン証券取引所（LSEG）と、Financial Times（ピアソン）が 50％ ずつ出資することにより 1995 年にインデックス会社として設立されました。その後、2011 年に LSEG の 100％ 子会社となり、また 2014 年に LSEG が買収した米国指数会社である Frank Russell 社とブランドネームを統一し、以降、現在の社名である FTSE Russell となりました。また、2016 年にはデータソリューションおよびアナリティクス分野に進出しました。

　当社は、LSEG グループの情報サービス部門を担っており、さまざまなインデックスを算出するとともに、ESG レーティング等のデータ、業種分類（ICB）、銘柄コード（SEDOL）、分析ツール等といった機関投資家向けのさまざまな情報や分析サービスを提供しています。

　なお、サステナブル投資関連については、2001 年より FTSE4Good Index シリーズの算出を開始して以来拡大を続け、約 20 年の歴史があります。

▶ **FTSE Russell が取り扱う指数の数、資産規模およびカバレッジ。**

　当社は数千の指数を取り扱っており、指数プロバイダーとしては最大の約 17.5 兆ドル規模の資産が当社の指数をベンチマークとしています。その内訳は株式 79%、債券 19%、その他 2% です。株式については「FTSE100」に代表される FTSE Global Equity Index シリーズや、米国株の Russell Index シリーズなど、債券については FTSE World Government Bond Index（WGBI）シリーズなどがあります。
　また、当社の指数は、先進国、新興国およびフロンティアの国々・地域をカバーしています。

2　ESG レーティングについて

▶ **ESG や Sustainable Index に関与している人員構成等。**

　ESG やサステナブル投資（SI）については、グローバルでは、商品開発の SI プロダクトチーム（約 20 名）、SI リサーチチーム、企業評価を行うアナリストチーム（対日本企業については主に在台湾であり、5 名〜10 名程度。日本語対応可能）のほか、企業からの問い合わせに対応する企業コミュニケーションチーム（グローバルで約 6 名。このうち 4 名が日本語対応可能）などが関与しています。

▶ **ESG レーティングの概要。**

　ESG レーティングについて、当社では環境、社会およびガバナンスの 3 つのピラー（柱）について、合計 14 個のテーマを設定し、公開しています。さらに、300 個以上の調査項目（Indicators）があり、対象

企業の開示情報に基づいて調査項目ごとに0-5の評価を行い、その結果を加重平均等によりESGレーティングを算定しています。

　また、当社のESGレーティングに関する具体的な調査項目および対象企業のスコアについては、当該対象企業に対して無料で公開しているレポートで確認することができます。こちらのレポートでは、簡単な同業他社比較（Corporate Peer Comparison、CPC）も提供していますので、対象企業は業界内の他社平均との比較を行うことができます。

▶E（環境）やS（社会）の評価項目の例。

　環境の評価項目としては、たとえば、「気候変動」のテーマにおいて、気候関連の問題に取り組む団体への所属の有無や当該団体への関与を開示しているかという評価項目があります。また、役員報酬に気候変動に関するパフォーマンスが反映される仕組みがあるかという調査項目もあります。

　社会の評価項目としては、たとえば、「サプライチェーン：社会」のテーマにおいて、職場における障がい者や女性に関する方針や比率の開示状況が調査項目となっています。また、銀行に対しては、グリーン債・サステナブル債等の発行やそのような融資の仕組みがあるかという評価項目があります。

　なお、取締役会の活動に関する環境や社会の評価項目は多くはないですが、たとえば、環境については取締役会による気候変動に関する監督の有無・内容に関する調査項目があり、社会については取締役会による従業員の健康と安全に係る監督の有無・内容に関する調査項目があります*。

▶G（ガバナンス）の評価項目の例。

　ガバナンスの評価項目としては、たとえば、「コーポレート・ガバナンス」のテーマにおいて、取締役会またはそれに準ずる会議体における

女性役員の割合が評価項目となっています。

　そのほかに、①取締役会と社長職が分離しているか、②代表権を持たない会長職と社長職が分離しているか、③独立取締役またはそれに準ずる立場の役員が存在するか、④取締役の専門性や他企業における経歴等の詳細が開示されているか等に関する調査項目があります。

▶**国際基準とのインテグレーション。**

　ESG レーティングにおけるテーマや調査項目の設定に当たっては、国連に関するもの（たとえば、国連グローバル・コンパクトの 10 原則や SDGs 等）や世界の各種規則、公的なガイダンス（たとえば、気候関連財務情報開示タスクフォース（TCFD）等）およびイニシアティブ（たとえば、Transition Pathway Initiative（TPI）等）等の世界的にスタンダードとなっている多数の国際基準をベースにしており、たとえば気候変動の開示基準については、主に TCFD の基準に準拠しています。

3　対話やコンタクトについて

▶**対象企業との対話やコンタクトの方法等。**

　対象企業が、評価対象企業向けポータルサイト（企業ポータル）等に掲載されているレポート等に質問がある場合は、原則として、当社の企業コミュニケーションチームにメールでコンタクトいただく方法があります。

　対象企業に対し、年 1 回のレーティングに関する初期調査を行った上で、その結果を各企業にポータル上で公開しています。初期調査の送付後の約 4 週間は各企業によるレビュー期間としており、対象企業はその期間に当社の初期調査の結果に対するフィードバックを行うことが

できます。

　その際、情報のアップデートについてご指摘いただくこともあります。ただし、当社は、開示情報のみに基づいて評価していますので、公開されていない情報は評価対象とならず、エビデンスとしては認めていません。

▶日本企業と対話等を行う際の人員体制・言語。

　前述のとおり、対象企業からの問い合わせやコンタクトに対しては、企業コミュニケーションチームに在籍する６名で対応しています。

　また、当社は、英語のみならず、ローカル言語での開示も、エビデンスとして認めており、多言語に対応できる評価体制を整えています。

　コミュニケーションについては、英語のみですと、日本企業によっては詳細な対応が難しいところが多いので、当社では、日本語での対応を充実させています。

▶対象企業に対するコンサルティングを行わないことについて。

　当社は、対象企業を評価する立場にあるため、スコア向上のためのコンサルティング等は利益相反となるため行っていません。

　そのため、対象企業の方とやり取りをしている中で、評価を上げる方法等に関する質問を受けることがありますが、そのような質問、相談には回答しかねる旨を説明させていただいています。

▶指数を採用するアセットマネジャーやアセットオーナーとのコンサルテーション・対話。

　アセットマネジャーやアセットオーナーとのコンサルテーションは必要に応じて行っています。具体的には、個々のインデックスのパフォーマンスの説明や（あれば）インデックスのグランドルールの改定に関す

る意見の募集等の場合にコンサルテーションを行っています。

▶ **ESG レーティングにおける今後の課題。**

　ESG に関する情報の開示については、世界のスタンダードに基づいて判断していますが、今後は、規模の大きな企業だけではなく、中小企業や新規企業においても、世界基準に沿って ESG 情報を開示することの重要性を理解していただき、裾野を広げていくことが重要と考えています。現状では、人員体制等の問題から、ESG 情報の開示に積極的に取り組むことが難しい中小企業や新規企業も存在しており、より多くの企業の皆様に ESG 関連情報を開示していただけるように、当社としても企業に向けた情報発信、サービスの提供を充実させることが今後の課題であると認識しています。

4　指数について

▶ **指数全般について。**

　当社には、ESG レーティングに基づいて企業を選定した指数として、FTSE4Good Index シリーズ、FTSE Divest-Invest Index シリーズや FTSE Environmental Markets Index シリーズ、気候変動に特化したインデックスである TPI Climate Transition Index シリーズ等がありますが、中でも 2001 年から算出を行っている FTSE4Good Index シリーズがよく知られており、運用残高も最も大きいです。日本では、優れた ESG レーティングの日本企業を投資対象にした FTSE Blossom Japan Index が企業にも広く認知いただいているかと思います。

　なお、そのほかには、幅広い企業を構成銘柄に含めた上で、ウェイト

調整を行うティルトの指数として、FTSE ESG Index シリーズ、FTSE All-World ex-CW Climate Balanced Factor Index、FTSE Green Revenues Index シリーズ等があります。

▶「FTSE Blossom Japan Index」について。

　FTSE Blossom Japan Index は、FTSE4Good Japan Index の ESG 評価スキームを用いた指数です。本指数は FTSE Japan All Cap Index を親指数として、ESG 評価が 3.3 以上の銘柄を組み入れたインデックスであり、2021 年 10 月時点における構成銘柄数は 229 です。なお、本指数は、年金積立金管理運用独立行政法人（GPIF）に採用いただいていますが、他社でも利用されています。

　また、2020 年 12 月から本指数の親指数を、それまでの FTSE Japan Index から、小型株を含む FTSE Japan All Cap Index に切り替え、ユニバースを拡大させたことには、比較的規模が小さな企業へのエンゲージメントを図るとともに、日本企業への ESG レーティングの理解の裾野を広げていくことを目指しているという背景もあります。

5　その他

▶上場企業とのリレーションシップ。

　当社は、ESG レーティングの基準や評価方法を、透明かつシンプルでわかりやすくすることで、対象企業に加えて、投資家（アセットオーナー）やアセットマネジャーに利用しやすくすることを目指しています。具体的には、対象企業には当社の基準が企業にとって合理的であり、それに沿った形で ESG 情報等を開示していれば問題ないと思っていただけるようなものにしたいと考えています。また、投資家やアセッ

トマネジャーには当社の基準等を用いてポートフォリオのESGリスク
を管理したり、商品を提供したり、企業と対話していただけるようにし
たいと考えています。

　さらに、当社のESGレーティングの基準について、対象企業から、
個別の解釈を質問いただくことがあります。このような質問にはもちろ
ん対応しますが、当社のスタンスとしては、そのような質問が出ないよ
うに、わかりやすくシンプルな基準を作成し、投資家、対象企業および
アセットマネジャーの皆様ができる限りストレスのない形で、ESG
レーティングやその基準等を理解いただき、利用できるようにすること
が求められていると考えています。

▶ 近年のESGレーティングや指数プロバイダーへのニーズ。

　気候変動への対応やESG投資が増えるに従って、調査会社やイン
デックス会社へのニーズは高まっていると感じています。当社は世界の
スタンダードを反映した透明なメソドロジーの下、企業の開示情報によ
る評価を行い、多様化する投資家からのESG関連インデックスへの
ニーズに応えていきたいと考えています。

　特に、当社のESGレーティングは、透明かつシンプルなメソドロ
ジーに基づいて行うことで、実際に評価を受ける対象企業サイドに、調
査に対する過度な負担をかけないようにすること、また各企業の実務に
支障のない形で調査に協力いただけるようなわれわれの体制を整えるこ
とも重要だと考えています。

▶ ESGレーティングの透明性。

　当社による評価は開示情報に基づいており、対象企業に対して質問事
項を送付して情報収集したり、個別対応を評価に反映することは行って
いませんので、メソドロジーが透明かつシンプルであることとも相まっ
て、ESGレーティングの評価プロセスが、できる限り投資家、対象企

業およびアセットマネジャーの皆様にも、公平に見える形で実施されるように心掛けています。今後も当社のこのような評価方法を追求していきたいと思っています。

▶**今後の課題。**

　投資という観点から、ESG を使ったインデックスが長期的なパフォーマンスにつながることを示していくことが重要だと思っています。幸いにも当社の ESG 関連のインデックスはこれまででベンチマークを上回っているものが多いです。今後も、ESG がコストやボランティアではなく、利回りの良い投資であるということを投資家や対象企業の皆様にご理解いただけるようなインデックスを目指していくことが当社の課題であると考えています。

＊業種分類（ICB）や事業内容によって適用の有無やエクスポージャー（スコア反映への基準ウェイト）が異なる場合があります。

第 **4** 編

投資家イニシアティブ

投資家イニシアティブとは

弁護士　澤口　　実
弁護士　松下　　憲
弁護士　桑原周太郎
弁護士　保坂　泰貴

1 はじめに

　近時、投資家イニシアティブの活動が活発になってきている。

　COP26 の開催期間中の 2021 年 11 月 3 日、カーボンニュートラルにコミットする既存の投資家イニシアティブ等の連合イニシアティブである Glasgow Financial Alliance for Net Zero（GFANZ）は、参加金融機関の資産規模が 130 兆米ドルにまで拡大したと発表した。このイニシアティブは、アセットオーナーの Net-Zero Asset Owner Alliance（AoA）、運用会社の Net Zero Asset Managers initiative（NZAM）など、多数のイニシアティブが参加しており、参加金融機関は 45 カ国から 450 を超え、2050 年までのネットゼロ達成を目指して 100 兆ドルを超える資金を投資等できると宣言している。多くの機関投資家を含む参加金融機関は、科学的根拠に基づく高い目標を達成することをコミットしており、進捗状況等のレポートを毎年提出することが求められる。投資家イニシアティブについては、本書の中でも、機関投資家から、「現在、世界中で ESG のルール作りの主導権争いが起きて」いること、そのために「ESG に関するイニシアティブへの積極的な参加」が重要といった指摘があった（本書 85 頁）。

　このように、投資家イニシアティブと呼ばれる、機関投資家のネットワークや活動が拡大・活発化するとともに、その上場企業への影響力が増大している。以下では、投資家イニシアティブの活動状況や、活発化

し影響力が増大している理由、さらには個別の投資家イニシアティブの
うち主要なものを概観してみたい。なお、本稿で取り上げる投資家イニ
シアティブは、主として株式投資を行う機関投資家がかかわるものであ
る。

2 投資家イニシアティブとは

1 活発な活動状況

　投資家イニシアティブの活発な動きは機関投資家の開示からも窺え
る。日本のスチュワードシップ・コードは、機関投資家に対し、各種方
針等の公表や顧客・受益者への定期的報告を求めているため、多くの機
関投資家がスチュワードシップ・レポートを作成して公表している。そ
のレポートの中でも、参画するイニシアティブ数や、イニシアティブを
通じた活動の状況に関する記載が、毎年増加してきている。
　たとえば、りそなアセットマネジメントが作成した「Stewardship
Report　2020/2021」では、参画する国内・海外の投資家イニシアティ
ブについて、詳細な説明を行っている[*1]。その中で、参画する海外の
イニシアティブについて、主たる活動領域が ESG と D（ディスクロー
ジャー）のいずれに属するかで分類し（次頁参照）、その概要やそれを通
じた取組みの状況をまとめておりわかりやすい。
　この投資家イニシアティブは、投資先企業に対して多様なエンゲージ
メント活動を行っている。
　たとえば、Climate Action 100+ は、2017 年に誕生した気候変動に
フォーカスした投資家イニシアティブであるが、地域別のネットワーク
と PRI が活動をリードし、合計 60 兆ドルの資産を保有・運用する 615
以上の機関投資家が参加している。ネットゼロ達成の鍵を握るとする企
業（現時点では 167 社）と、温室効果ガスの排出削減を後押しするエン
ゲージメント活動を行うとしている。対象とされた企業の中には著名な
日本企業も 10 社[*2]含まれている。対象とされた企業には、Climate
Action 100+ に参加する多数かつ影響力の大きな機関投資家から、温室

りそなアセットマネージメントの Stewardship Report 2021/2022 より

■ 参画中の各プラットフォームの活動領域

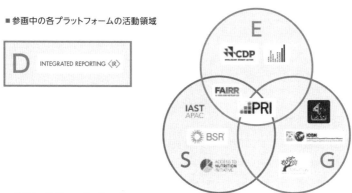

■ 参加中の協働エンゲージメント

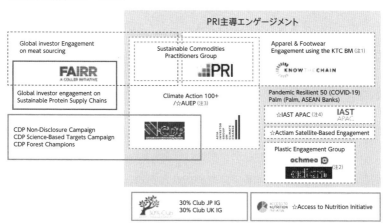

(注1) KTC: KnowTheChain, ICCR: Interfaith Center on Corporate Responsibility
(注2) Achmea IM, Actiam: オランダの運用会社でPRIの署名機関、プラスチックのエンゲージメント・グループの取り纏めを行っている
(注3) AUEP: Asian Utilities Engagement Program
(注4) IAST APAC: Investors Against Slavery and Trafficking APAC Collaborative Engagement

■ 参画中の海外プラットフォーム

プラットフォーム	概要	参画時期
PRI：Principles for Responsible Investment	国連が2005年に公表し、機関投資家等が投資意思決定プロセスに投資先の環境、社会、ガバナンス課題への取り組みを反映することを署名した投資原則	2008年3月
CDP	世界の大手企業(日本企業は500社が対象)に対し、温室効果ガスの排出量や削減の取り組み等の開示を求めるレターを、趣旨に賛同する機関投資家の連名で送付し、環境問題への取り組みを促す活動	2017年4月
AIGCC：The Asia Investor Group on Climate Change	2016年9月、シンガポールでGlobal Investor Coalition (GIC)の一部門として設立。気候変動と低炭素投資に関連するリスクと機会について、アジアのアセットオーナーと金融機関の間で認識を高めるためのイニシアチブ	2020年5月
FAIRR：Farm Animal Investment Risk & Return	英コラーキャピタルのジェレミー・コラー創業者が2015年に発足した投資家の食品産業の関連イニシアチブ。集約的な投資家ネットワークであり、食品や水産業の生産過程で引き起こされるESGのリスクと機会の重要性を発信する	2020年1月
BSR：Business for Social Responsibility	1992年設立。本社はサンフランシスコ。アジア、ヨーロッパ、北米の拠点から、コンサルティング、リサーチ、クロスセクター・コラボレーションなどを通じて、持続可能なビジネス戦略とソリューションの開発に取り組んでいる非営利団体	2019年11月
AGCA：Asian Corporate Governance Association	1999年、香港で設立。20年間にわたり、独立した研究、擁護、教育を通じて、アジアにおけるCGの規制と実践の体系的な改善を促進に取り組む	2020年5月
ICGN：International Corporate Governance Network	1995年にワシントンDCで設立。コーポレート・ガバナンス(CG)の課題に関わる情報や見解をグローバルに交換できる場であり、ガバナンス基準やガイドラインを設定し、CGの実践を遂行するために支援・助言を行う機関	2020年4月
30% Club UK Investor Group	2010年英国にて設立。スチュワードシップに基づき、株主利益の最大化を目的に、投資先企業に対して取締役会の多様性を働きかけるアセットオーナーとアセットマネージャーからなるWG	2019年12月
IIRC：International Integrated Reporting Council.	国際統合報告評議会	2018年6月

■ 参加中の海外エンゲージメント

活動プラットフォーム	エンゲージメント名	ESG分類	参画時期
PRI	Climate Action 100+	気候変動	2018年5月
CDP	CDP Non-Disclosure Campaign	気候変動	2020年4月
CDP	CDP SBT Campaign	気候変動	2020年9月
PRI (Ceres)	☆Sustainable Commodities Practitioners Group (旧 IISF：Investor Initiative for Sustainable Forests)	環境/森林破壊	2021年7月(2017年9月)
PRI	☆Sustainable Commodities Practitioners Group (旧Sustainable Palm & Soy)	環境/森林破壊	2021年7月(2018年10月)
Achmea IM/Actiam	Plastic Engagement Group	環境/森林破壊	2020年8月
FAIRR-Ceres	Global investor engagement on meat sourcing	食の安全/気候変更	2019年12月
FAIRR	Global investor engagement on Sustainable protein supply chains	食の安全/気候変更	2020年1月
PRI	Pandemic Resilient 50 Investor Working Group	COVID-19	2020年8月
PRI-ICCR	Apparel & Footwear Engagement using the KTC BM	人権/労働慣行/サプライチェーン	2019年4月
30% Club UK	30% Club UK Investor Group	ガバナンス/情報開示	2019年12月
☆Actiam	Phase 2 for Satellite - Based Engagement	環境/森林破壊	2021年2月
☆IAST APAC	Investors Against Slavery and Trafficking APAC Collaborative Engagement	人権/労働慣行/サプライチェーン	2021年3月
☆AIGCC	Asian Utilities Engagement Program (AUEP)	気候変動	2021年4月
☆ATNI	Access to Nutrition Initiative	栄養	2021年6月

■ 署名済みの投資家声明

活動プラットフォーム	ステートメント名	ESG分類	参画時期
PRI	PRI Just Transition on Climate Change	気候変動	2018年11月
PRI/CA100+	Investor Expectations on Climate Change for Airlines and Aerospace Companies	気候変動	2019年12月
FAIRR	Global Investor Statement on Antibiotics Stewardship	食の安全	2018年10月
KTC/ICCR/PRI	Investor Statement on Coronavirus Response	COVID-19	2020年5月
PRI	UNGP Reporting Framework Investor Initiative	人権/労働慣行/サプライチェーン	2016年10月
PRI	INVESTOR EXPECTATIONS ON LABOUR PRACTICES IN AGRICULTURAL SUPPLY CHAINS	人権/労働慣行/サプライチェーン	2018年2月
KTC/PRI-ICCR	KnowTheChain Investor Statement Investor Expectation on Addressing Forced labor in Global Supply Chains	人権/労働慣行/サプライチェーン	2019年5月
IIRC	国際統合報告評議会	ガバナンス/情報開示	2018年6月
☆FfB Pledge	Finance for Biodiversity Pledge	環境/生物多様性	2021年5月
☆Investor Agenda	The Investor Agenda for Government Action on the Climate Crisis in 2021	気候変動	2021年5月
☆PRI	Public Comment on the SEC on CLIMATE CHANGE DISCLOSURE	気候変動/情報開示	2021年6月
☆FAIRR	Where's the beef?	気候変動/環境	2021年10月

☆：追加されたエンゲージメントおよびコメント

効果ガス排出削減についての対話が継続的に求められることとなる。本書の中でも、CalSTRS や CalPERS の日本企業に対するエンゲージメントとして紹介したのがこのイニシアティブの活動であった（本書117頁、122頁）。

2　投資家が活動を活発化させている理由

　機関投資家といっても多様であり、アクティブ投資家かパッシブ投資家かによっても投資家イニシアティブへのスタンス・温度感には相違があるようであるが、多くの機関投資家がイニシアティブと呼ばれるネットワークや活動を拡大・活発化させている点について共通した理由はいくつか考えられる。

　1つは、上場企業への影響力の増大である。国際的な投資家イニシアティブでは、参加する機関投資家が保有・運用する資産を合計すればその規模が10兆ドルを超過していることも珍しくない。運用資産規模の大きさは、行使できる議決権の多さに直結し、結局のところその影響力の大きさに結びつく。この点を自覚した機関投資家が、市場全体に対する影響力の強化を狙ってイニシアティブを組成しているといえよう。

　また、パッシブ投資の増加も理由の1つである。ベンチマークとするS&P500、MSCI ACWI、TOPIX などの指数と同様の成果を目指すパッシブ投資は年々その規模が大きくなっており、2020年には世界全体で20兆ドルを超過するともいわれている[*3]。このパッシブ投資では投資先企業数が多くなることから、投資先企業に個別に行うエンゲージメント活動に割り振れる労力やコストには自ずと限界がある。そのようなパッシブ投資家にとって、イニシアティブへの参加は、協働エンゲージメント活動により、そのコストを分担・合理化する意義がある。

　さらに、ESG 投資の増加も、投資家イニシアティブの活発化の理由として重要である。財務情報だけではなく E（Environment）、S（Social）、G（Governance）の要素も考慮した ESG 投資は近時急激に増加しており、2020年時点で投資資産規模は35兆ドルを超過し[*4]、現時点ではさらに急速に増大しているといわれている。その ESG 投資の手

法は多様であるが、そのうち、ESG の課題について株主として企業に
対して働きかけるエンゲージメントの手法にとって、イニシアティブへ
の参加がこの手法の実践といえる。また、ESG 指向を高めるアセット
オーナーや最終受益者・顧客へのアカウンタビリティの観点もある。い
ずれにしろ、ESG 投資とイニシアティブは相性のよい組合せといえる。

　そして、以上のような投資家イニシアティブの影響力の大きさから、
冒頭で紹介したように、機関投資家やそのグループ、さらにはアセット
オーナーの背後に存する母国政府などの多様な思惑がからんで、主導権
争いの様相を呈していることも否定できない。特にルール形成途上の
ESG 分野においてはその傾向が強いといわれている。そもそも、この
ような目的や動きはイニシアティブ（initiative）の語源とも合致してい
るともいえる。

3　企業に対して影響力が増大している理由

　近年、上場企業における機関投資家の株式保有比率が増加しているの
で、その機関投資家のイニシアティブが上場企業に対して大きな影響力
を有すること自体はあらためて説明するまでもないであろう。

　このことを「ソフトロー」や「資本市場からの規律」といった視点で
次のように整理することも可能である。

　近時、上場企業の活動を制約する規範として、制定法（ハードロー）
以外のものに注目が集まっている。その１つが、「ソフトロー」と呼ば
れる、制定法ではないが一定の拘束力を有する規範であり、コーポレー
トガバナンス・コードや国連ビジネスと人権に関する指導原則などであ
る。もう１つが、「資本市場の規律」と呼ばれる、上場企業に大きな影
響力を与える投資家、特に存在感を高めている機関投資家からの要求で
ある。「資本市場の規律」は、制定法ではないが拘束力をもつ規範とし
ては、「ソフトロー」の類型の１つともいえる。その「資本市場の規律」
のわかりやすい具体例が、多数の機関投資家が参加する投資家イニシア
ティブである。

　そして、ソフトローが一定の拘束力を有するためには、それが公表さ

れて伝播し利害関係者の多くに受容される必要があり、一定期間を要するのが通常である。この点、投資家イニシアティブをソフトローの一種としてみると、投資家イニシアティブに多くの機関投資家が参加することは、この受容のプロセスを短期化することにつながり、短期間で一定の拘束力を獲得する意味合いもある。

4　プラットフォーム、ネットワーク、エンゲージメント、ステートメント

　投資家イニシアティブに限らず、「イニシアティブ」という用語の使われ方は多様である。

　しかし、大きく区分すれば、同じ指向をもった組織や個人の集まりという意味と、それらの集まりが行う活動という意味で使われることが多い。投資家イニシアティブにおいて、前者の意味で使われる場合は「プラットフォーム」や「ネットワーク」と言い換えることも可能であり、後者の意味で使われる場合は「エンゲージメント」や「ステートメント」と言い換えられることが比較的多い。

　PRI を例にすれば、責任投資原則に署名した機関投資家が集まるプラットフォームとして機能しており、その意味で PRI をイニシアティブと呼ぶことが多い。一方で PRI に署名した機関投資家においても、そこでのネットワークを活用しながらも、より多様なエンゲージメント活動、たとえば、前記のとおり他のネットワークと協働して Climate Action 100+ と呼ばれる活動が行われており、これらの活動自体のことをイニシアティブと呼ぶこともある。

　ただし、これらの区分は相対的なものであり、必ずしも明確ではない。PRI にしても、その名前が示すところ、出発は責任投資原則という6カ条からなるステートメントへの署名活動からスタートしたのであり、当初はプラットフォームの意味合いは薄かった。活発な協働エンゲージメントがネットワークとして機能し出すこともある。また、それぞれのプラットフォームやネットワークは排他的な関係にはないので、同じ機関投資家が多数のプラットフォームに参加するのが通常であり、

しかもそれらのプラットフォームの役割には重複が少なくない。さらに、イニシアティブは次々と誕生し、また、人知れず消えていくものも少なくない。

　したがって、投資家イニシアティブは、投資家のネットワークや協働エンゲージメント活動の意味で使われる概念であるが、多義的で変化する概念としてとらえておくのがよさそうである。

３　主要な投資家イニシアティブ

　前記したプラットフォームやネットワークという意味での投資家イニシアティブのうち、いくつかの概要を以下で紹介する。日本企業が接点をもつことが多いものを中心に、紙幅が許す範囲で取り上げるものの、紹介できるのは投資家イニシアティブのごく一部にすぎず、また、新しい投資家イニシアティブが次々と誕生している。

　投資家イニシアティブの影響力の大きさは、参加する機関投資家の影響力、つまり保有・運用する資産規模によるところが大きいので、自ずと国際的な投資家イニシアティブが多くなった（言い換えれば、影響力の強い投資家イニシアティブはすべて国際的なものともいえる）。ただし、参考までに日本国内の投資家イニシアティブも最後に紹介している。

　ESG分野での投資家イニシアティブの活動が目立つことから、ESGの視点で、活動の中心を環境、社会、ガバナンスのどの分野に置くか等によって投資家イニシアティブを分類して紹介するが、その境界は徐々に曖昧になりつつある。

　なお、企業も機関投資家も参加するイニシアティブも多くあるが、投資家の影響力が特に強いものを除き、本稿では原則として取り上げない。

1　全般

UNEP FI（UNEP Finance Initiative）　は、UNEP（United Nations Environment Programme）と金融機関のサステナビリティに関するイニ

シアティブである。UNEP は、1972 年ストックホルム国連人間環境会議で採択された「人間環境宣言」および「環境国際行動計画」の実行機関として同年の国連総会決議に基づき設立された国連の環境分野における主要機関であるが、UNEP FI は、その UNEP が金融機関、特に投資家の力に着眼してリードしたイニシアティブといえる。2021 年 11 月時点で、400 以上の金融機関が参加している。多様な活動の中でも最も成果を上げたのは、2006 年に UNGC（United Nations Global Compact）とともに PRI を設立したことといえるが、投資分野以外にも 2012 年には保険分野の PSI（Principles for Sustainable Insurance）を、2019 年には銀行分野の PRB（Principles for Responsible Banking）を設立している。投資分野では PRI と協働した活動を行うほか、独自にも環境関連のレポートや提言を活発に行っている。

　PRI は、機関投資家のサステナビリティに関するイニシアティブであるが、投資における ESG の重視に伴い、多数存する投資家イニシアティブの中でもその中心になりつつある。2021 年 11 月時点で、121 兆ドル超の資産を保有・運用する 3,800 社以上の機関投資家が参加している。責任投資原則に署名した機関投資家の活動をサポートするイニシアティブであり、署名機関に年次報告を求め、その評価や公表を活動の中核に据えているが、その他にも多様なエンゲージメント活動をリードしたり、新たなステートメントを公表するなどしている。詳細は、本書に掲載の「機関投資家に聞く（番外編 1）PRI」を参考にしていただきたい。

2　環境関連

　気候変動対応を企業に求める機関投資家ネットワークのうち、地域別のネットワークとしては、欧州の IGCC（Investor Group on Climate Change）、米国の Ceres（Coalition for Environmentally Responsible Economies）、アジアの AIGCC（Asia Investor Group on Climate Change）、オセアニアの IIGCC（Institutional Investors Group on Climate Change）がある。前記した Climate Action 100+ は、この 4 つのネットワークと PRI がリー

ドする全世界的なイニシアティブである。

　また、この４つのネットワークは、GIC（Global Investor Coalition on Climate Change）と呼ばれる統合的なイニシアティブを形成したり、さらに PRI、UNEP FI および CDP とともに Investor Agenda と呼ぶ、パリ協定の目標達成に向け投資家が起こすべき行動をまとめた Global Investor Statement to Governments on Climate Change という宣言を出している。

　このうち AIGCC は、2016 年に前身である AsrIA（Association for Sustainable and Responsible Investment in Asia）から新組織として誕生した、アジア地域における機関投資家の環境分野のイニシアティブである。2021 年 11 月時点で、26 兆ドルの資産を運用する 57 の機関投資家等が参加しており、日本からも機関投資家 6 社やイニシアティブが参加している。

　CDP は、2000 年に設立された企業に対して気候変動に関する情報開示を求めるイニシアティブである。当初は Carbon Disclosure Project が正式名称であったが、活動対象が水資源や森林破壊の問題へ拡がるのに伴い、略称である CDP に正式名称が変更された。サステナビリティ分野の開示フレームワークの１つとしてみると、機関投資家を早期にメンバーの中核に招いた点に特徴がある。2021 年 11 月時点で、110 兆ドル超の資産を運用する 590 以上の機関投資家が CDP を通じて企業に対して開示を要求している。その中心的な活動は、企業への質問とその回答結果の分析・公表であり、企業活動のスコアリングもしている。

　冒頭で紹介した Climate Action 100+ は、参加する機関投資家が対象企業に対して協働してエンゲージメントを行うことを目的とするイニシアティブである。具体的には、主として、①気候変動リスクに関する取締役会の説明責任と監督を明確にするガバナンス体制の構築（「ガバナンス」）、②各バリューチェーンにおけるパリ協定の目標に沿った温室効果ガスの削減に向けた活動（「アクション」）、③投資家が企業の気候に対する計画を評価できるような TCFD（Task Force on Climaterelated Financial Disclosures）等に沿った情報開示の強化（「情報開示」）を共通

のアジェンダとし、対象企業ごとにリード投資家の先導の下、協力する他の投資家と協働してエンゲージメントを行うとされる。

Net Zero Asset Managers initiative は、アセットマネジメント業界のネットゼロ達成に向けた取組みの活性化を目的とするイニシアティブである。2020年に設立され、2021年12月時点で、220のアセットマネージャーが参加しており、その合計運用資産は約57兆ドルである。このイニシアティブは、上記の Investor Agenda により承認され、IGCC、Ceres、AIGCC、IIGCC、CDP、PRI の6つのネットワーク（Network Partners と総称されている）により管理されている。2050年までのネットゼロや、気温上昇1.5度などを目標として掲げている。

TPI（The Transition Pathway Initiative）は、低炭素経済へ向けた企業のパフォーマンスや移行状況を投資家が評価することを目的として、英国環境保護庁年金基金と英国国教会 NIBs（National Investing Bodies）の主導のもとで2017年に設立されたイニシアティブである。2021年12月時点で、アセットオーナーや運用会社を含む116の投資家が参加しており、その合計運用資産は39兆ドル以上に及ぶ。ロンドン・スクール・オブ・エコノミクス（LSE）のグランサム研究所がアカデミックパートナーとして参画し、セクターや企業の評価に関する方法論を考案・提供しているほか、データプロバイダーとして FTSE Russell、アドミニストレーションパートナーとして PRI が関与している。TPI は、企業の公開情報や FTSE Russel からのデータを用いて、企業における温室効果ガスの管理状況、低炭素経済への移行に関する企業のリスクや収益機会などの分析・評価を行っている

3　社会・人権関連

FAIRR（Farm Animal Investment Risk & Return）は、2015年に設立された機関投資家の畜産業に関するイニシアティブである。2021年11月時点で、38兆ドルの資産を運用する260以上の機関投資家が参加している。畜産分野の食品の安全性を通じて投資のリスクをミニマイズするとして、世界的な食品大手企業60社を対象として、環境・社会・ガ

バナンスに関する 10 の観点から格付け（Coller FAIRR Protein Producer Index）を行うなどしている。

　IAHR（Investor Alliance for Human Rights）は、2018 年に設立された機関投資家の人権分野のイニシアティブである。2021 年 11 月時点で、6 兆ドル以上の資産を運用する 200 以上の機関投資家が参加している。アセットオーナーと運用会社向けにビジネスと人権に関する指導原則の投資家実践ガイド「Investor Toolkit on Human Rights」を発行し、そこで人権デューデリジェンスのあり方等をまとめるなど、人権に関する投資家責任の実践に向けた活動を行っている。

　IAST APAC（Investors Against Slavery and Trafficking Asia-Pacific）は、現代における奴隷制度や人身売買を防止することを目的とする、アジア太平洋地域の投資家から構成されるイニシアティブである。オーストラリアの First Sentier Investors を始めとする同国やアジアの機関投資家が主導するイニシアティブで、その運用資産は、2021 年 12 月時点で約 4.27 兆米ドルである。オーストラリアの現代奴隷法に基づき同国の企業が行うべき報告の促進に加え、より広いアジア太平洋地域における企業との対話、という大きく分けて 2 種類の活動を行っている。

4　ガバナンス

　CII（Council of Institutional Investors）は、1985 年に設立された米国の公的年金基金を中心とした機関投資家のコーポレートガバナンスに関するイニシアティブである。2021 年 11 月時点で、4 兆ドルの保有資産、35 兆ドルの運用資産を有する 140 を超える機関投資家が参加している。多様な活動をしているが、詳細にわたるコーポレートガバナンスに関する policy を公表しており、たとえば米国で拡大するバーチャルオンリー型株主総会に対しては否定的な立場をとっている。

　ICGN（International Corporate Governance Network）は、1995 年に CalPERS のリードにより設立された、世界規模の機関投資家のコーポレートガバナンスに関するイニシアティブである。2021 年 11 月時点で、59 兆ドルの資産を運用する、北米・欧州を中心とする 39 カ国の機

関投資家が参加している。多様な活動をしており、ICGN が十分と考えるコーポレートガバナンスの体制の基準を示すものとして公表しているガバナンス原則が有名である。日本のスチュワードシップ・コードやコーポレートガバナンス・コードへの意見表明も積極的に行っている。

　ISG（Investor Stewardship Group）は、2017 年に設立された、米国の上場企業に投資する機関投資家のコーポレートガバナンスに関するイニシアティブである。2021 年 11 月時点で、32 兆ドルの資産を運用する 70 以上の機関投資家が参加している。投資家向けのスチュワードシップ活動に関する原則である Stewardship Framework for Institutional Investors と、米国上場企業のコーポレートガバナンスに関する原則である Corporate Governance Principles for US Listed Companies を公表している。米国企業への影響力が強く、後者の原則への対応状況を開示する米国企業は少なくない。

　ACGA（Asian Corporate Governance Association）は、1999 年に設立された、アジアの機関投資家を中心としたコーポレートガバナンスに関するイニシアティブである。2021 年 11 月時点で、36 兆ドル以上の資産を保有・運用する 110 の機関投資家が参加している。CG Watch と呼ばれるアジア・太平洋地域における 12 の市場のコーポレートガバナンスのスコアの公表などでその名を目にする企業関係者も多い。

　30% Club は、2010 年に英国で設立された企業と投資家のイニシアティブであり、世界中の企業における取締役や C-Suite（ＣｘＯなどの経営幹部）の女性比率を 30% にすることを目標に掲げている。取締役会のダイバーシティに賛同する企業の会長や CEO をメンバーとし、ビジネス界自身が女性取締役の増加に取り組む点に特徴があるが、同時に 30% Club Investor Group と呼ばれる機関投資家ワーキンググループもあり、運用資産の多い機関投資家が多数参加し、イニシアティブの影響力を高めている。その結果、2015 年には FTSE100 企業において女性取締役ゼロの企業はなくなり、大きな成果を上げた。英国の 30% Club のとりわけ機関投資家ワーキンググループの共同エンゲージメントの成果に呼応して、30% Club は世界的な広がりをみせ、日本においても 2019 年に

30% Club Japan および 30% Club Japan Investor Group が設立され、2030 年を目途に TOPIX100 企業における女性役員の比率を 30％とすることを目標に掲げている。

5 日本

最後に日本で活動する投資家イニシアティブも紹介しておく。前述した国際的な投資家イニシアティブとは規模や形態に大きな差異があり、個人参加のものも存する。

投資家フォーラムは、2015 年に設立された、機関投資家のファンドマネジャー・アナリスト等が個人の資格で参加するイニシアティブであり、投資家ファーラム会合と呼ぶ議論の場を設け、その内容等を対外発信する活動を行っている。

機関投資家協働対話フォーラムは、2017 年に設立された一般社団法人の形態をとる、パッシブ運用の機関投資家を中心に組織されたイニシアティブであり、ガバナンス関係を中心に、複数の機関投資家による企業との協働対話（協働エンゲージメント）の支援を行っている。2020 年4 月時点で、参加する機関投資家は 7 社である。

ジャパン・スチュワードシップ・イニシアティブは、2019 年に設立されたイニシアティブであり、アセットオーナーとアセットマネージャーとの関係のベストプラクティスの形成に向けて活動している。2021 年 9 月 28 日時点で、法人 52 団体が参加している。

スチュワードシップ研究会は、2014 年に設立された一般社団法人の形態をとる機関投資家のイニシアティブであり、機関投資家間の勉強会・意見交換会の開催などの活動を行っている。2021 年 3 月時点で、法人または個人の約 100 の会員から構成されている。

日本サステナブル投資フォーラムは、2004 年に特定非営利活動法人としての法人格を取得した、サステナブル投資（社会的責任投資（SRI）、ESG 投資等）の普及・発展を目的としたイニシアティブであり、2020 年12 月末日時点で、法人または個人の約 120 の会員から構成されている。

＊1　https://www.resona-am.co.jp/investors/pdf/ssc_report2020-2021.
pdf

＊2　ダイキン工業、ENEOS ホールディングス、日立製作所、本田技
研工業、日本製鉄、日産自動車、パナソニック、スズキ、東レ、トヨタ
自動車。

＊3　PwC, Asset Management 2020 : A Brave New World, available
at https://www.pwc.com/gx/en/industries/financial-services/asset-
management/publications/asset-management-2020-a-brave-new-world.
html.

＊4　Global Sustainable Investment Alliance, 2020 Global Sustainable
Investment Review, available at http://www.gsi-alliance.org/wp-
content/uploads/2021/08/GSIR-20201.pdf.

第 **5** 編

座 談 会

〔座談会〕機関投資家に聞く

三井住友ＤＳアセットマネジメント 上席参与　藏本祐嗣

インベスコ・アセット・マネジメント日本株式運用部 ヘッド・オブ・ESG　古布　薫

アストナリング・アドバイザー 代表　三瓶裕喜

弁護士（司会）　澤口　実

　2020年4月から掲載開始した「〈連載〉機関投資家に聞く」では、番外編も含め、34回にわたり、国内外のアセットマネージャー、アセットオーナー、スチュワードシップサービスプロバイダー、投資家イニシアティブ、指数プロバイダーという多様な機関投資家とその関係者をインタビューしてきた。本座談会は、連載の性質上話題にすることが難しかった、各インタビューの前提となる機関投資家一般に関する質問や、企業側の率直な疑問などについて各参加者から回答を得ることで連載を締めくくるものである。連載開始時に掲げた「企業と機関投資家の間の情報ギャップの解消とそれによる両者の対話の実質化」に本座談会もお役立ていただければ幸いである。（旬刊商事法務編集部）

１　はじめに

　○澤口　旬刊商事法務では、2020年4月から、「機関投資家に聞く」と題した連載をしてきました。機関投資家と上場企業の対話はますます重要ですが、上場企業、特に旬刊商事法務の読者に多いSR担当者が、対話の相手である機関投資家を理解することが、対話の意義をより高めると考え、機関投資家のスチュワードシップ活動の責任者に、自社やそのエンゲージメント活動を語っていただきました。その連載も30回余で終了しました。今回は、機関投資家の論客の皆さんに集まっていただき、連載では話題とすることが難しかった事項を補足する意味も兼ね、機関投資家やその周辺の重要な関係者について語っていただければと思

います。本日はそれぞれの皆さんの属する組織の見解ではなく、あくまで個人の意見としてのご発言をお願いいたします。

　司会は弁護士の澤口実が務めさせていただきます。まず簡単に自己紹介をお願いします。

　〇藏本　三井住友ＤＳアセットマネジメントの藏本です。私は 2000 年ぐらいから、議決権行使をはじめとするいわゆるスチュワードシップ活動を、たとえばリサーチのヘッドや運用企画などの業務をしながら、担当してきました。2021 年夏までは、合併前の旧大和住銀投信投資顧問、経営統合後の三井住友ＤＳアセットマネジメントで、責任投資オフィサーとして、ESG 議決権行使、さらにリサーチに対して非財務情報の分析を含む方針などを決める立場にありました。よろしくお願いします。

　〇三瓶　アストナリング・アドバイザー代表の三瓶です。現在は、上場企業の企業価値向上への助言および機関投資家のスチュワードシップ活動支援を行っています。

　私は、1989 年にニューヨークでアナリスト、ファンドマネージャーを始めて以来 32 年間継続して機関投資家として株式投資に従事してきました。前半の 14 年間は、外国株式投資を担当しており、海外企業が対象でした。後半は国内株式投資を担当し国内企業をみてきました。そのため、海外と日本の企業経営や規制、市場の反応・機能を相対的にみるのが、私の物の見方の軸になっています。また、ロンドンで英国大手運用会社との合弁で欧州株式ファンドを運用しながら、CEO を経験しました。英国の会社法の下で NED（Non Exective Director）の意味や執行と監督の分離を肌で感じました。その頃、スチュワードシップやエンゲージメントについても学びました。エンゲージメントを本格的に始めたのは 2005 年で、当時、日本ではまだ馴染みのない「スチュワードシップ・ファンド」という名前を付けて運用を開始しました。よろしくお願いします。

　〇古布　インベスコ・アセット・マネジメントの日本株式運用部において、ヘッド・オブ・ESG というタイトルで、ESG を含むスチュワー

ドシップ活動、対話、議決権行使等を統括している古布です。元々バイサイドアナリストとして運用業界でキャリアをスタートしており、現在もテクノロジーと金融のアナリストを兼務しています。昨今は、議決権行使や対話に加えて、運用会社として行う開示もスチュワードシップ活動の大きなテーマの1つですので、本日も皆さんからインサイトを得られたらいいなと思います。よろしくお願いします。

② 機関投資家自身について

1　前提知識

(1)　日本株投資の状況

○澤口　それでは、機関投資家自身、特に企業が対話することが多いアセットマネージャー自身に関する話題から始めたいと思います。1では前提知識について伺います。最初に運用先としての日本株の現状について教えていただきたいと思います。投資家が他のアセットクラスと比較して株式、特に日本株をどうみているのか、この目線を理解することが投資家との対話に有益と思いお尋ねします。

○藏本　最初に、世界における日本株式のステータスについて触れたいと思います。バブル期は日本株が世界株に占める時価ウエイトは、ピークで4割ぐらいありました。今はもう7%〜8%がいいところです。アメリカ・中国に次いで3位なので、それなりに大きなマーケットサイズですが、海外機関投資家では、昔は日本スペシャルの運用チームがいたのが、グローバルチームで日本株をみているとか、アジアパシフィックの一部として日本株をみているという場合が増えています。そういう意味で、海外からは、日本のマーケット全体の投資魅力度も、個々の上場企業の投資魅力度についての判断も、日本だけで閉じた世界で考えてくれるわけではない。他の地域、他の国の企業との比較でみられているのが実情です。

もう1つは、日本のマーケットはご存じのとおり、日銀やGPIFが、TOPIXや日経225のETFを買い支えてくれているため、今の状況に

あります。一方で従来、日本株の安定的長期的な保有者であった、たとえば企業年金に関していうと、昔は５・３・３・２規制などと、日本株のウエイトが３割だった企業年金も多いのですが、今は１桁、世界の時価総額ウエイトどおりにしか持たないという状態にあります。言い換えると、企業年金も日本を他の国と比べてみているのであって、日本株の魅力度を決して楽観的にみているわけではありません。

その一方で、日本株に対する投資はインデックス投資のウエイトが上がってきていて、本日出席の投資家３人は、どちらかというとアクティブ中心の投資家なのですが、世界中でアクティブの投資家がどうやってビジネスをやっていけばいいかが非常に難しくなっています。そのような状況にあって、パッシブ投資家に対して、ガバナンスにどう寄与するか、ESG の世界的な課題の解決にどう貢献するかという社会的な要請がなされているのが現状だと思います。

〇三瓶　藏本さんのお話は全体像から入っていったので、どちらかというとトップダウン的な整理であったと思います。私はアクティブ運用の中でもボトムアップアプローチという１つの流派なので、あまり国や業種は意識せず、個々の会社のビジネスモデルを中心にみています。ボトムアップアプローチでは、新たなニーズや時代の変化をとらえ果敢に事業展開する企業をみつけて投資するので、たとえば日本のマクロ的な低成長や少子高齢化などを懸念して投資できないということはありません。

しかし、何十年も問題視しているのは、日本企業はなぜこんなに株主軽視なのかということです。ROIC や ROE は資本コスト割れの低水準で株価は低位にみえる。しかし、その状態のままだったらバリュートラップ、割安ではなく「永久に買ってはいけない株」ということになる。変われるのか、変わらないのかが、いまだに懸案として残っています。個別に可能性のある会社を常に探しながら、日本企業全体はいつ変わるのか、変われるのかという視点でみている状況にあると思います。

〇古布　私も新卒以来、外資系の会社でしか働いたことがないのですが、グローバルの金融機関においてシニアな経営陣は、これまでの日本

市場、日本のビジネスを知っていると思いますが、今後、代替わりして
いくと、日本経済が輝いていた時代を知らない人も増えていくのではな
いでしょうか。一方で、たとえばエンゲージメントや開示において日本
にランゲージバリアを含む特殊性が生じているのは事実です。しかし、
日本の「ガラパゴス化」は望ましいことではありません。

　特殊性があれど変化の可能性を示すことが重要です。また日本企業の
方と話していると、欧米との対比をされることが多いのですが、他のア
ジア諸国もガバナンス向上に熱心であり、アジア市場を注視することも
必要なのではないかと、最近思っています。

(2)　スチュワードシップ活動の担当者

　〇澤口　アセットマネージャーにも、ストラテジスト、アナリスト、
ファンドマネージャー、ESG スペシャリストなど、多様な立場があり
ますが、スチュワードシップ活動はどのように分担されているのか教え
てください。

　〇古布　弊社はアクティブの長期投資家として、スチュワードシップ
活動をインベスタードリブン（運用者主導）の形で推進しています。企
業に対して最も知見のあるアナリストとファンドマネージャーが主導し
てスチュワードシップ活動を行っています。議決権行使に関しては、弊
社はグローバルの運用会社ですが、日本株の議決権行使のガイドライン
については、東京の日本株式運用部が主体となり作成しています。一
方、その運用体制や規模などの特性に応じスチュワードシップの専任者
を置いている会社も多くあると思います。

　企業の皆さんには、目の前にいる投資家が誰なのか、何をミッション
としているのか、ぜひ質問していただきたいと思います。逆質問はいい
のだろうかという声を聞くこともまだありますが、対話の中で互いの戦
略・方針を語り、相互理解を深めることがまずは重要ではないかと思い
ます。

　〇蔵本　アクティブとパッシブは役割・機能が違うというのが、一番
大きな切り口だと思います。アクティブに関しては、ESG を含む投資
判断すべてをアナリストやファンドマネージャーが行い、統合的に企業

を評価すべきということが1つの流れになっていると思います。

　議決権行使が企業年金や公的年金から求められた初期段階においては、アセットオーナーサイドから、一般的にはファンドマネージャー、セクターアナリストの意識が低いので専任の人間を付けてほしいという要請がありました。しかし、その後、議決権行使やコーポレートガバナンスに関する、ファンドマネージャーやアナリストの意識が高まってきたため、アクティブ運用においては機能が統合されるケースも増加傾向にあると思います。ただし、ESGに関しては、世界的な潮流をどう評価すればいいのかという専門性を要する部分もあるので、アクティブであってもESGスペシャリストを置こうとしている会社は多いと思います。

　パッシブに関しては、海外ではパッシブ専門で個別銘柄の調査や評価をまったくしてない会社もあるわけですが、これまでは、そういう会社はコストもかかるし、やり方もわからないので、外部の助言機関を使うケースが多かったと思います。それに対して、たとえば日本におけるスチュワードシップ・コード（以下「SSコード」という）や世界的なESGの要請を受けて、社会的存在である運用会社として何らかの対応が求められることとなったことから、運用部隊から切り離された専門部隊としての議決権行使担当者、スチュワードシップ、エンゲージメント担当者、ESG担当者を内部に設けたという流れであると理解しています。このように会社やビジネスモデルごとに違うので、古布さんと同じく「議決権の話は誰にすればいいのですか」とか、「ESGの統合報告書を作ったのでどなたとお話をすればいいのですか」と聞いてもらったほうが、ぴったり合った対話ができると思います。

(3)　アナリスト等の報酬体系

　〇澤口　機関投資家の職員、特に議決権行使を担当する職員に、どのような経済的なインセンティブが与えられているのか、あるいは与えられていないのかも発行会社としては理解しておきたいところです。一般的な状況を教えていただけますか。

　〇三瓶　何が一般的な状況かは、正直いってわかりません（笑）。ア

ナリストやファンドマネージャーは、ゴールがはっきりしているので、数値目標の達成度に連動しているのが一般的だろうと思います。お二人のご発言のとおり議決権行使は、兼任の場合も、専任の場合もあり、さらに個人の職務目標としてどういう位置づけかも違うので、一概にはいえないと思います。

　ただ、専任の場合についても、たとえば運用担当者は定量評価に連動するボーナスなどになっていますが、議決権行使担当者の定量評価は非常に難しいので定量評価ベースのボーナスになっていないと思います。定性評価の視点は、会社法改正やコーポレートガバナンス・コード（以下「CGコード」という）改訂などがあると、どれだけ咀嚼して、どういう変更があったと社内に伝えているか。また、議決権行使基準を見直すに当たって何を反映するか。反映したら、どのように賛成・反対を判断するか。また賛否判断の合理的な説明の用意、見直しを実行した結果の分析など、どのように自分たちの判断を示していくかの準備、投資先や顧客への説明が納得的にできているのかを総合的にみて貢献度を評価していると思います。評価軸がさまざまあり得、各社各様だと思います。

　エンゲージメント担当者の場合についても少しご説明します。エンゲージメントも定量評価が難しいのですが、ある程度やりようがあり、今アセットマネージャー・アセットオーナー間で、何かいい方法はないかと試行錯誤している状況だと思います。たとえば、エンゲージメントの際にどのようなアジェンダで企業と向き合うのか、そのアジェンダで企業側に何をアクションとして求めるのか、これを私はインプットと表現しています。そうすると企業側からそれに応じたアウトプットがある。この関連性がまず重要です。企業のアクションが本当に自分たちのエンゲージメントの結果なのかわからない部分があります。ですから最初に、何がインプットかをかなり明確にしておく必要があります。それと本当にぴったり対応するようなアウトプットが出てきているのかを検証すべきです。

　ただ、もっと重要なのはアウトカムです。アウトカムとはたとえば財務的なリターンの改善や、株価パフォーマンスです。また、証券会社の

アナリストが企業の姿勢が変わってきたことに気づき、推奨を「売り」や「中立」から「買い」に変えるといったことで、市場評価に広く浸透してきたという変化も、ある種のアウトカムです。

　現在は、これらのつながりをみて、エンゲージメントの成果を評価し、アウトカムに時間がかかるインプットは何かだとか、インプット、アウトプット、アウトカムにどのくらいのタイムラグがあるのかなどを、検証している段階です。定量評価できるアウトカムとインプットの因果関係をつなぐ方法が確立すれば、定量的なインセンティブに近づく可能性はあります。

　○藏本　GPIF が 2018 年度の委託調査研究として、マーサージャパン「『運用受託機関の役職員の報酬体系（インセンティブ構造）についての調査業務』公表用レポート」（2019 年 7 月 8 日）を公表しています。アセットマネジメントの CEO、ファンドマネージャー、ESG ヘッドの報酬体系が海外のフロントランナーに比べてどうなのか、GPIF が求めるプロの運用会社にふさわしいインセンティブ構造になっているのかという分析です。それによると、受託運用会社の CEO、CIO、ファンドマネージャーについては、三瓶さんがおっしゃったような部分が非常に大きく、固定報酬の比率がかなり低い。他方で、スチュワードシップ、ESG ヘッドに関しては、約 6 割が固定報酬で約 3 割がボーナスです。さらに、このボーナスは全社収益に対するボーナスの部分が大きく、本来 GPIF が求めるプロフェッショナルな運用会社としての望ましいインセンティブ構造になっているのかの問題提起のレポートでした。

　実際にどうやって定量評価を行うかは非常に難しい問題です。エンゲージメントのマイルストーンの進捗管理なども、もっと KPI を使って透明度を上げ説明してほしいという要望もありますが、特に日系運用会社でそこまでできている会社はなかなかないと思います。私たちはよく上場企業の皆さんに、「人事・報酬システムを変えないと、なかなか会社が変われないのではないですか」とエンゲージメントすることもあるのですが、実は同じ悩みを持っているのが日本のアセットマネージャーの現状だと思います。

2　アナリスト等のスキル

○澤口　それでは、2からは機関投資家に関する発行会社側の疑問等をうかがいます。まず、対話では経営戦略がテーマとなり、投資家から企業の経営戦略について批判や指摘を受けることも多いわけですが、そもそも投資家の対話担当者は、企業経営にどの程度の知見やスキルを持っているのでしょうか。企業経営者についてはサクセッションプランなどを通じたスキルアップが活発に議論されています。投資家側はどうなのでしょうか。

○蔵本　まず、今発行会社の皆さんが一番ナーバスになっているアクティビストとメインストリームの投資家、証券会社のアナリストのような人で、それぞれ分けて考えたほうがいいと思います。アクティビストに関しては、日本ではそこまでやっている会社は少ないですが、アメリカなどの事例をみると、経営コンサルやかなりビッグネームの CEO 経験者などのチームをつくって、敵対的な買収を仕掛ける事例があります。このような場合はかなり具体的な経営戦略をカウンタープロポーザルされることがあります。彼らは TOB をかけるにしても、ウルフパックで他を巻き込むにしても経済的リスクをとるので、公開情報に基づいてではありますが、可能な限り詰めて、企業の内部者に肉薄するレベルで把握しているケースもあります。

　これに対して、証券会社やバイサイドのアナリストの多くは、たとえば同業他社との比較で、「御社だけ同業他社と違う方向を進んでいるが、うまくいくのか」というレベルで経営戦略に関して上場企業の皆さんと話しているにすぎないのではないでしょうか。これは投資評価のための情報収集の一環にすぎず、企業に経営戦略を提案しているという意識はアナリスト側にはないと思います。いろいろなことを対話しながら、この会社は「買い」なのか「売り」なのかを考える、または理論株価、本来のあるべき本源的価値はどれぐらいなのかを想定するために情報を集めるというのが本質ではないでしょうか。決して企業の皆さんが、アナリストのいうとおりに経営しろと迫られているという意識を持つ必要はないと思います。実際に会社を 100％買い占めて勝負しようと思ってい

る人たちではないので、そこまで気にする必要はないと思います。

　次に、われわれアセットマネージャーが行うエンゲージメントの対話
テーマの本質とは何かというと、個別具体的な経営戦略、ではなくて、
それをどのように決めているか、取締役会でどれぐらい議論しているか
という点にあります。

　取締役会運営に限らず、会社法や W コードは、決して唯一の正しい
モデルを示すものではなく、さまざまな条件の下で、目的を達成するた
めにどうすればいいかは、会社内部の方々が考えることを求めるものだ
と思います。私たち投資家、特に長期投資家の仕事は、経営者等の会社
内部の人たちに、外部から刺激を与えさせてもらう。私たちは会社の内
部で変革が起きるための 1 つの刺激剤、媒介という役割だと考えていま
す。

　○古布　指摘された運用者側のスキルは非常に重要な課題だと思いま
す。GPIF のスチュワードシップ活動報告や ESG 活動報告でも示され
ている機関投資家のスチュワードシップ活動に関する上場企業向けアン
ケート集計結果などを参照しわれわれも企業側の投資家に対する意見を
十分に受け止めるべきだと思います。

　経営陣の皆さんも、対話のリクエストが国内外から大量に来ている中
で投資家を選びたいインセンティブが働いて当然です。そういったとき
に選ばれる投資家になるために、僭越ではありますが対話を通じて企業
に気づきを与えられるような対話を行うスキルが求められていると日々
感じます。

　○三瓶　私がニューヨークで株式投資の仕事を始めたときに気づかさ
れたのは、アナリスト、ファンドマネージャーが基本的にどのようなス
キルを身に付けなければいけないかです。投資価値評価で pay premium
for を判断する重要な視点に、pay for growth、pay for return、pay for
visibility、pay for management の 4 つがあります。growth と return は
非常にベーシックなところですが、pay for management が一番難しい
のです。ですから、投資家が力を鍛える上で一番身に付けなければいけ
ないのは、経営者評価なのです。株式投資、特に長期投資は経営者を評

価する仕事だとはじめて気づいたときに、これは大変だと思いました。すべてのアナリスト、ファンドマネージャーができているかはわかりませんが、少なくとも長期投資をする機関投資家は経営者を評価する力を付ける必要があり、力が備わらなければ長くは続けられない、競争に勝てない。資本市場は本来そういうところであるはずです。

〇澤口　そのような投資家が多いと発行会社側も安心と思います。さて、取締役会の役割も対話で議論の俎上によく上がりますが、投資家の担当者の多くは、上場企業の取締役会に出席した経験がないと理解しています。経験しないと評価できないわけではありませんが、社外取締役の取締役会におけるあるべき姿などは、やはり実態を理解しないと判断が難しい面もあるのではないかと思いますが、いかがでしょうか。

〇三瓶　そういう面はたしかにあります。たとえば、私は幸い数社の取締役会に呼ばれて出席したことがありますし、英国でCEOとして取締役会に出席していましたが、取締役会はそれぞれ雰囲気が違います。社外取締役が積極的にすぐ発言する会社、社外取締役は最後のほうで発言する会社、議長が全体を仕切っている会社、いろいろです。

とはいえ、取締役会そのものに出席しなくても、社外取締役と個別に面談することで、取締役会がどんな雰囲気かがわかる気がします。たとえば、大抵の会社は全会一致で決議する、では、毎回全会一致なのかというと、全会一致にするためにいったん差し戻しをするというような日本の取締役会の様子を知ったのも社外取締役との面談を通してです。全会一致に至るまでのプロセスとして、社外取締役が「ここはわからない」、「今日はイエスもノーもいえない」といえば差し戻しになるのか、2回以上の差し戻しもできるのかという取締役会の雰囲気も対話を通してわかってきます。

また、そのような話を聞くことによって、社外取締役側は投資家から試されていると感じ、具体的に、「そうか。今、投資家はわが社のこういうところに一番注目しているのか」、「これが最重要な経営課題だと思っているのだな」とわかる。そういうすり合わせができればいいのだと思います。

　独立社外取締役を取締役会の過半数にという数の議論がありますが、対話を通じて株主の期待を理解している社外取締役が複数名いて、取締役会で社外取締役の意見が尊重されることがより重要だと思います。

　〇澤口　社外取締役の発言状況についてお話がありましたので関連してお伺いします。投資家から取締役会で活発な議論がされているかという質問を受ける発行会社は多いようです。しかし、発言が活発なら本当によいのでしょうか。優秀な経営者であれば監督する立場からの発言は少なくても不思議ではないし、そもそも社外取締役は、事業のディテールについて社内者より詳しくないので、発言の相当部分は単純な疑問や、ときに的外れな意見であることも多いと思います。そういう取締役会の実態と、投資家の質問の前提にある取締役会のイメージは合致しているのでしょうか。

　〇三瓶　単に発言が多いだけで良い悪いという判断はしていません。株主が懸念するような決定が公表された場合など、「あの件はどうしてそのような結論になったのか」、「反対者はいたのか」などを聞くこともあります。また、事業会社の社長が他の会社の社外取締役に就いている場合には、なぜ社外取締役に就任したのかや、続投しなければなぜ降りたのかを聞くと、経営者としての目線で、「あれは違うと思う」とか、「この点だけは苦言を呈した、あとは好きにやらせるんだ」とか、興味深い話が出てきます。1つの会社について複数の視点から状況を聞いて、どうなっているのかをできるだけ立体的にとらえるのが重要ではないかと思います。

　〇藏本　先日、日本監査役協会の監査役全国会議のパネリストとして、関西支部の皆さんと議論をしてきたテーマです。会社によって置かれた状況や課題が異なるのも事実です。これまでは、社外取締役、社外監査役に関して、独立性という外形的基準をまず優先して選ぶことが求められた状況にあって、プロの社外取締役、社外監査役が人材の層としてはまだまだ足りていないのも事実ですが、理想はプロのCEOに対してプロの社外取締役がうまくチェックを入れるという形だと思うので、CEOと社外取締役の双方がやはりプロを目指すべきだと思います。

　三瓶さんのお話でもそうだったのかもしれませんが、取締役会の議論の充実を図るために必要とされる社外取締役の属性やその構成は、会社によって、異なり得ると考えています。複数の経営経験者を招致することが、自社の課題解決に有効な会社もあれば、メンバーの多様性を図ることが取締役会の議論の活性化に有効な会社もあるでしょう。CEO に対する求心力の強さや、求められる機能強化がトップダウンの意思決定か、ボトムアップ経営を円滑化するための組織文化の改革なのか、等の会社の体質や課題によって異なり得ると考えています。

　発行体の企業の方々と今議論しているのは、人材を探すのは大変だと思うけれど、人数合わせだけでは駄目だということです。実効性を高めるという意味では、「本当はうちの取締役会にこういう人が入ってほしいな」と、社内の人たちが議論することが大切ではないかという話を私はよくします。

　○澤口　皆さん、そのような取締役会像を形成されているというのは理解できますし、大まかには私も違和感はありません。ただ、取締役会のあるべき姿や、あるべき構成、何が社外取締役の役割として望ましいのかは、まだまだ多様な意見が残る状況下ですので、投資家の皆さんは何を基準にそういうことを考えているのかと不安に思っていたのでお尋ねした次第です。

3　対話

(1)　コストをかけた対話はどこまで可能か、社内の理解は得られるか

　○澤口　対話の機関投資家内部における位置づけを伺います。対話には当然コストがかかるわけですが、機関投資家側では対話にどの程度のコストを使えると考えているでしょうか。スチュワードシップ責任が明確に意識され、ある程度のコストは許容されていると思いますが、どうでしょうか。

　○古布　非常に重要な点だと思います。対話の中身が財務であれ、非財務であれ、投資判断の過程に組み込まれていますので、コストを切り

出すことは難しいかもしれません。ありがたいことに企業側から対話の
リクエストを受けることもあります。また最近は、統合報告書を出した
のでぜひご意見いただきたいというお話が非常に多いです。投資先企業
の統合報告書は必ず読みますし、改善のために一生懸命コメントしたい
と思うのですが、どんどんコスト、リソースが割かれる側面もありま
す。企業価値拡大に資するという観点では、企業側へ運用者としてイン
プットをしていきたいという思いは当然あります。

　同時に、スチュワードシップ活動の開示も、運用会社のコストとして
意識していくべきと思っています。運用会社としてスチュワードシップ
活動に関する開示を積極的に行い透明性を担保することが必要です。し
かし効率的に意味のある形で開示していくためのプロセスには改善の余
地があり、その過程でコストが増加していく可能性も否めません。

　○澤口　パッシブ投資家も、エンゲージメントは頑張って対応されて
いるようですが、エンゲージメントを求める企業がどんどん増えてくる
と、リソースがどうしようもなく足りない事態になっても不思議はあり
ません。パッシブ投資家の状況はいかがでしょうか。

　○三瓶　パッシブ投資家の話も聞いているのですが、いろいろです。
規模の利益を享受しているようなパッシブ運用会社であれば、要員を拡
大する余裕があり、世の中の要請に基づいて、エンゲージメント専任部
隊を設置している場合もあります。それでも、彼らが投資する対象企業
の数を考えると、とてもすべての企業と対話するのは無理なので、スク
リーニングして、対応できる範囲で行っています。議決権行使について
も、スクリーニングして選別した企業の議決権行使は丁寧に検討するけ
れども、それ以外とは温度差があります。

　一方、規模の利益を享受しておらず、パッシブとしてまだまだコスト
を下げなければいけない運用会社は、とても同じことはできない。むし
ろ、アセットオーナーに対して、後から上乗せでエンゲージメントを要
請して、しかし追加コストを払わないのは契約違反ではないかと非常に
憤慨している人もそれなりにいます。

　○藏本　アセットオーナーにとって、パッシブ運用で享受するリター

ンは、エンゲージメント、適切な議決権行使を要請するか否かによら
ず、同一のインデックスであればリターンはまったく同一です。した
がって、アセットマネージャーから、スチュワードシップ活動という上
乗せサービスを足したからといって、追加フィーを求められても、リ
ターンは同一ですので、基金からみた受託者責任に抵触するのではとい
う議論が以前から存在しています。これに対してGPIFは、ユニバーサ
ルオーナーであるとの自己認識に基づき、フィデリティ投信とアセット
マネジメントＯｎｅでエンゲージメント活動を求めるパッシブを委託
し、追加的フィーを負担しています。

　ただし、エンゲージメント活動付きのパッシブ投資とはいっても、す
べての指数採用企業とアセットマネージャーが対話するのは難しいのが
実態ではないでしょうか。ただし、議決権行使に関してだけならば、対
話でなくても、招集通知などに対話で伝えたい情報を書いておけばいい
のではないかという考え方もあります。発行会社側には、特に招集通知
に関して可能であれば必要最小限の内容で法定書類を作りたいという意
識がまだまだ強い気がします。開示資料にしっかり説明が書いてあれ
ば、わざわざ対話をしなくても、アセットマネージャーが実情を反映し
て議決権行使をしてくれる可能性があります。1つの改善策としては、
開示内容の拡充を発行会社の方々に提案します。

　⑵　**対話が議決権行使に影響するのか**

　〇澤口　対話によって議決権行使が変わるのかという質問もよく発行
会社から受けます。もちろん内容次第ですが、特にパッシブ投資家につ
いては、対話によっても議決権行使が変わらず対話の意義が感じられな
いという発行会社の意見も聞きます。これはパッシブの場合は対話自体
も難しいので、やむを得ないということでしょうか。

　〇三瓶　パッシブは、とにかくコスト効率を高めるためにシステム化
しています。システム化とは、あるルールを決めたらルールどおりにプ
ロセスするということでもあり、それに合意したアセットオーナーが投
資しています。パッシブ投資家が発行会社と対話をするのには、「われ
われのルールではこういうのが良く、こういうのは悪い」ということを

伝える面があります。そこで発行会社は説明をするわけですが、発行会社は説明をしたからわかってくれるだろうと思い込んでいるところがあります。しかし、説明を受けたとはいえ、パッシブ投資家は納得したわけではないのです。ルールに照らし、「反対」は「反対」だということで議決権行使をしている。パッシブ投資家としては、一貫していると考えていると思います。

　一方、特に海外には、リターンで回収できるコストだったら追加コストをかけてもいいと考えるアセットオーナーがいます。そういうアセットオーナーは、エンゲージメントを自分たちはできないし、パッシブ運用会社は企業調査・分析が強みではないので、別途エクイティ・オーナーシップ・サービス等に外注します。エンゲージメント専門部隊なので何らかの企業価値の改善ができると期待して、その分の外注コストを払ってでもエンゲージメントをしてもらう。こういう場合は、「エンゲージメントに沿って取組み中だから、今回の議決権行使については賛成します」という柔軟な対応をとることもあります。

　⑶　長期的評価がされるのか

　〇澤口　対話による企業価値向上の効果が仮にあるとしても、当然、長期にわたるものですので、対話担当者の評価が短期的なものであると、対話の障害になりそうです。そもそもその評価は長期的なのでしょうか。

　〇藏本　なかなか定量評価が難しいことが実態です。たとえば資本効率が上がって株価が上がったといっても、私が対話したから会社が変わったのか、他の人が対話した結果か、それとも会社が自ら変化したのかを客観的に判断することは困難です。

　ただし、担当者のプロフェッショナル化を進め、モチベーションを上げるというインセンティブの目的だけは、どの運用会社も理解していると思います。

　これは日本企業全体でもそうだと思いますが、運用会社においても、最近はそれぞれの専門分野を深掘りしたスペシャリストを育成するのが１つのキャリアパスになっていて、昭和感覚の日本企業のように、ロー

テーションを通じて企業の中枢人材を育成するという意識が薄れていると思います。新卒一括採用という入り口からメンバーシップ型ではなくてジョブ型のコース別採用を行っている運用会社が多いと思います。報酬制度も人事制度も、プロ化を目指して今、いろいろ各社試行錯誤しているというのが現実だと思います。

4　議決権行使

(1)　行使基準

○澤口　企業側の関心が高い議決権行使にフォーカスしたいと思います。投資家の議決権行使基準の影響力が非常に大きくなっています。機関投資家の議決権行使基準は、強力なソフトローであるCGコードと同様、あるいはそれ以上の影響を持っているようにみえます。その議決権行使基準を、投資家側ではどれだけ検討されているのでしょうか。乱暴にいえば影響力に比して簡単に決めているのではないかという疑問もあります。

○古布　実はちょうど今議決権行使ガイドライン改訂を検討しています。適当に決めていることはまったくないのでご安心ください。本当に一言一句、こんな"てにをは"からみる必要があるのかというぐらいに議論をしています。たとえば取締役の独立性や多様性の要件については企業の実情に即して、どういった言葉がふさわしいのか。ESGに関して気候変動、あるいはダイバーシティという文言をどのように入れるべきか。他社のガイドラインを拝読することも多いですが、各社大変な議論を重ねて策定されていると思います。

　どんな詳細なガイドラインを策定しても、実際の招集通知を目にして判断に悩む事例はあります。藏本さんからも招集通知に開示を充実すべきというお話がありましたが、完全に同意で、非常に強調したい点だと思います。日本の招集通知はフォワードルッキングな判断に適さないことがとても多いので、限られた時間の中で対話による確認や議論が必要なケースも非常に多いと思います。一方招集通知の読み手はいわゆるわれわれ機関投資家だけではなく、その記載内容には非常に気を遣うとい

う企業側のご意見を聞いたこともあります。

　私どもは、株主総会後の次の１on１のミーティングの機会で、必ず議決権行使結果とその理由を、企業側に直接お伝えするようにしています。賛否は開示しているのですが、反対した理由も詳しく伝えることでより議論が深まるのではないかと思っています。

　○澤口　発行会社からみると、皆さんがルールメーカーになりつつあるようにみえています。そういうお立場であるというご自覚がありますか、という失礼な質問ですけれども、他の皆さんも補足等はありますか。

　○三瓶　投資家フォーラムで、この問題に関連した議論をしたことがあります（投資家フォーラム「第７回会合　報告書」（2016年９月28日）参照）。まず、日本で一番特異なのは、経営トップの再任議案に反対することの理由がとても多いことです。その経営トップの再任そのものに懸念があるというより他に問題があるとき、意思表示の方法がないからトップに反対する方法がとられるのです。法定の委員会を設置している海外市場では、問題意識の内容によって、各委員会の委員長の再任議案に反対したり、取締役会議長に直接書簡を送るなどの方法で意思表示しています（フィデリティ・インターナショナル「サステナブル・インベスティング・レポート2021」（2021年10月）28頁表３：会社提案への反対割合（国・地域および議案別）参照 https://www.fidelity.co.jp/static/japan/pdf/sustainable-investing/sustainable-investing_report2021.pdf）。経営の執行と監督の分離ができていないから監督の問題もすべて経営トップに向かってしまう、日本に特異な状況だと思います。発行会社は、なぜトップの再任議案の賛成割合が低いのかについて、さまざまな理由が重なっているので明確にはわからないと思います。それでいいのかという議論を投資家フォーラムでしました。また、一部の問題への意思表示のつもりがトップの再任が否決されてしまってもいいのか、自社の議決権数はそんな威力がないので大丈夫だろうと思っていたのが、皆がそう思って反対が過半数になって否決されてしまったら、その責任は誰がとるのだという点も議論しました。

　これらについては、かなり意見が割れました。「反対が過半数になってしまっても、そこまで多くの株主が懸念しているのだったら仕方がないだろう、そうした経営の状態を放置した責任をとるべき」や「再任が否決されてしまったら経営に支障を来たす心配がある、後任はどうするのだ」など、ほぼ半々に意見は分かれました。この点は、今の一般的な日本企業では、株主構成から、その程度の反対では否決までいかないだろうということで、何となく済ませている未解決の課題という感じがします。

(2)　行使

　○澤口　プロキシーファイトになる局面では、機関投資家も難しい判断を迫られます。統計的裏づけはありませんが、日本の機関投資家が、海外の機関投資家より厳しい、あるいは、より情緒的、世論迎合的な議決権行使をしている印象も持っています。機関投資家を日本と海外に区分する意味も低下しているとは思いますが、これは誤解でしょうか。

　○蔵本　最近増えているこういう局面こそ、われわれが責任ある機関投資家を名乗るにふさわしいかが試されている場だという認識は十分に持っています。片方だけの意見を聞いて判断するのではなく、株主側についても、コンタクトがない場合でもできるだけ情報を集めて、双方の言い分を確認して、最終的にはどちらに賛成したほうが将来の企業価値向上につながるのかを判断することが重要だと思います。そういうときに、安易な数値基準に逃げ込むのは、責任ある機関投資家のとるべき態度ではないというのが私の意見で、どちらの経営チームに信任を与えるべきなのかという、きわめてクリティカルな状態だと認識しています。

　発行会社の皆さんがもし、世論迎合的に株主提案に甘いのではないかと考えておられるのなら、有事という認識がちょっと足りないのではないかと思います。どれだけ自分たちのパッションとロジックを投資家に伝えていくか、発信していくかという意識を持たないと、今後は厳しい結果になるだろうと思います。最後はやはりCEO自らが表に出てきて自分たちのパッションとロジックを伝えないと、と思います。どちらの会社と経営統合をしたほうがいいのかみたいな問題については、投資家

としてどちらの経営戦略が将来の企業価値向上につながるかの観点で判断するわけですから、当事者会社の方々は、それを判断する上で有益な材料をもっともっと出すべきではないかと思います。

　多くの会社はぎりぎりになってから、本当に真剣に、死に物狂いで一社一社回って、いつもなら全然聞けないような話をどんどん出してこられます。いち早く先手を打つべきではないでしょうか。

　〇澤口　機関投資家の賛否理由の開示が十分ではなく、そのためにロジカルな印象を受けにくいのかもしれません。

　〇三瓶　藏本さんのお話の中で、どちらの経営チームに信任を与えるかという部分が、私は引っ掛かりました。私はこれまでチームというとらえ方で考えておらず、特に取締役の選任議案では、一人一人個別に検討します。最終的に私たちが選ぶ取締役が、スキルマトリックス的な発想でどういう布陣がいいかということを考え、ベストと思う取締役ポートフォリオを構成するという発想で臨んでいます。

　もう1つ、私が議決権行使の責任者だったときには不統一行使もしました。同じ議決権行使基準なのになぜ不統一になるかというと、議決権行使というのは結局、投資判断と同じように主観的である、それぞれ結論は違うけれども合理的ということがあり得ると考えているからです。わかりやすい例では、トップの再任議案について、実績に重きを置いて評価すると、不祥事を見逃したので続けてほしくないという評価がある。一方で、不祥事発覚後いろいろな手を打ってきて、将来に向けていい方向性を示しており、改革続行に期待してもいいという評価がある。このようにどちらも説明可能である場合に、ファンドごとに「反対」、「賛成」を選択し会社としては2つの投票をしたことがあります。主観的に評価する代わりに、合理的に説明しきれるか否かに非常に重きを置いていました。

　プロキシーファイトになったときに、メディアが作ったストーリーの中で、こちらは悪でこちらが善みたいになってしまうと、それに巻き込まれ、世の中がどちらがいいと思っているのかで判断する投資家もいるようには感じます。

○藏本　一般的には候補者ごとに判断しているのですが、経営権をめぐるプロキシーファイトとなった場合には、独立社外取締役は個別で判断するとしても、どちらの陣営の CEO が選ばれる取締役会構成にするかという判断が求められる局面も増えてきたと認識しています。

③　機関投資家をめぐる関係者について

1　アセットオーナー
(1)　過大なリクエスト

○澤口　それでは、アセットマネージャーをめぐる他の関係者の話題に移ります。まず、アセットオーナーについて伺いますが、アセットオーナー側のスチュワードシップ活動の課題、たとえば、アセットマネージャーへのリクエストが過大なことや、その理解レベルが低いと感じることはないでしょうか。

○三瓶　まず、アセットオーナーの理解レベルについてズバッとご指摘いただきましたが、そう感じることはよくあります。たとえば、アセットオーナーが SS コードの受入れ表明をしてから、アセットオーナーからの質問が非常に増えました。回答してもさらに追加質問が来たり、しかも、質問の中身が矛盾していることや、回答をどう役立てるのか不明な質問が多くなりました。そうした質問票は、アセットオーナー自身が用意したのではない場合もあり、スチュワードシップやエンゲージメントについてそれほど知見がないコンサルティング会社が用意していて、アセットマネージャーを管理する形を整えることで SS コードにコンプライしようとしているようにみえることもあります。

また、面談で、たとえば議決権行使で会社提案に反対したときに、「反対するのだったら売ればいいではないか」といわれたことがあります。株を売ることと総会議案に反対することは、意思決定として連動する場合もあるかもしれませんが、常に一致するとは限らないのに、「反対するなら売却すべきだ、なぜそうしないのか」と一方的で、さっぱり話が通じないと感じたことがあります。

　さらに、前職では、ROE 基準で役員の選任に反対することはありませんでした。すると、「他の運用会社は ROE 基準を入れているのになぜ入れないのだ。いつ入れるのか」と半ば強引に ROE 基準導入を迫られました。私たちは一社一社、会社と面談をして状況を詳細に把握した上で投資しているのに、なぜ ROE 基準で役員選任議案の賛否を判定しなければいけないのかと矛盾を説明して、「ROE 基準を入れる予定はありません」というと、「よくも言ったな」と返されることもありました。

　そのほかにも、いろいろ説明した後で、感慨深げに「エンゲージメントってのはそういうものだったのか」といわれると、大部な質問票に回答しているのに今頃わかったのかと、驚かされることもありました。運用会社に重要なのは、運用哲学であって、それに基づいてどういうところに重きを置いて運用するのかということのはずなのですが、「今、フィロソフィは聞いていない。私が言ったことをやるのか、やらないのか、それだけだ」というやり取りになることもあり、まだかなり理解不足だと思います。

(2)　議決権行使への理解

　○澤口　議決権行使基準と異なる行使をする際には常にアセットオーナーの理解を得られるのか不安があるというアセットマネージャーの方もいるので伺います。アセットオーナーからは「アセットマネージャーがその議決権行使基準と異なる行使を行うことは、エンゲージメントの結果なので何ら問題視しない」という発言も聞きますが、そのような対応は一般的なのか、レベルの高いアセットオーナーだけなのか、いかがでしょうか。

　○古布　たしかに議決権行使ガイドラインと異なる行使を行うことに対して正式な手続と合理的な理由をもってすれば否定的なコメントは聞いたことはありません。ただ、一担当者としてまったく躊躇しないか、まったく不安ではないかというとやはりそうとはいえません。基準と違う判断をするときや三瓶さんのお話にあった不統一行使の際には判断理由の説明が当然求められます。また、同じガイドラインなのに1つの議案に対して違う行使になるのかという疑問を抱かれることもあるでしょ

う。顧客側、企業側に対して議決権行使に携わる運用の現場の声を正確に伝えることも重要だと思っています。

○蔵本　アセットオーナーがなぜガイドラインどおりの行使を以前は求めていたのかといえば、日系の運用会社の大半が銀行、証券、保険会社の系列の運用会社で、親会社や親会社の親密先との利益相反が疑われる状況にあったということが背景にありました。エンゲージメントの結果を踏まえて賛成としましたというアセットマネージャーの主張をいちいち真に受けていたら、アセットオーナーとしても、利益相反管理について受託者責任を果たしているのかと彼ら自身が問われる状況であったことから、対外開示しているガイドラインに基づく透明性の高い議決権行使をアセットマネージャーに求めていたわけです。

その後、多くの運用会社で会社提案への反対比率も上がり、ガイドラインの開示や行使結果の個別開示も進んだことから、かつWコードの数次の改訂を踏まえ、対話を通じた議決権行使が評価される潮流になったことから、公的年金を中心に、むしろガイドラインと違う行使こそが、エンゲージメントをきちんとやっている1つのエビデンス、アピールできるエピソードになるという状況に今、なりつつあると思います。

ただ、古布さんのお話のように、たとえばROE基準に引っ掛かった会社で賛成した場合、本当にその後、ROEは上がったのかという結果責任は後々、アセットマネージャーが負います。ですから、先ほど三瓶さんもいわれたように、会社の方々が期待するように「説明しましたので賛成してください」となるような話ではやはりありません。

たとえば、ROE基準にヒットしているけれど賛成するのであれば、経営トップのコミットメントや覚悟が必要です。また、所属している他の弁護士と取引があるローファーム出身の弁護士を選任する場合には、直接担当したことがないからいいでしょうというだけではなく、こういうスペシャリティに期待している、その人ならではのストロングポイントでの貢献を説明できてはじめて、ガイドライン抵触とするネガティブ要因を上回るポジティブ要因で賛成することがあるというのが、私の考えです。そういう意味では、企業の方々は、ガイドラインと違う行使を

求める際は、アセットマネージャーのロジックに照らして納得感のある説明ができているかを考えていただきたいと思います。

○澤口　今も利益相反の疑いを晴らすためにより厳しく議決権行使をしてしまうような傾向は、日系の金融機関にはないのでしょうか。

○藏本　三井住友ＤＳアセットマネジメントの場合は、利益相反の懸念が強いものに関しては、助言会社を使います。助言会社のロジックはわれわれのロジックと違うところも往々にしてあるのですが、利益相反というより重い受託者責任への抵触を防ぐ意味では、やはり公明正大に自分では判断しないという選択肢をとらざるを得ないところはあります。

　ただし、私がアセットオーナーと話してきた感触でいうと、個々のアセットマネージャーに対する信頼感も影響すると思われるので、ここの会社はきちんとやっているという信頼があれば、相応の利益相反懸念のレベルであれば、自分で行使判断を行うことも許容され得るのではないでしょうか。それぞれのアセットマネージャーの信頼感が問われているのだと思います。

2　助言会社

○澤口　次に、議決権行使の助言会社について伺います。投資家サイドの助言会社の実際の利用局面をお教えいただけませんでしょうか。

○三瓶　前職では、助言会社の一社と契約をしていました。ただ、それは助言をもらうためではありません。自分たちの議決権行使基準があって、それを助言会社のシステムにプログラムするのです。株主総会の招集通知の情報や周辺のデータを取り込んで、そのシステムでまずは機械的に、賛否の原案を作るのです。ですから、出てくるものは自分たちの議決権行使基準に則った賛否の原案です。作業効率のためにこのシステムの活用は必要でした。

　そのサービスを契約すると付随的に助言レポートも提供されますが、そのレポートは読んでも読まなくてもいいし、読むことはプロセスには入っていません。

○澤口　助言サービスというよりは議決権行使サービスの側面が強いようにお聞きしました。大手のパッシブの投資家も、自社の議決権行使基準を使って助言会社に議決権行使やその下作業をさせていると理解しています。

一方で、助言会社の助言内容がよく批判されるわけですが、助言会社の助言内容で議決権行使をしている投資家とはどんな投資家なのでしょうか。

○三瓶　藏本さんや古布さんからお話があったように、日本に投資する投資家たちの中で、日本の専任担当ではない、日本の法律やコードがどうなっているかをそこまでみていない海外投資家が増えているから、助言会社の助言サービスを利用してその助言に従う投資家は、むしろ増える傾向なのかもしれません。

○澤口　なるほど。グローバルでインデックス投資をしていて、日本の専任者を置いてないような会社が使うと、そんなイメージですかね。

○三瓶　インデックス投資に限らず、日本株ファンドではなく、グローバル株ファンドやアジア株ファンドというタイプの投資家だと思います。

3　ヘッジファンド（主にアクティビスト）
(1)　コミュニケーション

○澤口　次にヘッジファンドについて伺います。メインストリームの投資家とヘッジファンドやアクティビストヘッジファンドとは、そもそもどんなコミュニケーションをしているのでしょうか。株主提案された議案についてアクティビストヘッジファンドに説明を求める局面は当然あると思うのですが、それ以外にコミュニケーションはされているのでしょうか。

○古布　頻繁ではないとしても、たとえばアクティビストがいろいろな投資家の保有銘柄を公開情報の1つとしてみる中で、ちょっと意見交換をしたいということは十分あり得るのではないかと思っています。もちろん、株主提案に関しても、タイミングや形式のあり方次第ではあり

ますがお話を伺う機会があれば、非常に有益だと思います。

　関連して補足すると、株主提案に関しては、誰が出したかよりも、議案が企業価値に資するかどうかが最も重要であり、それぞれの提案が何を目指しているかを踏まえて判断すべきだと思います。最近でも、MUFG で、気候変動に関する開示の拡充と同時に有価証券報告書の早期開示に関する株主提案が出ていました。結果をみるとそれなりの賛成票を集めていました。この有価証券報告書に関する議案についてもより注目が集まってもよかったのではないかと思っています。

⑵　メインストリームの投資家の見方

　〇澤口　そもそも、ヘッジファンドやアクティビストをメインストリームの機関投資家はどうみているのでしょうか。パッシブ運用が拡大した現状では、投資家と企業とのエンゲージメントの重要な部分を担う存在として評価する見方がある一方で、短期的な志向・行動を強く感じる局面も正直少なくありません。

　〇三瓶　たしかにパッシブ運用者が踏み込んだエンゲージメントをしない、できない状況下で、アクティビストがまともなことをいっている場合は、非常に良い起爆剤になると思います。パッシブ運用者がアクティビストの提案を支持するという場面は、実際出てきています。

　ただ、アクティビストの株主提案で定款変更議案が多いこと、自分たちの関係者を取締役として送り込むこと、この２つはかなり危険だと考えています。まず、定款変更議案は可決すれば、変更した定款に経営者は縛られます。そのときの環境ではもっともらしく聞こえても、その後周りの環境が変わったときには、経営の自由度を奪うかもしれません。その結果、企業価値が毀損された場合、だれが責任をとるのか。そのときには定款変更議案を提案したアクティビストは株主ではないかもしれません。たとえば、気候変動に関して一見正論のような株主提案であっても、定款変更の形をとる場合にはかなり慎重に検討します。

　また、投資家の目線を取締役会に入れるのだということで、ファンド関係者を取締役会に送り込むことにははなはだしい利益相反があると思います。というのも、投資家の目線といっても投資のタイムホライズン

が違えば結論がまったく違うからです。短期なのか長期なのかで売り買いの方向は真逆になり得ます。ですから、投資家だから同じ考えを持っているということはまったくないのです。そして、彼らはインサイダー情報にも触れます。法的には、インサイダー情報がない期間というウィンドウがあって株式の売買が可能ですが、やはり情報の非対称性は生まれると思いますのでファンド関係者を取締役会に送り込むことについては反対しています。アクティビストも利己的な部分を隠しながら提案するように、だんだんうまくなっていますが、かなり短期的視点に根差す提案もあるので、それを長期でみたときに本当に大丈夫かということを丁寧にみる必要があると思います。

〇藏本　世界的にみても、パッシブ投資家比率が上昇傾向にあります。この歴史的経緯の中で、アクティブ運用者の一部がアクティビストになった、より特色のあるアクティブ運用、エンゲージメント付きのアクティブ運用の一番尖った形がアクティビストファンドになったのだという側面もあります。

　アクティビストの存在価値として、もし日本企業が昨日と同じことを今日もやって、今日と同じことを明日もやっているとすれば、それに対する、ある種の刺激剤の役割も果たしているのではないかと思います。ただし、アクティビストが具体的経営戦略の根本的変更を求めたり、事業ポートフォリオの根本的な組換えをしたいのであれば、本来的には発行済株式数の10％、20％を買ってプロキシーファイトするのではなく、100％を上限とするTOBをして、経済的なリスクをとって経営権の取得を目指すのが筋ではないかとは思います。

　一方、日本企業でアクティビストに狙われる会社で、「え、そんな会社が狙われるの」という会社は正直あまりありません。だから、アクティビストに狙われてリアクションを起こす時点ですでに出遅れているのではないかと思います。また、アクティビストも、TOBを本格的にかけて経営権の取得を目指すというよりは、自社株買いをイグジットとして狙うプレーヤーが少なくないので、アクティビストの行動が株主共同の利益、特に中長期的にみた株主共同の利益に適うかについては、個

別ケースで異なると思います。彼らの株主提案自体についても、本当に成立を目指しているというよりは、自社株買いを迫るための1つのタクティクスというケースも結構ありそうだと思います。だから、慌てて自社株買いをして、うるさい株主に出ていってもらいましょうというのは、他の一般株主にメリットがあるとは限らないので、経営者の方にはしっかり考えていただきたいと思います。

4　NGOやイニシアティブ
(1)　投資家とのギャップの有無
〇澤口　次に、ESG、特にEとSの局面においては、機関投資家と協働することも増えた、NGOやイニシアティブについて伺います。協働する一方で両者にはギャップも当然あると思います。このギャップを感じる局面やギャップの内容について、教えていただけますか。

〇古布　私たち投資家が、特にアクティブ投資家がイニシアティブを通じて目標とすることは、企業価値の拡大に資すること、そして運用パフォーマンスが向上することです。EやSの側面は企業の持続性を担保し企業価値の拡大を実現するため必要不可欠なものですが、単なる社会運動と位置づけられてしまうと本当に重要なことが企業活動として十分に浸透しないのではないかと思います。

EやSに関する複数のイニシアティブがありますが、そのイニシアティブがプラットフォームとなり企業と投資家の対話、あるいは、アセットオーナーを含むインベストメントチェーンの参加者、官公庁やNGO等さまざまなステークホルダーとの対話を活性化させ、そうすることで、企業活動の進化につなげることに大きな意味があるのではないかと思います。

(2)　投資家の影響力の利用
〇澤口　発行会社からは、NGOやイニシアティブが、機関投資家の影響力をうまく利用しているようにもみえますが、投資家の皆さんは利用されているという感覚はないのでしょうか。

〇藏本　運用会社には2つの責任があります。1つは、社会の一員で

ある運用会社としての社会的責任です。もう1つは、お客さまの資金を
預かっているという、ビジネス上の関係に基づく受託者責任です。お客
さまの運用資金をどう運用するかに関しては、本来、受託者責任、忠実
義務があるわけで、経済的なリターンに将来影響するから社会的責任を
考慮しますというアプローチが受託者責任を果たす上での本来の姿で
す。アクティブ投資家であれば、運用プロセスで非財務情報やESGの
リスク、オポチュニティを銘柄評価に反映していくことと、投資先企業
に適切な環境等への対応を求めて対話をすることが、受託者責任で求め
られる行動と思います。ヨーロッパベースの環境活動家は、彼らが考え
る社会的正義を実現する手段として、政策当局のルール変更を要求する
とともに、資産運用業、銀行、保険業などあらゆる金融事業者に対し、
社会的課題解決への対応を要求して、圧力をかけているともいえます。
しかし、カーボンプライシング導入など企業に対する規制が変われば企
業行動も変化し、経済的価値も変わるわけですので、アセットマネー
ジャーは、「ウォームハート」を持ちつつ、「クールヘッド」で、経済合
理性に基づく判断でこれらの要素をきちんと考慮することは、受託者責
任を一層果たす上で必要なこととして、きちんとやります。

　ただし、将来にわたる経済的価値に影響を与えるものではない社会的
責任に関しては、基本的にはわれわれが社会の一員として会社単位で、
もしくは役職員が一人の個人として負うものであって、お客さまの資金
を使ってやるというのとはちょっと違うように思います。昔から、宗教
団体の資金をお預かりして運用する場合に、アルコール禁止やギャンブ
ル禁止という運用制約をお客さまからかけられることはありましたが、
社会的要請があるといってもお客さま以外からの要請に従って、投資対
象からの除外といった運用制約をかけられることは、投資理論的には望
ましいことではないので、そうならないように社会的理解を得るべく、
アセットマネージャーとしても努力する必要があると思います。

　(3)　評価できないNGO・イニシアティブ

　○澤口　機関投資家にアクセスのあるNGOやイニシアティブの中に
は、機関投資家からは評価できないものが当然にあると思いますが、ど

のような特徴を持った NGO、イニシアティブがあまり評価できないので
しょうか。

　〇三瓶　内容と行動で分けて考えています。まず内容として評価でき
ないのは、先ほどのアクティビストの定款変更議案のような形で、業務
執行に直接介入してくるような、経営の自由度を奪うものです。警告的
に、「こういうことは将来企業価値を毀損するのではないか」、「会社と
して世の中に認められなくなるのではないか」と考えさせるものはいい
のですが、「早急にこの事業から撤退しろ」などの提案については、そ
れをあなたが言うのですかという疑問を持ちます。

　行動としては、勝手に運用会社を、彼らの主義主張に合わせてランク
付けし、ランクを公表して、下位の運用会社に対してプレッシャーをか
けることがあります。これは、きわめて狭猾というか、半強制というか、
か、レピュテーションリスクを作り上げて、それを梃子に自分たちの主
義主張を投資家に強要しようとしているわけです。特定の発行会社の株
主でもないのに、そういうことで状況を動かそうとしている場合があり
ます。こういうものは評価できない。しかし、機関投資家として、レ
ピュテーションリスクはとても大きいので、真っ向から対決というより
は、話合いを何回も持って沈静化を図るなどの対応をします。

　⑷　投資家イニシアティブ

　〇澤口　機関投資家自身のイニシアティブも最近は増えてきていま
す。なかには PRI のように影響力が強いところもあります。機関投資
家のイニシアティブの意義についてどうお考えでしょうか。

　〇古布　対話のプラットフォームになるという意義、もう 1 つは政策
提言的な意義があると思っています。たとえば、先ほど話題になった気
候変動や環境に対する株主提案がなされる中で、企業側からの情報開示
がないと提案への賛否も判断しにくい。イニシアティブの活動によって
インサイトを得た企業側が積極的に開示を行いステークホルダーと対話
をすることが、企業側が予期しない事態への防御にもなるとも思いま
す。

　ただ、非常に多くのイニシアティブが存在する中ですべてに入るとい

うことはできないので、私たちの運用哲学や投資方針に則ったものに選択して入っていくことを重視しています。

5　指数プロバイダー・ESG情報ベンダー

(1)　スコアの利用価値

○澤口　ESG投資の増加に伴って、ESG情報ベンダーが提供する情報、特にスコアと呼ばれる評価に関心が集まっています。企業の担当者はこのスコアを上げるためにかなりの労力を使っているのですが、そもそもこのスコアを、機関投資家はどうみているのでしょうか。

○三瓶　青山学院大学名誉教授の北川哲雄先生によると今、世界中に600社以上のESG格付け会社があるらしいです。3年前は400社ぐらいだったのですが、バブルの様相です。その中でトップ5のうち少なくとも1社の情報を、機関投資家は使っていると思います。

最近は、たとえばMSCIは発行会社だけでなくファンドについてもESGスコアリングをするようになりました。運用会社はよく注意しておかないと、知らない間に自社のファンドが格付けされており、これが次のアクションを生むトリガーになってきています。また、欧州でご存じのとおり、Sustainable Finance Disclosure Regulation（SFDR）が2021年3月に発効し、金融機関は金融商品に薄いグリーン、濃いグリーンや白など、分類のラベル貼りをしなければいけなくなったことで、客観的にどうみられるのかを運用会社は相当気にするようになってきています。

しかし、ESG格付け会社のスコアがますます利用されていくというよりは、運用会社が自社でスコアリングを考える動きが出てきています。その理由の1つ目は多くのESG格付け会社があるにもかかわらず、カバレッジ対象が重なっているからです。時価総額の大きいところから評価するので、大体同じところでストップしてしまう。自分たちが投資している対象をすべて格付けするには、自社でやるしかありません。2つ目は、運用会社としての差別化のためです。他人の評価を使っているだけでは許されなくなってきています。3つ目は、アセットオーナーに

対してきちんと説明するには、評価の仕方等について、内容を熟知していないといけないためです。

〇古布　弊社でもESGのスコアを作成していて、1つはグローバルのESGスコア、もう1つは東京としてESGスコアを作成しています。理由はやはりカバレッジの問題、またランゲージバリアの問題です。日本語で開示がされているためにグローバルのESG情報データベンダーに十分に吸い上げられないという側面もあると思います。

さらに、ESG情報は、開示のタイミングや内容が規制として固まっておらず、非常に開示の質にばらつきがあるため、自分たちで咀嚼できるような内容で整備していかなくてはいけません。そこで、ベンダーの提供情報は、もちろんみてはいるけれども、それによって投資判断が大きく左右されるものではありません。「最近こういったようなデータが出ていますが」という会話のきっかけには、十分なり得ると思います。

(2)　スマートベータの利用価値とアクティブ投資の存在意義

〇澤口　いわゆるスマートベータと呼ばれるインデックスが次々と開発されていますし、一方でパッシブ投資もますます増えてきていると理解しています。運用業界の外からみると、アクティブ投資の存在意義自体が揺らいでいるのではないかとみえてしまいますがいかがでしょうか。

〇藏本　世界中で共通してインデックス運用の比率が上昇しています。この点を、突き詰めて考えると、コスト差し引き後のリターンでみて、アクティブファンドの魅力がなかったからパッシブの比率が上がったという面があると思います。従来型のアクティブの手法ではパフォーマンスが出ない局面に入っている可能性もあるので、アクティブ手法をどうやって各社が磨いていくのかが問われている局面であると思います。

日本株式のアクティブマネージャーに現在、最も求められているのは、たとえば企業の経営者の能力などの、非財務的な情報、ESGに対するリスクやオポチュニティのような新しい観点をインテグレートした、尖ったアクティブ運用でリターンを出していくことです。中途半端

なアクティブだったらパッシブでもいいし、スマートベータでも済む、人でなければできないところはあるのかというチャレンジを受けていると自覚しています。

(3) 指数プロバイダーのスチュワードシップ責任

○澤口　指数プロバイダーの多くは、SSコードに署名していないように、企業とエンゲージメントする意思や体制も必ずしも十分ではないと理解しています。指数プロバイダーにエンゲージメントを求めるべきでしょうか。

○三瓶　私は指数プロバイダーにエンゲージメントを求めるべきではないと思います。彼らにその体制やスキルがないし、そういうことをするつもりが元々あったわけではないはずなので、強要すればそのコストを誰が持つかという問題もあります。

エンゲージメントは、そう簡単なものではありません。それを誰もがやれるという前提でみんなやれというのは、けしかけるほうも非常に無責任です。さきほどお話したとおり、アクティブ運用者は、pay for growth、pay for return、pay for visibility、pay for managementを判断し評価しますが、エンゲージメント・スキルに必要なpay for managementは一番難しく、経験を積んで鍛えていってやっとできるかもしれない部分なので、機関投資家といえどもすべてが一律に行うべきなのかと疑問を持ちます。また、アセットオーナーやパッシブ運用者も、エンゲージメントを実効的に行える人に任せるということも重要な視点だと思います。

(4) 指数利用料

○澤口　パッシブ投資では厳しいコスト削減が求められている中で、指数の利用料が高いという意見も出ているようですが、いかがでしょうか。

○古布　指数利用料は、非常に大きな課題だと思います。交渉の余地がないことも多いのではないかと思います。また、ESG情報自体についても、「明日からこういったフレームワークのレーティングのシステムに代わります、以上」というケースがあったことも認識しています。

十分な透明性、そして十分な説明責任が果たされているのかは、非常に重要で、私たちもみていくべきであると思います。さらに、三瓶さんのお話にもあったように、私たち運用会社もファンドが勝手に格付けされて、公表されていくわけです。透明性やアカウンタビリティをわれわれも同様に要求していくべきであると思います。

(5)　ESG の情報開示

○藏本　発行会社の皆さんにお願いしたいという意味で申し上げるのですが、なぜアセットマネージャーが ESG 格付け機関を使っているかというと、1 つの事情として、先ほど三瓶さんもおっしゃった SFDR というヨーロッパのアセットマネージャーに対するラベル規制があります。その中で、特に CO_2 排出量のスコープ 1、2、3 で、ポートフォリオでどうなっているのかをアセットマネージャーが開示していくことが求められる流れになっています。ところが日本企業の場合、スコープ 1、2 でも十分な開示、カバレッジができてなくて、スコープ 3 になるとさらに難しい。そうすると、推定値を提供する ESG ベンダー、ESG 格付け機関が高額の使用料でデータを提供するビジネスになるわけです。

ところが、ESG 格付け機関のこれらの数値の推定がどれだけ正しいのかわからないわけですし、彼らは、特に影響力があるのは上位 4 社〜5 社なのですが、そういうところの ESG 総合格付けの影響力があまりに寡占状態になるのは本来望ましくなく、最終情報利用者が個別に独立にそれぞれがプロフェッショナルとして判断する土台、基盤をつくることが大事です。そこで、企業の皆さんが、特に E に関する情報開示を自らすることが、ESG 格付け機関に過大な影響力を持たせないためにも重要です。最終的な判断者にどれだけ情報をデリバーするかという観点で、積極的な情報開示を期待したいと思います。

今の段階ではそれぞれの上場企業が、社内でどこまでデータを把握できるのかという課題や、社内のコンセンサスが容易ではない等という問題もありますが、こういうものは先ほどの三瓶さんのお話にあったアセットマネージャー対環境活動家の構図も同様なのですが、時間がかか

ると押し込まれてしまうという部分もあるので、企業が「今できるのは
ここまでです」ということを自ら出したほうが、環境活動家との関係に
おいてやりやすいポジションを確保することにも多分つながるのではな
いかと思います。

　○古布　まったく同意で、情報開示と企業価値というのは取締役会で
議論されるべきことであり、招集通知の開示も含まれます。招集通知の
開示は議決権行使を考えると特に重要ですし、また開示の向上によって
リスクプレミアムが結果的に下がっていくと思いますので、トップのコ
ミットメントでぜひ押し進めていただくことが重要だと思います。

④　おわりに

　○澤口　ありがとうございました。議論は尽きませんが、最後に本日
のディスカッションを踏まえたご感想・ご意見を伺いたいと思います。
　○古布　本日は、大変勉強になることばかりでした。こういった議論
が企業の方のご参考になるとうれしいと思いつつ、普段の対話の場面で
も投資家側に企業の方からご意見をいただきたいと思います。たとえば
どういう運用哲学であるのか、どういう業績予想や投資判断をしている
のか、可能な範囲でお互いに話し合えたら非常に有用な対話になってい
くと思います。相互理解が重要であるということを最後に申し添えさせ
ていただきたいと思います。
　○三瓶　本日はありがとうございました。古布さんが指摘された、企
業の方に投資家に質問してくれというのは本当にそのとおりです。企業
側から投資家にどんどん質問しないとバランスの良い双方向の対話にな
らないと思いますので、それが1つです。
　もう一点は、非財務情報やサステナビリティ関連開示への指針整備が
進んできていて、発行会社は背中を押されていると思いますが、発行会
社の担当者からは、トップがやれといってくれないと無理だという切実
な声が聞こえます。財務、経理、IR、SR、サステナビリティ推進部、
本社、事業所などいろいろなところに垣根があって、データが共有でき

ていない、あるかないかもわからない、それを一生懸命やろうとすると
コストがかかるけれど、トップのコミットメントがなければ、要員も予
算ももらえず、新たな取組みはできないということです。ぜひとも、経
営トップにこの重要性に気づいてもらって、リソースを用意して号令を
かけてほしいと思います。

　○藏本　本日はありがとうございました。アセットマネージャーとし
てどこまで努力しているのかを最後にお話させていただくと、三井住友
ＤＳアセットマネジメントの場合は、エンゲージメントの後、アンケー
トをお送りして企業の皆さんからフィードバックをもらう仕組みをつ
くっています。どういう対話テーマが有益だったか、今後議論したい
テーマは何か、どれぐらいの頻度でどういう話合いをしたいかを伺い、
われわれ自身としても腕を磨いていかなければいけないという認識を
持っています。

　もう１つは、アセットマネージャーも発行会社の皆さんもそうであ
り、たとえば脱カーボン、ESG も、W コードで求められていることも
そうなのですが、今の時点で必要要件に対し、マルがいくつあってバツ
がいくつあるからその会社は良いとか悪いとかという議論は重要ではな
く、今後いい方向にどれぐらいのモメンタムで進むのかのほうがはるか
に重要ではないかと考えます。あまりお互いに飾り立てることなく、着
実に前に進むための建設的な対話を行うことが、本来 W コードで求め
られている建設的な対話の中身だと思うので、ぜひわれわれも努力しま
すし、発行会社の皆さんにもお考えいただきたいと思います。

　○澤口　どうもありがとうございました。「機関投資家に聞く」の連
載は、取材を担当した私どもとしても多くの気づきがあり、その意味で
も投資家との対話の重要性を実感しました。本座談会は連載の性格から
カバーできなかった事項をいろいろ伺えましたので、本当に有意義な内
容でした。ご参加いただいた皆さんには、個人のお立場とはいえ、なか
なか聞きづらいこともお伺いし、いいづらいこともご発言いただきまし
て感謝申し上げます。連載や本座談会を通じて、多くの機関投資家と発
行会社は、企業価値の長期的増大を目標とする点で利害が一致している

と実感しています。対話の充実に、連載や本座談会が少しでもお役に立
てれば大変うれしく思います。

　それでは、本日の座談会はこちらで終了させていただきたいと思いま
す。誠にありがとうございました。

聞き手・執筆者紹介

澤口 実（さわぐち みのる）

森・濱田松本法律事務所 パートナー弁護士

1991年東京大学法学部卒業、1993年弁護士登録。

会社法分野を中心に、訴訟やM&A業務など、企業法務全般を取り扱う。東京大学客員教授、経済産業省のコーポレート・ガバナンス・システム研究会委員、新時代の株主総会プロセスの在り方研究会委員などを務めた。

主な著書として、『コーポレートガバナンス・コードの実務〔第4版〕』（商事法務、2021、監修）、『Q&A取締役会運営の実務』（商事法務、2010）など。

松下 憲（まつした あきら）

森・濱田松本法律事務所 パートナー弁護士

2005年慶応義塾大学法学部法律学科卒業、2006年弁護士登録。2012年コーネル大学ロースクール（LL.M.）修了、2013年ニューヨーク州弁護士登録。

M&A・企業再編、ジョイントベンチャー、敵対的買収防衛、アクティビスト株主対応、コーポレートガバナンスを中心に、会社法務全般を取り扱う。

主な著書・論文として、「アクティビスト株主対応の最新のスタンダード（上・下）－変化する株主アクティビズムの動向を踏まえて－」旬刊商事法務2274・2275号（2021）、『会社・株主間契約の理論と実務──合弁事業・資本提携・スタートアップ投資』（有斐閣、2021、共著）、『M&A契約──モデル条項と解説』（商事法務、2018、共著）、『日本の公開買付け──制度と実証』（有斐閣、2016、共著）、『M&A法大系』（有斐閣、2015、共著）、『株主提案と委任状勧誘〔第2版〕』（商事法務、2015、共著）など多数。

桑原 周太郎（くわはら しゅうたろう）

森・濱田松本法律事務所 弁護士

2013年東京大学法学部卒業、2015年東京大学法科大学院中退、2016年弁護士登録。

訴訟／紛争解決、アクティビスト株主対応、コーポレート・ガバナンスを中心に、会社法務全般を取り扱う。

主な著書・論文として、『令和元年 改正会社法 －改正の経緯とポイント－』（有斐閣、2021、共著）、"The Legal 500: Litigation 4th Edition Country Comparative Guide - Japan Chapter"（The Legal 500、2021、共著）、"Shareholder Activism in Japan"（Risk & Compliance Magazine、2020、共著）など。

兼松　勇樹（かねまつ　ゆうき）

森・濱田松本法律事務所　弁護士

2015年慶應義塾大学法学部卒業、2016年東京大学法科大学院中退、2017年弁護士登録。

訴訟／紛争解決、コーポレート・ガバナンスなどを含む会社法務全般を取り扱う。

主な著書・論文として、『令和元年　改正会社法 −改正の経緯とポイント−』（有斐閣、2021、共著）、「2021年株主総会の実務対応（1）助言会社・機関投資家の議決権行使基準の動向」旬刊商事法務2253号（2021、共著）、『機関投資家の議決権行使方針及び結果の分析〔2019年版〕（別冊商事法務443号）』（2019、共著）など。

保坂　泰貴（ほさか　やすたか）

森・濱田松本法律事務所　弁護士

2014年東京大学法学部卒業、2015年ロンドン大学ユニバーシティカレッジ（UCL）経営大学院修了、2016年東京大学法科大学院中退、2017年弁護士登録。

2021年より経済産業省 経済産業政策局 産業組織課出向（M&A、コーポレート・ガバナンス等を担当）。

M&A／企業再編、コーポレート・ガバナンスなどを含む会社法務全般を取り扱う。

主な著書・論文として、「近時における公開買付けの新潮流（2・完）　敵対的公開買付け・対抗提案事例の分析」資料版商事法務448号（2021、共著）、『会社・株主間契約の理論と実務——合弁事業・資本提携・スタートアップ投資』（有斐閣、2021、共著）、『機関投資家の議決権行使方針及び結果の分析〔2019年版〕（別冊商事法務443号）』（2019、共著）など。

南田　航太郎（みなみだ　こうたろう）

森・濱田松本法律事務所　弁護士

2015年東京大学法学部卒業、2016年東京大学法科大学院中退、2017年弁護士登録。

訴訟／紛争解決、コーポレート・ガバナンス、労働法務、事業再生／倒産などを含む会社法務全般を取り扱う。

主な著書・論文として、「2021年株主総会の実務対応（1）助言会社・機関投資家の議決権行使基準の動向」旬刊商事法務2225号（2021、共著）、『働き方改革時代の規程集』（労務行政、2019、共著）、『機関投資家の議決権行使方針及び結果の分析〔2019年版〕（別冊商事法務443号）』（2019、共著）など。

山岡　孝太（やまおか　こうた）

弁護士法人 森・濱田松本法律事務所　弁護士

2016年中央大学法学部卒業、東京大学法科大学院中退、2018年弁護士登録（第二東京弁護士会、現在は愛知県弁護士会所属）。

M&A／企業再編、訴訟／紛争解決、コーポレート・ガバナンス、税務、労働法務などを含む会社法務全般を取り扱う。

主な著書・論文として、「2022年株主総会の実務対応（1）助言会社・機関投資家の議決権行使基準の動向〔上〕〔下〕」旬刊商事法務2284・2285号（2022、共著）、"The Employment Law Review Edition 13 - Japan Chapter"（Law Business Research、2022、共著）、『雇用調整の基本 人件費カット・人員削減を適正に行うには』（労務行政、2021、共著）、『2021年版 年間労働判例命令要旨集』（労務行政、2021、共著）、『機関投資家の議決権行使方針及び結果の分析〔2020年版〕（別冊商事法務453号）』（2020、共著）など。

●旬刊商事法務

公益社団法人商事法務研究会の機関誌であり、コーポレート
ガバナンス・株主総会・会社法・金商法等に関する最新の専
門情報を提供しています。会員外の方もご購読いただけます。
詳細はこちらから

機関投資家に聞く

2022年2月28日　初版第1刷発行
2022年3月15日　初版第2刷発行

編　　者　　旬刊商事法務編集部

発 行 者　　石　川　雅　規

発 行 所　　鸞商 事 法 務

　　　　　　〒103-0025 東京都中央区日本橋茅場町3-9-10
　　　　　　TEL 03-5614-5643・FAX 03-3664-8844〔営業〕
　　　　　　TEL 03-5614-5649〔編集〕
　　　　　　https://www.shojihomu.co.jp/